KB239479

퍼펙트 MBA

Perfect MBA

(주)코즈 I.A.E. 유학사업부 지음

가림 M&B

(주) 코즈 I.A.E. 유학사업부 지음

가림 M&B

퍼펙트 MBA

1999년 5월 15일 제1판 1쇄 인쇄
1999년 5월 20일 제1판 1쇄 발행

지은이 / (주)코즈 I.A.E. 유학사업부
펴낸이 / 강선희
펴낸곳 / 가림M&B

편집·교정 / 김세찬·이선희·박수정   영업 / 강명희
인쇄 / (주) 애드그린인쇄   제본 / 원진제책
표지 / 바우하우스 (02) 952-6332

등록 / 1999. 1. 18. 제5-89호
주소 / 서울 광진구 구의동 57-71 부원빌딩 4층
대표전화 / 458-6451   팩스 / 458-6450

ⓒ KARIM M&B, 1999

값 12,000원

이 책의 무단 전재나 복제를 금합니다.

ISBN 89-950312-1-2 03320

Top MBA를 꿈꾸는 사람들이 부쩍 늘어가고 있다. 최근의 언론보도에 의하면 아시아 지역의 여성들이 미국 내 MBA 과정에 지원하는 숫자가 급증하고 있다고 한다. 그러나 MBA 과정에 진학하는 것이 결코 쉬운 일이 아니다. 선망하는 사람들이 늘어나고 있는 만큼 경쟁력 또한 높아질 것이 당연하기 때문이다.

MBA란 수년 동안의 직장 생활을 통하여 경험하게 되는 경영 능력의 부족함을 이론과 경험을 이용하여 극복할 수 있도록 함으로써 경영자로서의 기본적인 자질을 함양시키기 위한 과정이다.

그러므로 학문적인 면을 추구하는 경영학 석사와는 다른 개념이며, 회사나 직장의 경영자로서의 능력을 함양시키는 과정이다. MBA 과정을 마쳤을 때 얻을 수 있는 메리트는 일반인이 생각하는 것 이상이다. 높은 연봉을 비롯해 거기에 걸맞는 대우 등등. 그렇기 때문에 MBA 지원사들이 너욱 늘어가고 있는 것이기는 하지만……

그러나 MBA 과정에 입학하기는 하늘에 별 따기만큼이나 어렵다고 보아야 한다. 특히 톱 비즈니스 스쿨을 원하는 경우에는 더욱 그렇다. 전체 합격률이 지원자의 7~8%에 지나지 않을 정도로 경쟁이 치열하다.

그것뿐만이 아니라 준비과정도 결코 쉬운 일이 아니다. MBA를 지원하기 위해서는 보통 1~2년의 준비과정을 거쳐서 주도면밀하게 임하여야 하며, 그렇게 하고도 불합격의 고배를 마시는 지원자들이 부지기수이다.

국내 대학이나 대학원에 진학하는 것에 비교할 수 없을 정도로 절차도 복잡하고 까다롭다. 지원서 작성에서부터 시작하여 에세

(((((저자의 말

이 작성, 인터뷰 등등 그 과정은 그야말로 피를 말릴 정도이다.

그렇다고 해서 누구의 도움을 받을 수도 없기 때문에 더욱 힘이 든다. 경험자들의 말에 의하면 입학 후보다도 그 준비과정이 더욱 힘들다고 한다. 또 과정을 이수한 후의 연봉이나 대우 등을 생각하면 꼭 한번 지원해보고 싶은 유혹을 받지만 비용 또한 많이 들어간다. 이러한 상황에서 국내에는 MBA 지원자들을 위한 안내서 한 권 변변하게 나와있지 않은 상황이다.

이런 상황에 맞추어 퍼펙트 MBA는 Top MBA를 꿈꾸는 지원자들에게 실질적이고 훌륭한 가이드로서의 역할을 충실하게 해줄 수 있는 책이 되도록 엮어보았다.

MBA 지원과정에서부터 톱 비즈니스 스쿨에 대한 최신자료 뿐만이 아니라 톱 비즈니스 스쿨 합격자들의 원문 에세이와 《US News & World Report》가 발표한 톱 비즈니스 스쿨 98 - 99년 순위, 미국 내 주별 각 대학의 E-mail 주소록까지 함께 수록했으며 톱 비즈니스 스쿨 입학원서 견본까지 함께 실어 두었다.

이렇게 세세한 부분까지 수록하여 MBA 지원자들이 톱 MBA 스쿨에 합격하는 데 있어 충실한 길잡이 역할을 할 수 있도록 배려했다. 그리고 이 책은 앞으로도 증보와 개정을 통해 계속 더욱 충실한 정보들을 담아낼 것이다.

모쪼록 이 책을 읽는 지원자들이 톱 비즈니스 스쿨에 합격하는 영광을 얻어 꿈을 실현할 수 있기를 진심으로 기원한다.

1999년 6월

저자의 말

제1장 MBA란

제3장 톱 비즈니스 스쿨

제4장 톱 비즈니스 스쿨 합격 에세이

제5장 Comparative GMAT Seminar Sentence Correction Vocabulary

부록

제1장 MBA란

1

MBA란 무엇인가

1. MBA란

MBA(Master of Business Administration)는 경영학 석사과정을 일컫는 말이다. 수년 동안의 직장 생활을 통하여 경험하게 되는 경영 능력의 부족함을 이론과 경험을 이용하여 극복할 수 있도록, 경영자로서의 기본적인 자질을 상당한 수준에까지 끌어올리기 위하여 입학하는 과정으로서, 학문적인 면을 추구하는 경영학 석사와는 약간 다른 개념이다. 즉 회사나 직장의 경영자 수업을 받는 과정이 MBA이며, 마케팅이나 인사관리, 회계 등 경영학 각 분야에서 고도의 학문적인 이론바탕을 정립하는 것이 경영학 석사과정이다.

우리나라 학생들은 주로 미국의 경영대학원 비즈니스 스쿨에 개설된 MBA 과정에 대다수가 지원하고 있으나, 요즘은 영국을 비롯한 유럽, 캐나다, 호주 등의 MBA 과정에 입학하는 학생들의 수도 증가하는 추세에 있다. MBA는 세계 공용어로서 연원이 미국에서 시작되었지만, 이제는 각국의 비즈니스 스쿨(Business School)에서 취하는 교육양식이나 학과운영 체제가 많이 비슷해지고 표준화되고 있는 추세이다. 각 스쿨별로 강조하는 분야가 약간씩 다른 것을 빼면 배우는 과목들은 비슷하다.

● MBA 순위

미국의 비즈니스 스쿨에 대해서는 매년 여러 기관들이 자신들이 정해 놓은 척도에 의해서 일정하게 순위 매김을 하고 있다. 그것은 학생들이 어느 학교를 선택해야 하는지를 도와주기 위해서이며, 순위가 뒤쳐지는 학교들에 대해서는 분발을 촉구하기 위해서일 것이다.

그러나 순위 매기기를 좋아하는 미국인들과는 달리 영국이나 호주, 캐나다, 뉴질랜드 등 다른 영어권 국가들에 있는 대학들의 순위에 대한 자료는 찾아보기가 쉽지 않으며, 순위를 찾는다 하여도 기준이 미국과는 사뭇 다르다. 이들 국가에 있는 대학들은 슈퍼 유니버시티들(Super Universitys ; 옥스퍼드 · 캠브리지 · 런던 대학 등)을 제외하고는 대개 평준화되어 있음도 우리가 대학 선정시 고려해야 하는 사항이다. 물론 한국인들만이 지니고 있는 대학에 대한 고정관념으로 평가하면 어느 정도 순위 매김이 가능하겠지만, 이러한 행위는 공식적으로 이루어질 일은 아니다.

● MBA 학업기간

석 · 박사 과정을 개설하고 있는 대학에는 예외 없이 MBA 과정이 개설되어 있다. 2년간의 정규과정을 운영하고 있는 대학이 있는가 하면, 1.5년만에 마칠 수 있는 대학도 있고, 1년만에 마칠 수 있는 초집중 과정을 운영하고 있는 대학들도 있다.

특히 우리가 주의해야 할 것은 영연방권에 속하는 나라들에서 운영하고 있는 Graduate Diploma 또는 Postgraduate Diploma 과정이다.

이 과정은 MBA 과정이 2년 과정이라고 할 때 1학년 과정에 해당한다. Diploma 과정에 익숙하지 않은 한국 학생들에게는 생소한 이야기지만 이들 나라들에서는 보편화되어 있는 과정으로서, 일단 MBA 과정을 1년간 해본 뒤 직장에 돌아갔다가 다시 돌아와 나머지 2학년 과정을 마치면 MBA 학위를 받을 수 있도록 만들어 놓은 제도이다. 즉 이들 나라에서는 2년간의 기한이 주어지지 않은 사람들에게 MBA 과정을 두 단계로 나누어 이수할 수 있도록 운영하고 있는데, 우리나라에서도 본받을 만한 제도라고 할 수 있다.

2. WHY MBA?

모든 대학들의 커리큘럼이 동일하지는 않지만 MBA 프로그램의 목표는 학생들을 경영학 전반에 대한 지식을 습득한 전문 경영인 내지는 상위 관리자를 양성하는 데에 있다. 이는 MBA 프로그램의 커리큘럼에서도 엿볼 수 있는데, 대부분의 MBA 과정에서 처음 1년 동안은 경영학 일반에 관한 기본 과목(Accounting, Economics, Organizational Behavior, Statistics and Quantitative Methods, Finance, Marketing, Operations and Policy)을 수강토록 하고 있다. 이는 재정 · 회계 혹은 마케팅 등의 전공을 선택했다고 해서 그 분야에 대한 것만을 배우는 것은 아니라는 것이다.

또한, 모든 MBA 스쿨들이 학생 선발 과정에서 학부 전공에 상관하지 않고 있다는 점도 이같은 MBA의 교육 목표와 맥을 같이 하고 있다고 할 수 있다. 예를 들면, 학부에서 엔지니어링을 전공하고 그 분야에서 직장 생활을 5년 정도 한 지원자의 경우, 점차 상급 관리자로 올라갈수록 본인의 전공 분야 외에 경영 전반에 관한 지식의 필요성을 느끼게 될 것이고, MBA 과정이 이를 충족시켜 줄 수 있을 것이라는 점이다.

따라서 MBA는 일반 대학원의 석사과정과는 달리 박사과정을 준비하거나 나아가 교수가 되기 위한 과정은 아니라는 점이다. 만약 학문적인 목표를 갖고 있는 사람이라면, 경영 대학에 개설된 Master of Science in Management와 같은 프로그램을 선택하여야 할 것이다.

한국의 MBA 지원자들이 주로 택하는 전공 분야는 크게 재무·회계·마케팅·일반 경영 분야를 들 수 있다. 또한 최근에는 미국 회계사(AICPA) 시험에 대한 관심이 높아짐으로써 이를 준비하기 위한 과정으로 MBA 과정을 선택하는 학생들도 많아졌다.

MBA 과정의 전공 분야는 입학신청을 할 때 선택할 수 있도록 되어 있지만 이것이 절대적인 것은 아니다. 입학 후에 본인의 의사에 따라 전공을 변경하는 것도 가능하다. 이외에도 국제 경영학, 경영 정보시스템, 기업 경영, 생산관리, 인사관리 등의 전공 분야들이 개설되어 있다.

대학원을 선택하는 과정에서 그 학교에 대한 전반적인 평가도 중요하지만, 세부 전공별 장점 및 약점을 조사하는 것도 매우 중요하다.

MBA 과정은 다른 전공과의 복수전공 과정을 운영하는 경우도 있다. 즉 MBA와 법학 또는 MBA와 공학과정 등 두 개의 전공을 동시에 진행할 수 있는 프로그램들도 있는 것이다.

또 MBA 과정에서는 미적분과 통계학을 근간으로 하는 수리적인 과목들이 많으므로 일정 수준 이상의 수학(Math) 실력이 요구된다.

● 왜 MBA를 선택하는가?

90년대 초반만 하더라도 MBA를 가지고 있으면 바로 과장대우를 받던 시절이었다. 그러던 것이 이제는 그냥 국내에서 대학원을 졸업한 것과 같은 신세로 전락했다. 그럼에도 불구하고 해마다 수많은 사람들이

MBA 스쿨에 가려고 애를 쓴다. 왜 그럴까?

지원자들에게 MBA에 가는 이유를 물어보면 열이면 열, '봉급을 많이 받고 싶어서, 보다 나은 직장으로 옮기고 싶어서'라고 대답한다. MBA만 가지고 있으면 정말로 흔히 말하는 억대 연봉을 받는 것일까? 또한 이력서만 내면 서로 데려가려고 할까?

결론부터 말하면 전부 그렇지는 않다. MBA 출신 중에는 컨설팅 회사나 투자 은행(Investment Bank)에 들어가 억대 연봉을 받는 사람들도 있지만, 대기업에서 평범한 회사원으로 지내고 있는 사람들도 많다. 평범한 회사원 생활이 나쁘다는 이야기가 아니라, 처음에 생각하는 것과는 다른 커리어를 가지게 되는 경우도 많다는 것이다. 하지만 반드시 좋은 학교를 나와야만 출세하는 것은 아니다. 순위가 50위권 밖인 MBA 스쿨을 졸업한 사람 중에도 직장도 좋고 또 돈도 많이 버는 사람들도 얼마든지 있다.

MBA 스쿨을 가려면 우선 자신의 미래에 대한 많은 생각을 해봐야 한다. 몇 년 전만 하더라도 자료가 부족했기 때문에 가기 전에 그런 생각을 하기가 힘들었지만 인터넷이 생기면서 상황이 많이 바뀌었다. 즉 졸업하고 어떤 직종에서 일을 할 것인지, 그 일을 하게 되면 10년 후의 내가 어떤 모습을 하고 있을지, 회사에 들어갈 때 어떤 것들을 요구하는지 등을 광범위하게 살펴봐야 한다.

예를 들어 앞으로 컨설팅 회사에서 일을 하기로 마음을 먹었다고 하자. 컨설팅 회사들은 MBA 출신을 뽑을 때 2~3년의 직장 경력을 요구한다. 이 경우 잘 알아보지도 않고 대학 졸업 후 바로 MBA 스쿨에 진학했다면 MBA를 따더라도 다시 일반 직장에서 2년을 공부해야 한다. MBA 스쿨을 들어가기 전에 직장 생활을 할 것인지 졸업하고 나서 직장 생활을 할 것인지는 어디까지나 개인적인 판단이다. 하지만 결론을 내리기 전에 앞에서 언급한 사항을 명심해야 한다.

3. MBA 학업기간 및 학비

● 학업기간

일반적으로 유학생들에게 MBA라고 하면, 풀타임 과정을 의미하며 학위 취득기간은 서머 과정을 제외하면 보통 2년이다. 대부분의 MBA 스쿨에서는 풀타임 및 파트타임 그리고 1년 과정의 경영자 과정(6년 이상의 직장 경력이 있는 사람들을 대상으로 대개 18개월간에 걸쳐 주말에 수업을 하는 과정)을 함께 개설하고 있으나, 유학생들은 현지에서 취업하면서 공부하는 것이 불가능하기 때문에 풀타임 과정에만 입학할 수 있다.

한편, 피츠버그 대학의 경우는 11개월 과정의 MBA 프로그램만이 개설되어 있다. 또 학부의 경영학 성적이 월등한 학생들을 대상으로 하는 단기 집중과정을 운영하는 대학들도 있다. 그러므로 학교 선택시 프로그램에 대한 자세한 검토가 필요하다.

● 유학경비

미국 MBA 스쿨의 경우 학비는 대학별로 그 편차가 상당히 크다. 예를 들면 전 과정을 마치는 2년간에 소요되는 학비 · 생활비 · 교재비 · 항공료 등을 포함하여 미국인 기준으로 $ 5,000 정도인 학교가 있는가 하면, $ 70,000인 사립학교도 있다. 최근 외환 위기가 고조되면서 올해 한국 MBA 지원자들의 경우 순위가 높으면서 상대적으로 학비가 저렴한 학교들(미시간 · 카네기 멜론 대학)의 한국 학생간 경쟁률이 높아졌고, 입학이 어려웠던 것이 사실이다.

4. 기업들의 MBA에 대한 시각

MBA 출신을 바라보는 시각은 국내 회사와 외국인 회사가 극과 극을 달린다. 대부분의 한국 회사들은 MBA에서 배우는 내용을 국내 실정에 맞지 않는다고 일축한다. 물론 일리가 있는 말이다. 부끄러운 이야기지만 한국과 미국은 분야에 따라 짧게는 3년에서 길게는 50년까지 격차가 있다. 그러다 보니 미국처럼 효율적인 실물경제를 바탕으로 하는 이론들을 국내에 접목시킨다는 것은 여간 힘든 것이 아니다.

금융시장을 예로 들면 국내에는 기업 가치를 분석할 때 가장 기본이 되는 30년 만기 국공채와 같은 지표들조차 존재하지 않기 때문에 이론을 그대로 적용한다는 것은 불가능하다. 사실 대부분의 한국 기업들이 MBA 출신들에게 원하는 것은 선진 경영기법보다는 영어실력이다.

반면 외국인 회사는 MBA들에게 파격적인 대우를 해준다. 컨설팅 회사나 투자 은행은 차치하고라도 P&G나 IBM같은 외국인 회사에 들어가면 MBA 출신들이 할만한 일들을 맡게 된다. 이러한 현상은 앞으로도 당분간은 계속될 것이다.

2

MBA 이런 점을 알고 가자

1. 정보수집 요령

MBA 스쿨은 미국에만 800여 개가 있다. 이렇게 많은 학교 중에서 입맛에 맞는 곳을 고르려면 정보수집을 잘해야 한다. MBA에 대한 정보 소스는 학교에서 발행하는 안내책자, 각종 교재, 신문 기사, 졸업생, 재학생 등 다양하다.

⬤ 학교에서 발행하는 안내책자 및 각종 자료

MBA 스쿨은 지원자들을 위하여 다양한 자료를 제공한다. 학교에 자료를 요청할 때는 브로셔만 신청하지 말고 학과과정 카탈로그(Course Catalog)까지 신청한다. 카탈로그에는 MBA 프로그램의 전체적인 구조뿐만 아니라 학교의 특징 등이 잘 설명되어 있다. 가능하면 전에 있던 과목들과 앞으로 생길 과목들에 대한 정보도 구하도록 한다. 또 특정 분야에 대한 전문적인 지식을 쌓기 위하여 MBA 스쿨에 간다면 해당 과목들이 많이 있는지 확인한다. 많은 학교들이 웹 사이트를 통해서 최신 정보를 제공하는데 여기에는 안내책자에는 나오지 않는 내용(Clubs, Activities, Corporate Recruitment Visits 등)까지 들어 있으므로 한 번 들어가 확인하도록 한다.

● 학교 방문

대부분 MBA 스쿨은 지원자들을 위해 투어(Tour) 프로그램을 제공한다. 어드미션 오피스에 신청을 하면 직원 또는 학생들이 프로그램에 대해 자세히 설명을 해준다. 또한 학교에 방문을 하면 어드미션 담당자와 함께 면담할 수 있는 기회도 생긴다. 어떤 학교에서는 MBA 프로그램을 외부 학생들에게 개방시켜 놓은 곳도 있는데 이런 곳에 가서 청강을 하면 결정하는데 많은 도움이 된다.

● 웹 사이트

MBA에 대한 일반적인 정보를 얻을 수 있는 가장 좋은 소스중의 하나가 GMAC(Graduate Management Admission Council)에서 운영하는 웹 사이트(http://www.gmat.org)이다. 이 사이트는 지원방법, GMAT 등에 대한 정보뿐만 아니라 미국에 있는 거의 모든 학교들로의 링크를 함께 제공한다.

● MBA 포럼

MBA 포럼은 MBA 스쿨들이 한 곳에 모여서 지원자들에게 정보를 제공하고 또 상담을 해주는 서비스이다. 미국에서는 보스턴, 뉴욕, 시카고, 워싱턴 DC, LA, 샌프란시스코에서 정기적으로 열리며 몇 년 전부터는 국내에서도 개최되고 있다. 일정이나 참석자 등에 대한 자세한 정보는 앞서 소개한 GMAC에서 운영하는 웹 사이트로 들어가 보면 된다.

● MBA 출신

사실 가장 좋은 정보원은 MBA 출신이다. 하지만 개인마다 느끼는 것이 다르기 때문에 편차가 심한 것이 좀 흠이다. 순위가 높은 학교는 불만을 토로하는 사람이 별로 없지만 좀 내려가면 불만을 토로하는 사람이 꽤 많다. MBA 출신에게 얘기를 들을 때는 될 수 있으면 여러 사람을 대상으로 하고 다음과 같은 것을 집중적으로 물어보자.

① 학교에서 배운 것들이 얼마나 일을 하는데 도움이 되는가?
② 취업률이 높은가? 졸업생들이 주로 진출하는 분야가 무엇인가?
③ 어떤 식으로 수업이 진행되는가?
④ 지원자들을 평가할 때 가장 중요시하는 것은 무엇인가?
⑤ 외국 학생들이 공부를 하기에 어떠한가? (경쟁적/협조적)

● 비즈니스 스쿨 순위

학교 선택시 고려되는 가장 중요한 사항중의 하나가 순위이다. 여러 기관에서 해마다 MBA 스쿨 순위를 집계하는데 이중에서 가장 많이 사용되는 것이 《Business Week》와 《US News & World Report》에서 발표하는 순위이다. 순위를 보면 몇 가지 놀라운 것을 발견할 수 있는데 우선 국내에서 최고라고 인식되는 하버드 대학이 1위가 아니라는 것, 그리고 국내에는 잘 알려지지 않은 다든 대학(University of Virginia(Darden))이나 다트머스턱 대학(Dartmouth College(Tuck))이 꽤 높은 순위를 차지한다는 것이다.

자료를 보면 순위도 카테고리가 상당히 많은 것을 확인할 수 있다. 즉 기업에서 가장 선호하는 학교, 교수진이 가장 우수한 학교 등등 매우 다양한데 이런 것도 유심히 보아두도록 한다. 앞에서도 잠시 언급이

<h1 align="center">《US News & World Report》
발표 1999년 순위</h1>

종합 순위	학교명	종합 평점	학계 평판 순위	업계 평판 순위	평균 GPA	평균 GMAT	합격률	평균 초임 연봉	졸업률	졸업후 3 개월 내 취업률	1년 학비	전체 학생수
1	Stanford University	100.0	1	5	3.59	722	6.7%	$105,700	80.8%	98.9%	$24,990	726
2	Harvard University	98.0	2	2	3.50	689	12.9%	$105,000	95.4%	98.5%	$26,260	1,767
2	Northwestern University(Kellogg)	98.0	5	3	3.45	685	15.5%	$115,000	97.5%	100.0%	$25,872	2,504
2	University of Pennsylvania(Wharton)	98.0	2	1	3.50	685	13.1%	$100,000	95.0%	100.0%	26,290	1,557
5	Massachusetts Institute of Technology (Sloan)	95.0	2	10	3.50	690	13.4%	$100,000	97.1%	97.1%	$27,100	708
6	University of Chicago	94.0	5	7	3.38	695	22.7%	$95,000	94.7%	98.2%	$26,284	2,808
7	Columbia University (NY)	93.0	9	8	3.45	680	11.5%	$106,000	98.0%	99.1%	$27,770	1,373
7	University of Michigan Ann Arbar	93.0	7	3	3.34	672	22.0%	$97,000	99.7%	100.0%	$25,185	1,927
9	Duke University (Fugua)	91.0	9	6	3.34	664	15.9%	$98,950	98.8%	99.4%	$26,548	671
10	University of California-Los Angeles (Anderson)	90.0	9	16	3.50	683	14.5%	$95,000	97.7%	99.7%	$20,534	1,046
11	University of Virginia(Darden)	89.0	13	8	3.36	685	15.0%	$95,000	93.6%	98.3%	$21,479	491
12	Dartmouth College (Tuck)	88.0	9	17	3.40	671	12.0%	$100,000	97.4%	99.0%	$26,100	375
13	New York University (Stern)	86.0	14	13	3.40	675	17.7%	$95,000	94.8%	97.8%	$27,923	2,902
14	University of California-Berkeley (Haas)	84.0	7	13	3.43	674	11.0%	$90,000	66.8%	87.4%	$19,792	809
15	Yale University	83.0	18	18	3.40	682	25.8%	$95,000	89.7%	97.8%	$25,355	430
16	Cornell University (Johnson)	81.0	14	13	3.25	647	28.4%	$92,500	90.6%	94.2%	$25,135	576
16	University of North Carolina-Chapel Hill (Kenen-flagler)	81.0	17	11	3.20	641	22.6%	$92,000	96.0%	98.0%	$16,353	461
18	Carnegie Mellon University	79.0	16	18	3.20	653	29.8%	$88,370	89.1%	95.3%	$24,130	641
18	University of Texas-Austin	79.0	18	12	3.37	660	23.2%	$85,000	84.7%	88.7%	$15,268	726
20	Purdue University West Lafayette (Krannert)	73.0	20	23	3.26	624	25.5%	$76,000	96.7%	99.2%	$15,619	252

되었지만 MBA 순위는 미국 순위와 한국 순위가 따로 있다는 말을 한다. 예를 들어 다트머스턱 대학이나 다든 대학은 오히려 NYU나 UCLA보다 지명도가 떨어진다. 국내에 들어와서 일을 할 생각이라면 이것도 역시 고려해야 한다.

2. 교과과정

교과과정은 필수과목과 선택과목으로 구성된다.

필수과목은 학교마다 크게 차이가 나지 않지만 선택과목은 학교마다 차이가 심하다. 예를 들어 워튼은 다른 학교와 비교해서 회계·재무 분야의 선택과목이 매우 다양하고 또 깊이가 있다.

교과과정을 검토할 때는 필수과목의 비중, 선택과목의 종류, 면제(Waive) 여부의 세 가지를 반드시 체크해야 한다. 워튼의 경우 신입생에게 필수과목인 통계학·기초회계학·거시 경제 등 8과목을 시험을 통해 면제할 수 있게 해준다. 즉 학교에 오기 전에 해당 분야에 경험이 있는 학생들은 기초과목을 건너뛰고 바로 Advanced로 넘어갈 수 있다. 일부 학교에서는 MBA 외의 다른 프로그램(J.D. Ph.D)에서 선택과목을 들을 수 있게 해주는 곳도 있는데 만약 MBA 외의 다른 분야에도 관심이 있다면 이것도 한번 체크해보도록 한다.

최근 들어 다른 학교와 차별화하기 위해 다양한 프로그램들이 시도되고 있다. 스탠퍼드처럼 마지막 학기를 중소기업에 가서 프로젝트를 하게 하는데도 있고 일본, 유럽, 중국 등에 있는 학교들과 교환학생 프로그램을 운영하는데도 있다. 이와 같이 새로 시도되는 프로그램들은 졸업생이나 기존의 가이드 등을 통해서는 정보를 제대로 얻을 수 없으므로 반드시 최신 브로셔나 웹 사이트를 살펴보아야 한다.

3. 수업방식

MBA 스쿨은 강의, 케이스 스터디, 그리고 프로젝트의 세 가지 수업방식을 사용한다.

강의는 대학교처럼 교수가 진도를 나가고 학생들에게 질문을 받는 방식이며, 교수와 학생간의 상호작용이 상당히 제한적이다. 또한 수업참여가 성적에서 차지하는 비중이 20% 정도로 낮다.

케이스 스터디에서는 교수가 일방적으로 수업을 이끌어 나가는 것이 아니라 토론을 유도하는 역할을 한다. 즉 처음에 큰 테마를 던져주고 학생들이 토론을 통해서 결론을 낼 수 있도록 도와주는 역할을 한다. 케이스식 수업의 목적은 실제와 유사한 환경을 만들어내는데 있다. 즉 다양한 의견교환을 통해서 한 문제의 여러 면을 볼 수 있다.

마지막으로 프로젝트는 학생들에게 팀을 짜서 팀 단위로 문제를 풀게 하는 것을 말한다. 프로젝트에서는 실제 있었던 또는 있을만한 것들이 문제(예 : A회사의 중국 진입 시나리오는?)로 주어진다. 프로젝트의 목적은 학생들에게 지식의 습득뿐만이 아니라 리더십, 대인관계, 팀워크 등을 길러주는데 있다.

MBA 스쿨들은 세 가지 수업방식을 다 사용한다. 하지만 정도에는 약간씩 차이가 있다. 미시간이 80%는 강의, 20%는 케이스 및 프로젝트로 운영하는데 반해 하버드는 80%가 케이스, 20%가 프로젝트 강의이다.

케이스 위주와 강의 위주 중 어느 것이 더 좋다는 얘기는 할 수 없고 개인의 취향에 따라 선택해야 한다. 예를 들어 케이스 위주 학교에서는 성적을 매길 때 수업참여를 중요시한다. 그래서 언어가 제대로 구사되지 않으면 뒤쳐진다는 느낌을 받기가 쉽다. 반면에 회계 같은 과목은 케이스 방식으로 진행하면 한 학기 동안 배우는 내용은 그다지 많지 않다(강의 위주로 하는 곳은 이론은 많이 습득할 수 있으나 실무적인 면을 많이 놓치게 된다).

4. 실무와의 연계

MBA 스쿨은 졸업생들이 사회로 진출하여 주도적인 역할을 하는 것을 최대 목표로 한다. 그래서 학교에서 배우는 내용이 탁상공론이 되지 않도록 세심한 배려를 하고 있다. 즉 수업에 해당 분야의 전문가를 초빙하기도 하고 각종 세미나, 워크숍 등을 열기도 한다. 심지어는 외부에서 의뢰한 프로젝트를 학생들로 조직한 컨설팅 팀이 맡기도 한다. 이런 기회를 통해 회사들과 자연스럽게 연결이 되어 졸업 후 바로 취직을 하는 경우도 적지 않다.

학교를 선택할 때는 이런 실무와의 연계도 중요하다. 학교에서 배우는 내용뿐만 아니라 그밖에 어떤 것들이 제공되는지 유심히 살펴보는 것도 도움이 많이 될 것이다.

5. 교수진

《Business Week》 등을 보면 교수진을 기준으로 순위를 매긴 것을 볼 수 있다. 하지만 여기에서 말하는 교수진 순위는 연구실적 등을 기준으로 한 것이기 때문에 너무 큰 의미를 두면 안된다.

학교 순위를 높이는데 주도적인 역할을 한 교수들은 Executive 과정만 담당하거나 아예 강의를 하지 않는 경우도 많다. A라는 교수가 있어서 지원을 했더니 파트타임 강사가 강의를 하더라고 불평하는 사람들도 적지 않다. 즉 교수진을 보고 학교를 선택할 때는 순위에만 의존할 것이 아니라 다음의 두 가지를 반드시 확인해야 한다.

① 풀타임 교수의 비중은 얼마나 되는가?
② 저명한 교수들이 실제로 수업을 진행하는가?

6. 클래스 프로필

MBA 스쿨은 전공, 나이에 제한을 두지 않기 때문에 매우 다양한 학생들로 클래스가 구성된다. 또한 학생들의 배정에 따라 전반적인 분위기가 결정되므로 학교를 결정할 때 다음과 같은 사항들을 주의 깊게 볼 필요가 있다.

① 전공 분포
② 외국 학생 비율 및 출신 국가
③ 여학생 비율
④ 소수 민족 비율
⑤ 기혼자 비율
⑥ 평균 직장 경력
⑦ 경험 분야 분포
⑧ 평균 연령

이중에서 가장 중요한 것은 평균 연령과 평균 직장 경력이다. 사실이 두 가지는 서로 연결이 되어 있는데 일반적으로 평균 연령이 낮으면 낮을수록 경쟁이 치열하고 분위기도 삭막하다.

학급 크기도 중요하다. 하버드처럼 많은 학생을 받는 학교에서는 서로 친해지기가 상대적으로 힘들며 평가도 객관적인 것(시험 성적 등)에 의해서 대부분 결정이 된다. 또한 학생 개개인에 대한 배려도 그다지 만족스럽지 못하다.

7. 평가 방법

MBA 스쿨들은 평가 방법도 천차만별이다. 시험에 100% 의존하는 학교가 있는가 하면 수업참여나 팀 프로젝트를 중시하는 학교도 있다. 평가단계도 A~F 시스템, Pass/Fail 시스템 등 다양하다. 80% 이상의 학생에게 B학점 이상을 주는 관대한 학교도 있다. 어떤 학교에서는 졸업생들에 대한 성적을 외부에 공개하지 않는 것을 원칙으로 하기도 한다(일단 어드미션을 받은 것만으로 그 학생은 가능성이 있다고 생각하기 때문이다).

성적에 지나친 집착을 갖는 한국 사람들은 MBA 스쿨에 가서도 성적 때문에 스트레스를 많이 받는다. 물론 쌍코피를 흘려가면서 전부 A를 받는 사람들도 간혹 있기는 하지만, 만약 자신이 성적에 집착하는 스타일이거나 반드시 높은 성적을 받아야 한다면 평가 방법도 꼭 확인하도록 한다.

평가 방법은 주로 해당 MBA 스쿨의 웹 사이트에 설명이 나와 있다.

8. 지역

지역을 선택할 때는 예산, 주변환경을 고려해야 한다. 먼저 예산의 경우 보스턴, 뉴욕, 필라델피아, 시카고 같은 곳은 졸업할 때까지 최소한 $100,000 이상이 들어간다. 배우자 또는 가족이 함께 가는 경우에는 그 이상이 필요하다. 생활비는 먹고 입는 것뿐만이 아니라, 동료들과의 사교 비용으로 많이 나간다. 예산이 빠듯할 경우 룸메이트를 구하면 집세 및 생활비 등을 대폭 줄일 수 있다.

맨해튼을 기준으로 계산해본 2년 동안의 소요경비 (사립대)	
등록금+책값	$ 60,000
집세(독방 기준)	$ 36,000~48,000
생활비	$ 20,000~30,000
정착비	$ 5,000~10,000
서머 인턴	$ 20,000~30,000
총 계	$ 91,000~128,000

서부나 중부라고 해서 비용이 엄청나게 줄어드는 것은 아니다. 집세와 생활비만 약간 차이가 날뿐 나머지는 대동소이하다. 물론 주립대학을 지원하면 등록금에서 많이 줄일 수 있지만 대부분의 탑 스쿨들이 사립학교라는 것을 감안할 때 선택의 폭이 극히 좁다.

MBA 스쿨들은 NYU처럼 캠퍼스가 맨해튼의 심장부에 위치한 곳도 있고 코넬 대학처럼 전원도시에 있는 곳도 있다. 만약 도시생활에 지쳐 공부와 휴식을 겸하여 MBA 스쿨을 가고 싶다면 코넬같은 곳이 이상적이다(MBA 스쿨 중에는 해변가에 있는 곳도 있다).

반면에 월가에 진출하는 것이 꿈인 사람들은 될 수 있으면 맨해튼 근처에 있는 학교를 선택해야 한다. 사실 생활의 질과 취업의 용이성을 동시에 제공하는 학교는 거의 없으며 여러 학교에서 어드미션을 받을 경우 항상 위의 두 가지를 고려해야 한다.

텍사스를 기준으로 계산해본 2년 동안의 소요경비 (주립대)	
등록금+책값	$ 30,000
집세(독방 기준)	$ 12,000~20,000
생활비	$ 15,000~25,000
정착비	$ 5,000~10,000
서머 인턴	$ 20,000~30,000
총계	$ 32,000~64,000

9. 취업

MBA 스쿨에 가는 가장 큰 목적은 직장을 바꾸거나 돈을 많이 벌기 위해서이다. 졸업생들이 어떤 회사에 가고 또 어떤 대우를 받는지는 지원자들에게 가장 큰 관심사항이다. 학교들은 보통 졸업생들의 취업실

① 어떤 회사들이 졸업생을 채용하였는가(이름, 분야 등)?
② 학교에 입사설명회를 오는 회사들은?
③ 학교에서 어떤 지원을 해주는가?
④ 취업률 및 평균 연봉은?
⑤ 졸업생들의 커리어 트랙은?

적을 안내책자에 포함시키는데 여기에서 눈여겨 볼 것은 앞에서 밝힌 내용들이다.

　MBA 과정을 다니면 1학년이 끝나는 여름에 서머 인턴을 실시한다. 서머 인턴은 봉급이 두둑(1년치 등록금이 훨씬 넘는 경우도 있음)할뿐 아니라 나중에 진출할 분야를 미리 경험할 수 있게 해준다. 학교에 따라서는 안내책자에 서머 인턴 프로그램에 대해서도 자세한 내용이 들어 있는데 이것 역시 매우 중요한 정보이다.

3

MBA 입학요건 및 절차

1. MBA 입학요건

　MBA 과정에서는 최소한 2년 이상의 직장 경력을 요구한다. 미국 대학들에서는 GMAT 점수를 필수적으로 요구하며, 영연방권 나라들에서는 요구하는 경우도 있고 그렇지 않은 경우도 있으나 직장 경력이 충분하면(4년 이상) 대개 GMAT를 면제해 주고 있다. 요구하는 GMAT 성적은 대학별로 다르므로 개별적으로 확인을 해야 한다. 물론 비영어권 출신의 학생들에는 일정한 TOEFL 성적도 요구된다.

　MBA에 입학하는 사람들의 평균 연령은 30대 중반으로 나타나고 있다. 나라와 학교마다 다르기는 하지만 이를 기준으로 판단해도 무방할 것이다.

　MBA 과정은 사기업이건 공기업이건 또는 어떤 형태의 조직이건 경영자나 관리자들을 양성하는 과정이므로 학부에서의 전공은 따지지 않는다. 4년제 학사학위를 가지고 있으며, 직장 경력과 GMAT, TOEFL 등의 기본 요건을 충족하고 있으면 된다. 물론 인기있는 비즈니스 스쿨에 입학하기 위해서는 경쟁이 심하므로 에세이도 잘 써야 하고 추천서도 잘 받아야 한다.

MBA 프로그램이 거의 표준화된 미국에서 MBA 프로그램을 개설한 대학은 대략 750개 정도이고 이중 약 430여 개의 대학이 AACSB(The American Assembly of Collegiate Schools of Business)의 인가를 받았다. 학교 선택에 있어서 AACSB 인가 학교를 선택한다면 큰 문제는 없을 것이다.

2. MBA 지원절차

MBA 과정에 입학하기 위해서 필요한 것은 GPA, GMAT, 에세이, 직장 경력, TOEFL, 추천서 등이다. 예외적으로 TWE와 TSE를 요구하거나 인터뷰를 요구하는 학교도 있다.

다음은 MBA 지원을 위해 필요한 절차이다.

● 학교 선정과 입학신청서(Application Form)

목표로 하는 학교의 MBA 프로그램의 입학 사정 경향이나 세부전공에 대한 세평, 수업방법, 수업료 등을 잘 고려해서 학교를 정한다. MBA는 매년 순위 등의 세부 사항이 달라지므로 최신 정보를 찾아 예상 학교들을 적절하게 고른 후 원서를 신청한다. 원서는 인터넷에서 직접 다운 받을 수도 있고, 우편으로 우송 받을 수도 있다. 후자의 경우 어드미션 오피스(Admission Office)로 편지, E-mail 등을 보내야 한다. 원서 요청 후 1개월 내에는 원서가 도착한다.

● 지원 시기

학교들의 전형 일정이 어떻게 돌아가는지를 이해하면 지원하는데 가장 이상적인 시기 결정에 도움이 된다. 언제 지원하든 간에 다 장·단점이 있지만 일찍 지원하는 것이 늦게 지원하는 것보다 유리하다. 수많은 지원자들이 마지막 데드라인까지 지원을 미루기 때문에 기다리면 기다릴수록 경쟁이 심해진다. 학교들이 언제 지원하든 같은 조건하에 사정을 한다고 얘기는 하지만 매번 사이클마다 같은 수의 학생에게 어드미션을 주지는 않는다. 그러므로 늦게 지원하는 것이 일찍 지원하는 것보다 불리하다.

하지만 너무 일찍 지원하는 것도 좋지 않을 수가 있다. 우선 입시 시즌이 시작되면 학생들을 좀더 엄격하게 평가한다. 그 결과 후에 적용되는 잣대보다 훨씬 높을 수가 있다. 이러한 경향은 선발 인원이 적은 학교에서 더욱 뚜렷하게 나타난다. 또한 각 나라에서 잘 나가는 사람들이 대부분 처음 지원을 한다는 것도 명심한다. 자신이 잘 나가는 축에 속하면 언제 지원하든지 상관이 없지만 그렇지 않으면 시기를 잘 선택하는 것이 좋다.

극히 드물게 외국 학생들에게 장학금을 주는 학교도 있다. 이런 학교에 지원하는 경우에는 일찍 지원하는 것이 매우 중요하다. 몇몇 장학금은 조기에 마감(Early Deadlines)할 수 있기 때문에 지원을 늦추다가는 시도도 못해보고 그냥 놓칠 수가 있다.

이러한 것들을 종합해 보면 중간쯤에 지원하는 것이 가장 좋다는 결론이 나온다. 그때쯤 되면 학교에서 지원하는 학생들의 전반적인 수준에 대한 감이 생기고 비교적 일관성(Consistent)있게 평가를 하기 때문이다. 거기다가 중간쯤에는 아직도 많은 자리가 남아있기 때문에 여유가 있다. 수많은 원서에 치여서 쩔쩔매기는 하지만 그래도 이때까지는 자세하게 볼 것이다.

막판에 지원을 해서 붙을 가능성은 예측하기가 힘들다. 수많은 지원서를 받는 대부분의 학교들은 마지막에 그다지 많은 자리를 남겨놓지 않는다. 초기에 지원했더라면 어필했을만한 사항들이 이쯤 되면 별 도움이 되지 않을 수도 있다. 물론 자기의 경력이 학교에서 요구하는 조건에 충족된다면 모르지만, MBA 스쿨은 학생들을 함부로 뽑지 않는다. 즉 학생들의 전반적인 수준이 예년에 비해서 다소 낮을 경우 막판까지 많은 자리를 비워 놓기도 한다. 하지만 이를 노리는 것은 매우 위험하다.

이론상으로는 중간쯤에 지원하는 것이 가장 좋지만 현실적으로는 그렇지가 못하다. 너무 시간에 연연해서 지원을 하는 것보다는 가장 시간을 넉넉하게 사용할 수 있는 시간에 지원하는 것이 바람직하다. 학생들이 지원을 할 때 흔히 저지르는 오류중 하나가 추천장 발송, GMAT 성적 발송 등 번외에 해당되는 것들이 차지하는 시간을 너무 적게 잡는 것이다. MBA 스쿨은 모든 서류들이 도착하기 전까지는 입학 사정을 시작하지 않으므로 주의하도록 한다.

🔵 지원 스케줄

지원절차를 시작하고 끝내는 데에는 이상적인 타이밍이 있다. 일부 학생들은 여기에 맞추어 비교적 쉽게 MBA 스쿨에 진학한다. 그러므로 평상시에 정기적으로 지원하는데 필요한 자료들을 준비해 두는 것이 좋으며 지원절차를 수월하게 끝내려면 계획을 잘 세워야 한다. 그렇지 않으면 준비하는 기간 내내 골머리를 썩을 수도 있다.

MBA 스쿨에 가려면 최소한 입학하기 1년 전, 될 수 있으면 여름부터 준비를 시작해야 한다. 만약 지금부터 설명하는 것이 현재 처해있는 상황과 잘 맞아 떨어지지 않더라도 걱정할 필요는 없다. 단지 시간이 충분하면 충분할수록 준비를 더 알차게 할 수 있다는 것만 알아둔다.

하지만 지원을 하는데 있어서 합격에 중요한 작용을 하는 일정(GMAT 시험 날짜, 지원 마감일 등)들은 명심을 해야 한다. 우선 이 날짜들을 빨리 알아서 계획의 전체적인 윤곽을 잡는 것이 중요하다. 이정표가 되는 중요 일정들은 다음과 같다.

① GMAT, TOEFL 시험
② Transcript Deadline(일부 학교들은 지원서를 정해진 날짜에만 보내주기도 하므로 미리 확인을 해야 함)
③ Application Deadline
④ 추천장(추천인이 직접 추천장을 써주는 경우 충분히 생각할 수 있게 시간을 줘야 함)
⑤ Financial Aid Forms

이중에서 MBA 지원에 가장 큰 변수가 되는 것이 바로 TOEFL 시험이다. GMAT의 경우 CAT로 바뀌면서 시험을 비교적 바로 볼 수 있지만 TOEFL은 최소한 1달, 특히 유학생들이 피크를 이루는 여름방학에는 2달 이상 기다려야 하므로 미리 봐두는 것이 좋다.

다음에 제시되는 일정들은 이해를 돕기 위한 가이드라인이다. 정확히 따라할 필요는 없지만 여기에 적혀있는 것들을 기본으로 계획을 세우면 도움이 될 것이다.

7~8월

- 학교에 지원서를 신청한다. 학교에 따라서는 전년도 것을 써도 되지만 내용이 매년 조금씩이라도 보강되므로 반드시 그해 것을 받도록 한다.

- MBA에서 하려는 것들을 미리 생각해 보고 이것들을 어떻게 에세이에 쓸 것인가 구상해 본다.
- 학교에 대한 정보들을 수집한다(인터넷, 각종 책자 등 참조).
- GMAT 신청을 한다. 10월까지 GMAT를 보면 나중에 점수를 따로 보내야 하는 번거로움을 피할 수 있다.
- GMAT 준비를 어떻게 할 것인가를 생각해 본다.

9월

- 추천인이 직접 추천장을 쓰는 경우 방문하여 어떠한 내용을 쓸 것인지를 토론한다. 또한 데드라인도 미리 알려준다.

10~11월

- GMAT를 본다.
- 외국 학생을 위한 장학금 등의 재정지원이 있는지 알아본다.
- 학부/대학원 영문성적표를 준비한다.

12~2월

- 지원서를 발송한다.
- 추천장이 제대로 들어갔는지 다시 한번 확인한다.
- 인터뷰 준비를 한다.

- 결과를 기다린다.

● 구비 서류

MBA에 지원하려면 다음의 7가지를 준비해야 한다.

① 지원서(직장 경력은 여기에 쓰게 됨)
② 학부/대학원 성적표
③ GMAT 점수
④ TOEFL 점수
⑤ 추천장
⑥ 에세이
⑦ Application Fee(학교당 $80~150)

　다른 학위(Graduate) 과정이나 로스쿨(Law School) 등은 보통 기본적으로 10군데를 지원한다. 하지만 MBA 스쿨은 대부분의 학생들이 다섯 군데 정도를 지원한다(미국의 경우 평균 3학교). 그 이상을 지원하는 것은 현실적으로 많은 어려움이 따른다. 학교당 3~8개에 달하는 에세이도 그렇지만 비용이 장난이 아니다. 전형료를 포함한 제반 비용을 고려하면 학교당 평균 20만원 정도가 들어가므로 5군데만 해도 100만원이다. 물론 많이 지원을 하면 그만큼 어드미션을 받을 확률은 높아진다. 하지만 붙어도 가지 않을 학교에 지원을 하는 것은 들어가는 시간과 비용을 고려했을 때 그리 권하고 싶지 않다.

● GMAT · TOEFL 시험 응시

가을 학기에 등록을 하고자 하면 전년도 10월까지는 GMAT와 TOEFL 시험을 끝내 놓는 것이 좋다. 다른 석·박사 과정의 유학과는 달리 MBA는 에세이가 큰 비중을 차지하므로 10월 이후로는 영어시험 보다 에세이에 시간을 할애해야 하기 때문이다.

GMAT, TOEFL은 ETS에서 주관하며, 한국은 한미 교육 위원단에서 접수하고 있다. GMAT는 CAT(Computer Aided Test) 형식으로 치러지며 매월 10일부터 말일까지 오전과 오후에 시험을 볼 수 있게 하고 있다. GMAT는 한 번 응시 후에는 1개월이 지나야 재시험이 가능하며 매번 본 성적이 성적표에 표기되어 시험마다의 성적편차가 크면 입학 사정에 불리하므로 한번에 좋은 성적을 받을 수 있도록 해야 한다. TOEFL은 매달 한번씩 시험이 있으므로 미리미리 시험 신청을 하는 것이 좋다.

● GMAT 응시절차

시험 신청방법

GMAT 등록센터(RRC)에 전화, 팩스, 또는 우편을 이용하여 시험 신청을 할 수 있으며, 서울의 RRC 연락처는 다음과 같다.

> **▶ 한미 교육 위원단**
> 서울시 종로구 경운동 89-4 고합빌딩 403호
> 전화 : 02-732-7928
> 팩스 : 02-735-4539

• 전화 신청

본인이 원하는 시험 날짜로부터 최소한 2일 전에 신청해야 한다.

대금은 VISA, Master Card, American Express 등의 신용카드로 지불한다.

• 팩스 신청

International Test Scheduling Form을 작성하여 팩스로 전송하는데, 본인이 원하는 시험 날짜로부터 최소한 7일 전에 신청해야 한다.

대금은 VISA, Master Card, American Express 등의 신용카드로 지불한다.

• 우편 신청

International Test Scheduling Form을 작성하여 우편으로 송부하며, 본인이 원하는 시험 날짜에서 최소한 3주일 전에 신청해야 한다.

대금은 은행수표를 동봉하여 지불한다(수취인 : ETS-GMAT).

응시비용

Test Fee : $160

Rescheduling Fee : $48

Additional Score Reports : $15 (1개 학교당)

▶ 취소시에는 시험일로부터 최소 7일 이전에 RRC에 통보해야만 응시비용을 환불받을 수 있다(환불 금액 : $64).

매월 10(11)일 ～ 30(31)일 기간 중 토요일과 일요일을 제외하고 매일 오전과 오후에 시험이 실시된다(단, 미국 공휴일 제외).

시험 신청시, 본인이 원하는 일자 및 시간(오전 또는 오후)을 통보하도록 한다.

▶ 단, 같은 달(월)에 2회 응시할 수는 없다.

GMAT 응시에 관한 자세한 사항은 뒤에 소개되는 "GMAT 등록안내" 편을 참고하기 바란다.

3. 선발기준

MBA 스쿨에서는 신입생을 뽑을 때 GMAT 점수나 학점에 절대적으로 의존하지 않는다. 기본적인 자질, 미래에 대한 가능성 그리고 클래스에 공헌하는 정도가 가장 중요시된다. 기본적인 지질은 GMAT, 학점, 직장 경력 등을 토대로 평가되며 미래에 대한 가능성은 에세이와 추천장이 중요한 역할을 한다. 또한 MBA 스쿨들은 특정 학교나 직종 출신으로만 클래스가 구성되는 것을 바라지 않기 때문에 이런 면에서 얼마나 기여를 할 수 있는지도 함께 검토한다. 한국인들은 한국인들끼리 경쟁을 한다는 말은 이와 맥락을 같이 한다.

또한 학교 중에는 외국 학생, 특히 한국 학생들에게 우호적인 곳들이 있는데 전에 간 사람들이 길을 잘 터놓았기 때문이다. 한국 국적을 가진 사람만 따지면 하버드가 1년에 8명 정도를 선발하며 워튼은 12명 정도를 뽑는다. 반면에 클래스 크기가 적은 스탠퍼드는 3명으로 톱 스쿨마다 묵시적인 정원이 정해져 있다. 조지 워싱턴 대학처럼 50명 이상을 뽑는 극히 이례적인 학교들도 있다. 최근 몇 년 동안 일본 학생들이 줄어든 대신 한국과 대만 출신 학생들이 많이 늘어나는 추세에 있다.

● 학점

학점은 학교에 따라서 차지하는 비중이 틀리다. 일반적으로 주립대학과 강의 위주 학교들이 학점을 중요시한다. 그 외는 최고 학점과 최저 학점을 정해 놓고 최고 학점을 넘으면 모두 같은 것으로 취급하고 최저 학점이 안되면 바로 탈락시킨다.

학부, 특히 3~4학년 성적이 중요하며 과목의 경향과 난이도도 함께 고려한다. 쉬운 과목만 들어서 학점 관리를 한 지원자들은 그만큼 감점을 당한다. 또한 상경대나 공대 출신의 경우 수리 능력을 요하는 과목에서 받은 학점들이 중요하다. 하지만 평균 학점이 B가 되지 않으면 졸업이 안되는 대학원 때의 학점은 별로 영향을 미치지 않는다. 지원할 때 불이익을 당하지 않으려면 학부 때 좋은 성적을 받도록 노력을 해야 한다.

미국 학생의 경우 자료가 풍부하기 때문에 출신 학교, 수강 과목을 고려한 객관적인 비교가 가능하다. 좋은 학교에서 3.5를 맞은 사람과 좀 떨어지는 학교에서 3.5를 맞은 사람을 똑같이 생각하지 않는다. 하지만 외국 학생의 경우 이와 같은 비교에 많은 어려움을 겪는다. 이러한 문제를 해결하기 위해서 MBA 스쿨들이 생각해낸 것이 같은 나라 출신 학생들로 하여금 서류를 정리하게 하는 것이다. 즉 한국 학생들의 지원서류를 한국 학생들이 검토하면 국내에서의 순위가 미국에서도 그대로 적용되기 때문이다.

나중에 MBA를 생각하고 있는 재학생이라면 재수강을 해서라도 학점을 높일 것을 권하고 싶다. 최근 몇 년 사이에 한국뿐만 아니라 미국에서도 엄청난 학점 인플레 현상이 발생하고 있다. 즉 90년대 초반만 하더라도 3.5/4.0만 되면 상위권에 속했으나 최근에는 3.5만 가지고는 평균 정도밖에 안될 정도로 학점이 많이 올라갔다.

학점이 좋지 않으면 추가로 왜 나쁜지에 대한 에세이도 써야 하고 또 지원한 다음에도 엄청나게 스트레스를 많이 받는다. 이미 졸업한 경우라면 어쩔 수 없지만 아직 학교에 다니고 있다면 기회가 있을 때 최대한 활용하도록 한다.

● 전공

MBA 스쿨이 특별히 어떤 전공을 우대하는 것은 아니지만 같은 조건이라면 자연계 출신들이 인문계 출신보다 어드미션을 쉽게 받는다. 이는 MBA로 유학을 가는 사람들이 적어 상대적으로 경쟁률이 낮기 때문이다. 또한 자연계 출신들은 인문계 출신들에 비해 자기 차별화가 비교적 쉽다.

예를 들어 엔지니어링에서 경영으로 커리어를 바꾼 이유만 가지고도 다양한 내용의 에세이가 나온다.

경영대학원을 졸업한 경우 MBA 과정에 입학하려면 이유를 잘 설명해야 한다. MBA 스쿨은 경영대학원에서 배우는 내용이 MBA 과정과 많이 중복되기 때문에 같은 학위를 또 딸 필요가 있느냐는 생각을 하기 때문이다.

● GMAT 점수

800점 만점인 GMAT(매달 시험이 있으며 한번 보면 5년 동안 유효하다)는 최소한 550점 이상을 맞아야만 50위권의 MBA 스쿨에 지원을 할 수 있다. 20위권은 630점, 10위권은 650점, 5위권은 680점 정도가 입학생들의 평균 점수이다. 특히 학점이나 직장 경력이 미흡한 경우 이를 보완하려면 GMAT에 신경을 많이 써야 한다. 하지만 GMAT를 잘 봤다고 해서 어드미션이 보장되는 것은 아니다. GMAT도 학점과 마찬가지로 최고 점수와 최저 점수를 정해 놓고 최고 점수를 넘으면 같은 것으로 취급하고 최저 점수가 안되면 바로 탈락시킨다. 그 사이의 점수들은 학점 등 자료를 종합해서 평가한다.

학교에 따라서는 섹션별로 최저 점수를 명시하기도 한다. 즉 Verbal, Math, Analytical Writing으로 세분화해 놓고 Analytical Writing은 4점 이상, Math는 80% 이상 하는 식이다. 일반적으로 Verbal 섹션의 점수는 좀 낮아도 상관이 없지만 Math 섹션을 못 보면 복구하기가 쉽지 않다. Verbal 섹션 성적이 좋지 않은 경우 여름학기에 영어 프로그램 등을 듣게 한다.

GMAT는 여러번 볼 경우 평균 점수를 적용하는 것을 원칙으로 하고 있다. 하지만 일반적으로 가장 높은 점수를 쳐주며 특히 전에 본 시험과 점수 차이가 많이 날 경우에는 평균 점수보다는 최고 점수를 가지고 입학 허가를 한다. 전에 본 시험보다 최소한 50점 이상을 올릴 자신이 없으면 굳이 다시 볼 필요는 없다.

GMAT 점수가 낮을 경우 Optional 에세이를 통해 이를 설명할 수 있다. 회사 생활과 병행하느라 어쩔 수 없었다든지 회사에서 갑자기 프로젝트 팀에 넣는 바람에 공부할 시간이 없었다든지 등으로 주어진 공간을 최대한 활용해서 이유를 설명해야 한다. 타당한 이유라면 충분히 감안을 해준다.

● TOEFL 점수

TOEFL은 국내나 비영어권에서 학교를 졸업한 학생들에게만 요구된다. 즉 미국에서 학부를 졸업한 경우 TOEFL을 볼 필요가 없다.

흔히 학원에서 광고를 할 때 TOEFL 650점, GMAT 680점인 학생이 ○○ 학교에 입학했다는 문구를 많이 쓴다. 그러나 MBA 스쿨에서 TOEFL이 차지하는 비중은 많지 않다. 학교에서 제시하는 최저 점수만 넘으면 TOEFL 때문에 떨어지는 일은 없다. TOEFL 점수가 높아서 어드미션을 받았다는 사람은 본 적이 없다.

MBA 스쿨에서는 TOEFL이 지원자의 언어능력을 테스트하는 것이기 때문에 그 이상의 무엇인가를 의미한다고 생각하지 않는다. 설령 최저 점수에 미치지 못했다 하더라도 다른 조건들이 월등하면 조건부 어드미션을 준다. 이 경우 수업을 시작하기에 앞서 여름에 영어 프로그램 등을 들을 것을 요구한다.

톱 MBA들이 요구하는 최저 TOEFL 점수는 600점이다. 하지만 5위권 안의 경우 630점이 되지 않으면 약간의 불이익을 받을 수도 있다. 왜냐하면 톱 5에서 어드미션을 받는 학생들의 전반적인 수준이 매우 높기 때문에 언어구사에 어려움을 겪으면 수업을 제대로 따라가지 못할 수 있다고 생각하기 때문이다.

그밖에 다른 학교들은 580점 또는 550점이 최저 점수이다. 요즈음 지원자들의 TOEFL 점수가 전에 없이 높아진 것을 감안하면 TOEFL은 큰 제약 사항이 아니라는 것을 다시 한번 알 수 있다.

● 직장 경력

대부분 MBA 스쿨들은 2년 이상의 직장 경력을 요구한다. 하지만 2년은 그야말로 최소한의 요구사항이고 어드미션을 받는 학생들은 대개 3년 이상(톱 스쿨의 경우는 4~5년)의 직장 경력을 갖고 있다. 최근 들어 MBA 스쿨들이 직장 경력을 중시하는 경향이 뚜렷해지고 있는데, 예를 들어 MIT 슬론의 경우 몇 년 전만 하더라도 입학생들의 평균 연령이 27세였으나 97년에는 29세로 상향 조정되었다. 전보다 2년 더 직장 경력을 요구한다는 얘기가 된다. 이러한 경향은 MBA 스쿨뿐만이 아니라 로스쿨과 같은 전문 과정에서도 광범위하게 나타나고 있다.

4. 기타 준비사항

🔵 지원서

요즘은 많은 학교들이 인터넷상으로 지원서를 제공하므로 지원서를 받는데 큰 어려움은 없다. 하지만 우편으로 받아야 하는 경우라면 하루라도 일찍 받는 것이 유리하다. 우선 본격적인 입학 시즌이 되면 지원서를 받는데 적지 않은 시간이 걸린다. 또한 대부분의 학교는 지원에 필요한 서류를 따로 보내기보다는 한데 모아서 보낼 것(Self-Managed Application)을 요구하는데 하루라도 빨리 지원서를 받아야 제대로 준비를 할 수 있다.

🔵 에세이

에세이는 입학 사정 담당자에게 본인과 장래 목표에 대해 분명히 밝힐 수 있는 기회를 제공하게 된다. 입학 지원동기, 관심 전공분야, 학업능력, 영어 표현능력을 피력할 수 있는 도구이기 때문이다.

10월 이후부터 1월까지는 에세이를 끝내야 한다. 학교별로 원서마감일이 다른데 경우에 따라 12월에 1차 마감을 하는 학교도 있으나, 보통 2~3월이면 원서를 마감한다. 입학사정은 Rolling(입학원서 도착순 사정)인 경우가 대부분이므로 일찍 원서를 보낼수록 유리하다.

에세이는 앞에서 언급한 바와 같이 입학을 결정하는 중요한 요소 중의 하나이다. 일반 대학원의 경우 학업계획서나 자기소개서를 하나 준비하여 여러 학교에 보내도 무관하지만, MBA 에세이는 학교마다 특정

한 문제를 주고 이에 대해 답하도록 되어 있기 때문에 준비에 무척 시간이 걸리는 것이 사실이며 소홀히 할 수 없는 것도 현실이다. 따라서 약 2~3개월의 여유를 갖고 자신의 에세이를 작성하는 것이 중요하다.

학교 또는 직장에서 과외 활동이나 봉사 활동을 했다면 차별화 전략에 많은 도움이 된다. 과외 활동이라고 해서 반드시 대단한 것일 필요는 없다. 대학 시절 서클 활동도 좋고 또 학원 등에 다닌 것도 괜찮다. 에세이에 과외 활동에 관한 내용을 쓰면 내용이 한결 풍부해진다.

검도 4단이 되기까지 과정을 가지고 멋들어진 에세이(승단 시험에서 5번씩이나 미끄러졌지만 불굴의 투지로 마침내 4단이 되었다는 스토리)를 쓴 친구도 있고 과외 활동은 아니지만 리어카로 야채장사를 하며 고학하던 시절의 경험을 에세이(야채장사를 하며 나중에 사업체를 경영하면 어떻게 해야 한다는 것을 깨달았다는 스토리)로 쓴 사람도 있다.

하지만 무조건 특이하다고만 해서 좋은 것은 아니다. 다른 부분과의 조화가 더 중요하다는 것을 명심해야 한다.

과외 활동란을 채우다 보면 누구니 한번쯤 기짓말을 하고 싶은 유혹을 느끼게 된다. 설마 '확인하지는 않겠지'라고 생각할지 모르지만 한번 거짓말을 하게 되면 인터뷰할 때부터 시작해서 계속 피곤해진다는 것을 명심하도록 한다.

● 추천장

추천장은 일반적으로 2~3통을 요구하고 있고, 대부분이 직장 상사나 사장, 대학 전공교수, 학생 지도교수 등 본인에 대해서 가장 잘 알고 있는 사람들로부터의(학생의 학업능력에 대한 의견을 듣기 위하여)

추천장을 요구하고 있다. 추천장을 선정할 때는 추천인의 직위가 중요한 것이 아니라, 얼마나 본인과 업무적으로 밀접한 관계였었는지가 중요하다. 즉, 일반 사원 혹은 대리의 경우 추천장은 중역보다는 직속 상사(부장, 차장)의 것이 오히려 신뢰성이 있다는 것이다.

추천장 작성

몇 장이 요구되든 추천장은 지원자가 보낸 서류들을 확인하는 역할을 한다. 자신의 장점에 대해서 의미있는 말을 해줄 수 있는 사람을 추천인으로 선택하도록 한다. 지원자들이 흔히 저지르는 실수중의 하나가 추천인의 사회적 지위에 너무 집착해서 좀더 내용이 있는 추천장을 받지 못한다는 것이다. MBA 스쿨에서는 누가 써주었냐보다는 어떤 내용을 담고 있느냐에 더 큰 의미를 둔다. 물론 유명한 사람이 좋은 내용의 추천장을 써준다면 금상첨화겠지만, 저명인사를 추천인으로 선택하는 경우 자신에 대해서 의미있는 내용을 써줄 수 있다고 판단이 들지 않으면 과감히 다른 대안을 선택하는 것이 좋다.

추천인으로 가장 많이 등장하는 것이 직장 상사, 담당 교수, 봉사 활동을 하면서 알게된 사람들이다. 경우에 따라서는 동료나 아랫사람으로부터 추천장을 받을 수 있으나 그렇게 바람직하지는 않다.

학교에 따라서는 추천인 Pool을 정해주는 경우(학교에서 1장, 직장에서 2장 하는 식으로)가 있는데 만약 이를 어기게 된다면 왜 다른 추천인을 선택했는지 또한 다른 추천인이 자신의 어떤 점에 대해서 잘 알고 있는지를 명시하는 것이 좋다. 회사를 그만두는 경우 직속 상관에게 추천장을 받기 힘들 수가 있는데 이때에도 자신에 대해서 잘 써줄 수 있는 회사 내의 다른 사람을 선택하면 된다. 학교에서 요구하는 것 이상의 추천장을 써도 상관은 없지만 큰 도움은 되지 않는다.

추천장을 부탁할 때는 두 가지 중요한 원칙이 있다. 빨리 부탁해야 하고 또 정중하게 부탁해야 한다. MBA 스쿨을 가기로 마음을 먹었다면 우선 추천인을 마음속으로 정해 놓고 미리 알려야 한다. 그래야 추천인이 좀더 많은 시간을 가지고 준비를 할 수가 있다. 일단 허락을 받으면 데드라인을 미리 알려 나중에 시간이 지연되는 것을 사전에 방지하도록 한다.

추천인으로 하여금 지원자에 대한 알찬 내용을 담고 있는 추천장을 쓰게 하는 것은 어디까지나 지원자의 책임이다. 개인적인 포부와 기타 경력 등을 먼저 잘 전달한다. 만약 해당 학교에 왜 지원을 하고 또 그 학교가 어떤 점을 많이 보는지까지 미리 알리면 그만큼 좋은 추천장을 받을 수 있다. 가능하면 추천장에 들어갔으면 하는 내용들을 미리 써 가는 것도 좋다.

추천장에서 또 하나 중요한 것이 비밀보장이다. 원칙적으로 추천장은 지원자가 읽을 수 없다.

그러므로 추천인을 선택할 때는 먼저 추천인에 대한 정보(경우에 따라서는 너무 솔직해도 좋지 않을 수 있으므로 어떤 식으로 추천장을 써주는지에 대한 정보)를 많이 얻고 세심한 주의를 기울이도록 한다.

언어상의 어려움 때문에 국내에서는 대부분의 학생들이 내용을 써서 추천인에게 서명을 받는 형식을 취한다. 자신이 직접 추천장을 써야 하는 경우라면 첫째, 필체가 같지 않도록 해야 하며, 둘째, 자신이 쓴 내용과 일관성 있게 구성을 해야 한다. 추천장에 보면 지원자의 능력을 카테고리별로 1~7로 평가하는 부분이 있는데 이 부분도 무조건 좋은 곳에만 표시가 되면 신빙성이 떨어질 수 있으므로 조심하도록 한다.

추천인에 따라서는 특히 젊은 교수들은 시간이 좀 걸리더라도 직접 써주기도 하므로 처음부터 무턱대고 부탁을 하는 것보다는 다른 학생들에게 물어봐서 추천인이 어떤 식으로 추천장을 써주는지를 먼저 파악해서 정중하게 부탁하도록 한다.

● 인터뷰

일부 학교들은 입학 사정 수단의 하나로서 인터뷰를 하기도 한다.

이외에 성적증명서(대학 또는 대학원), 졸업증명서 등이 필요하다. 지원 학교의 수는 자신의 GMAT 성적 수준의 학교 2~3개, 상위 학교 2~3개, 하위 학교 2~3개 정도로 쓰는 것이 일반적이다. 그리고 재정증명서가 있는데, 영문 잔고증명서를 첨부하여 학업기간(보통 2년) 동안 충당할 수 있는 학비와 생활비가 있음을 보여주면 된다.

80년대 중반부터 많은 톱 스쿨들이 최종 결정에 앞서 인터뷰를 하기 시작했다. 그 전에는 인터뷰가 필요하지도 않았을 뿐더러 일부 학교에서는 개인적인 인터뷰 신청을 아예 받지도 않았다.

톱 스쿨들이 인터뷰를 중시하면서 다른 학교들도 이에 동참하기 시작했는데 이는 톱 스쿨들을 따라하기 위한 것만은 아니었다. 많은 학교들은 성적이 좋은 학생들이 반드시 사회에서 성공하는 것이 아니라는 것을 인지하기 시작했다. 그래서 단순히 학업성적이 좋은 학생들보다는 나중에 좋은 직장에 들어갈 가능성이 높고 또한 직장에서 주도적인 역할을 할 수 있는 사람들을 뽑기 시작했다.

MBA 과정에서 리더십, 팀워크, 의사 전달 그리고 대인 능력 등에 많은 초점을 두는 것도 이와 맥을 같이 한다.

대부분의 MBA 스쿨들은 서류상으로 나타나지 않는 지원자들의 면면을 판가름하기 위하여 인터뷰(대부분 12~1월에 행해짐)를 한다고 한다. 여기에는 자세, 자신감, 사교 능력, 포용력, 위기관리, Maturity 그리고 의사 전달 능력 등이 포함된다. 그러므로 MBA 스쿨들이 학생들에게 요구하는 것을 정확히 알아야 효과적으로 인터뷰를 준비할 수 있다.

학교에 따라서 인터뷰 대상과 인터뷰 담당자가 약간씩 차이가 있다.

지원을 하면 반드시 인터뷰를 해야 하는 학교가 있는가 하면 반은 인터뷰 없이 뽑고 반은 인터뷰를 거쳐서 뽑는 학교(하버드 등)도 있다. 또한 외국 학생의 경우 담당자가 직접 나와서 인터뷰를 하기도 하지만 졸업생 인터뷰나 전화 인터뷰로 대체하기도 한다.

인터뷰 형식은 학교에서 요구하느냐 아니면 개인이 요구를 했느냐에 따라 약간씩 차이가 있다. 만약 학교에서 요구하지 않았는데 인터뷰를 하겠다고 자청했다면(일부 학교들은 졸업생들로 하여금 인터뷰 대상자들을 골라줄 것을 부탁하기도 한다. 이때 만약 인터뷰 대상에서 탈락되었다면 과감히 학교를 찾아가서 직접 해보는 것도 좋다) 무엇을 말할 것인가를 확실하게 정리하고 가야 한다. 인터뷰를 하는 사람이 왜 그런 내용을 별도로 에세이에 적지 않았느냐고 물어올 수도 있으므로 어떻게 대답할 것인지 잘 준비를 하도록 한다.

인터뷰를 요구하는 학교의 경우 인터뷰가 어느 정도 정형화되어 있다. 즉 인터뷰 담당자, 학교 및 인터뷰에 대한 소개가 간단히 주어지고 이어 지원자의 학업, 직장 경력, 미래 포부 등에 대한 다양한 질문들이 던져진다. 일반적으로 30분에서 60분 정도가 소요된다.

인터뷰 준비

제일 처음에 할 것은 지원서류들을 다시 한번 훑어보고 물음에 어떻게 답할 것인가 생각해 보는 것이다. 인터뷰를 할 때에 지원서류에 있는 내용을 그대로 열거하는 것보다는 새로운 내용이나 한 단계 깊은 내용을 전달하는 것이 중요하다. 인터뷰 담당자가 지원서류를 완벽하게 읽었을 수도 있으므로 에세이를 쓰는 과정에서 편집하느라고 날려버린 내용이 있다면 질문을 답하는데 활용하도록 한다.

그 다음에는 지원한 학교에 관련된 모든 사항들을 리뷰해야 한다. 학교에 대해서 제대로 알지도 못하고 지원했다는 인상을 받으면 인터뷰 담당자가 상당히 실망할 것이다. 해당 학교에 대한 장·단점을 파악하여 공통 화제를 준비해 놓으면 한층 쉽게 인터뷰를 할 수 있다.

될 수 있으면 바디랭귀지(등을 기댄다든지 다리를 꼬는 것은 경계한다는 의미이므로 삼가야 함)를 최대한 활용하고 시선을 고정시키도록 한다. 적절한 바디랭귀지는 자신감에 넘치고 성숙하다는 느낌을 준다. 자신이 없다면 인터뷰를 하기에 앞서 졸업생들과 함께 연습을 해보는 것도 좋다.

자주 등장하는 질문들

인터뷰를 할 때는 적극적인 마음가짐을 가져야 한다. 주어진 질문에 답만 할 것이 아니라 능동적으로 인터뷰 담당자에게 질문을 던지는 것도 좋은 방법이다. 특히 인터뷰를 처음 시작할 때 신상에 대한 질문을 해서 인터뷰 담당자에 대해서 파악하는 것도 중요하다. 다음은 인터뷰에서 많이 나오는 질문들을 정리한 것이다.

College Career	How did you plan your course of study in college? How did you decide which college to attend? If you had it to do again, would you make the same choice and why? What extracurricular activities did you participate in? Describe a project that you completed for one of your courses. What elective courses did you take and why did

	you choose them?
Motivation	Tell me about an instance/incident in which you were particularly motivated. What are your career goals? What do you plan to do achieve these goals?
Management Potential	Have you developed a managerial style? If so, what is it? How would the people who report to you describe you? What are your weaknesses as a manager?
Intellectual Capacity	What courses did you do best in? Do your grades reflect your capacity to succeed in this program?
Work Experience	What are your current job responsibilities? Describe your changes in responsibilities since you started the job. How have you handled the changes in responsibilities? What have your major successes been?
Interpersonal Relations	What kind of people do you find it most difficult to work with? What is it about them that you would like to change? What do you normally do about such people? How would your co-workers describe you?

Perseverance	In your first job, what were the drawbacks in pursuing it as a career? What were some of the problems you ran into in doing your job? Which one frustrates you the most? What do you usually do about it?
Communication Skills	Tell me about an instance when you had to persuade someone to do something he did not want to do. How did you do it? What were the results? Were you successful?

5. 지원서 처리 방식

● 롤링 및 라운드 시스템

지원서류를 처리하는 방식에는 롤링과 라운드의 두 가지가 있다.

롤링은 접수되는 순서대로 사정을 하는 방식으로 학교에 따라서 차이는 있지만 보통 6주가 지나면 결과를 알 수 있다.

라운드는 마감을 3~4개로 나누어 놓고 그때까지 접수된 서류를 한꺼번에 처리하는 방식이다. 예를 들어 첫번째 라운드가 10월 1일에서 11월 30일까지였다면 11월 30일까지 접수한 지원자들은 한꺼번에 사정이 이루어진다. 즉 10월초에 지원을 했다 하더라도 12월말까지는 결과를 알 수 없다. 지원하는 입장에서는 결과를 바로 알 수 없기 때문에 좀 답답하지만 사정하는 입장에서는 라운드를 훨씬 선호한다.

입학 사정은 모든 서류가 도착해야만 시작된다. 즉 GMAT 성적을 제외한 나머지를 일찍 보낸 경우 우선 있는 것만 이용해서 1차 결정을 하고 나중에 GMAT 성적이 도착하면 최종 결정을 내리는 것이 아니라 GMAT 성적이 도착해야 서류를 검토한다. 일반적으로 모든 서류가 다 도착하면 학교에서 Close Letter가 날아온다.

대부분의 MBA 스쿨은 "Blind Read"라고 불리는 절차를 통해서 입학 사정을 한다. 즉 모든 지원서류에는 2명의 담당자(어드미션 오피스에서 5년 이상 경험이 있는 직원)가 할당되며 이들에 의해 Accept, Reject, Don't Know로 분류된다. 두 명 모두 Accept 또는 Reject로 판정을 내리면 그 자리에서 결정이 나지만 그렇지 않을 경우 추가적인 리뷰를 필요로 한다. 어드미션 담당관이 최종 결정을 내리는 학교도 있고 담당자들이 한데 모여 그룹으로 결정을 내리는 학교도 있다. 학교에 따라서는 Accept나 Reject 판정이 나더라도 담당관이 한번 더 검토를 하기도 한다.

가끔 담당자들 사이에 어떤 결정을 내릴 것이냐를 가지고 격론이 붙기도 하는데 학교에서는 이를 긍정적인 것으로 받아들이고 있다. 최근에는 취업상담실에서 근무하는 직원들도 입학 사정에 참여하고 있다. 즉 색다른 배경을 가진 지원자의 경우 최종 결정을 내리기에 앞서 취업상담실에 나중에 직장을 구하는데 어려움이 없는지를 미리 타진해 본다(커리어를 바꾸고자 하는 학생의 경우 이를 함께 고려함).

4

합격의 지름길 및 결과 통보

1. 차별화 전략

학교 순위를 보면 입학생들의 평균 학점, GMAT 점수, 직장 경력들이 함께 적혀 있다. 많은 학생들이 여기에 주눅들어 감히 톱 스쿨을 지원할 엄두를 내지 못하곤 한다. 하지만 이것은 어디까지나 객관적인 데이터의 평균일 뿐이다. 평균보다 높은 사람이 있다는 얘기는 평균보다 낮은 사람들도 있다는 말이다. 그러면 평균보다 낮은 사람들은 어떻게 어드미션을 받을 수 있었을까? 운이 좋았을까? 아니면 무엇인가 비결이 있었을까? 다음에 이를 간단히 살펴보자.

어드미션을 받으려면 GMAT나 학점처럼 객관적인 면도 무시 못하지만 다른 지원자들과의 차별화 전략이 훨씬 중요하다. GMAT나 학점은 단지 좋은 학교에 들어갈 확률을 높여줄 뿐 어드미션을 보장하지는 못한다.

일반적인 Graduate 과정과는 달리 MBA 스쿨들은 소프트한 면들을 상당히 중요시한다. 점수가 높고 직장도 좋은 데를 다녔다고 해서 탑 스쿨이 보장되는 것은 아니다. 주변을 살펴보면 저런 사람이 어떻게 톱 스쿨에 갔을까 의문이 들게 하는 경우가 종종 있다. 이는 차별화에 성공했기 때문이다.

실례로 J씨는 회사에 들어가자마자 콩고로 발령을 받아 아프리카에서 3년 일한 경험이 있는데 아프리카에서의 경험이 어필을 해서 학점과 GMAT 점수가 낮은데도 불구하고 10위권의 학교에서 어드미션을 받았다. 반면에 잘 나가는 컨설팅 회사에서 4년 동안 경험을 쌓았는데도 불구하고 어드미션을 하나도 받지 못한 경우도 있다.

차별화의 핵심은 에세이와 추천장이다. 국내에서는 추천장을 지원자들이 작성하는 경우가 대부분이므로 에세이가 더욱 더 중요하다. 에세이는 각종 자료들을 유기적으로 묶는 연결 고리 역할을 한다. 에세이를 작성할 때는 우선 학교에 자신을 어떻게 알릴 것인지를 먼저 생각한다.

또 클래스에 어떤 식으로 도움을 줄 수 있고, 졸업 후 어떤 분야에 진출해서 학교의 이름을 빛낼 것인지를 결정한 다음에 여기에 맞추어 각종 자료들을 엮어야 한다.

2. 직장 경력

● 직장 경력은 2년 이상

직장 경력은 MBA 스쿨의 당락을 결정짓는 가장 중요한 요소이다. MBA 스쿨들은 점수가 높고 직장 경력이 짧은 학생보다는 점수가 낮더라도 직장 경력이 많은 지원자를 선호한다. S씨의 경우만 하더라도 GPA 2.78/4.0, GMAT 640점, TOEFL 580점의 성적을 가지고 5위권에 드는 MBA 스쿨에서 어드미션을 받았는데, 이유는 12년의 직장 경력이었다(회사에서 보내주는 장학생이라는 점도 크게 어필했다). 같은 해

같은 학교에 상당히 높은 점수를 가진 C씨가 지원했는데 2년밖에 되지 않는 직장 경력 때문에 고배를 마셨다. 하지만 직장 경력이 너무 길면 (10년 이상) 수업에 흥미를 잃을 수도 있다.

MBA는 미래를 위한 투자이다. 충분한 직장 경력 없이 MBA 스쿨에 가면 여러가지 면에서 불이익을 당할 수가 있다. 우선 좋은 학교에 가기도 힘들고 또 졸업하고 나서도 직장을 구할 때 많은 어려움을 겪는다. 예를 들어 MBA 출신들이 가장 선호하는 컨설팅 회사나 투자 은행의 경우 직장 경력 3년 이상의 MBA 졸업자를 동료로 채용한다.

그 외 다른 회사들도 직장 경력이 있어야 처음에 좋은 위치로 갈 수가 있다. 학업 성적이 월등할 경우 약간의 예외가 있긴 하지만 그래도 남들이 하는 만큼은 해야 나중에 고생을 덜한다. 주변에서 "나는 올해 꼭 나가야 돼. 순위가 낮은데 가더라도 상관없어."라고 말하는 사람이 있다면 말리도록 한다.

● 직장을 자주 옮기는 경우

MBA 스쿨들은 지원자들에게 신청을 하기에 앞서 다양한 경험을 쌓을 것을 당부하고 있다. 여기에서 다양한 경험이란 반드시 여러 회사를 다니는 것을 의미하지 않는다. 한 곳을 다니더라도 여러 분야(재무, 기획, 영업, 생산 등)에 걸쳐서 넓은 경험을 쌓으면 된다. 회사를 여러 군데 다니더라도 계속 같은 분야만 한다면 한 군데에서 여러 분야를 한 것보다 더 불리하다.

또한 회사를 자주 옮기면 완숙도가 떨어진다고 평가를 받을 수 있으므로 주의를 하도록 한다. 그래도 최소 2년은 다녀야 비로소 어떤 직장을 다녔다라고 말할 수 있다.

또 직장을 옮길 때는 이유가 분명해야 한다. 즉 전에 다니던 곳에서 할 수 없었던 분야를 하기 위해 회사를 옮기게 되었으며 그 후 만족스럽게 많은 것을 배웠다는 점을 어필할 수 있어야 한다. 자신의 장기적인 계획상의 커리어와는 어떻게 맞아 떨어지는지까지 설명할 수 있다면 더욱 좋다.

그냥 잘되는 분야니까 또는 사람들이 좋다고 하니까 하는 식의 주관적이지 못한 이유는 오히려 감점요인으로 작용할 수 있다.

● 직장 경력이 없는 경우의 MBA 지원

직장 경력 없이 MBA 스쿨에 지원하는 것은 그다지 바람직하지 않다. 가기도 힘들지만 설령 어드미션을 받는다 하더라도 나중에 직장을 구할 때 애로사항이 많다. MBA를 채용하는 대부분의 회사들은 MBA 출신 하면 3년 이상의 직장 경력은 기본으로 생각하고 있기 때문에 이를 요구하고 있다. 즉 미래에 대한 확실한 보장이 없는 한 MBA 스쿨은 직장 경력이 있는 상태에서 가는 것이 좋다. 당장 1~2년 아끼려다 서둘러 가면 졸업 후 더 많은 시간을 허비할 수도 있다.

일반적으로 직장 경력이 없는 지원자를 받는 MBA 스쿨들은 순위가 좀 떨어지는 곳들이다. 물론 버클리나 컬럼비아처럼 일부 예외가 있기는 하지만 이들 학교의 경우 직장 경력이 없으면 높은 점수를 요구한다. 즉 학점도 3.7/4.0 정도는 되어야 하고 GMAT도 700점 이상을 맞아야 명함을 내밀 수가 있다. 직장 경력 없이 MBA 스쿨을 가려면 먼저 자기 자신에게 다음과 같은 질문을 던져보기 바란다.

① 올해가 아니면 안될 정도로 나의 주변상황이 시급한가?
② 나중에 졸업 후 직장을 구할 때 불이익을 받을 각오가 되었는가?

3. MBA로 가기에 유리한 회사

● MBA로 가기에 유리한 회사

흔히 컨설팅 회사나 투자 은행에 들어가면 좋은 MBA 스쿨이 보장되는 것으로들 알고 있는데 이는 사실과 거리가 있다.

MBA 스쿨들은 자신들의 클래스가 특정 분야 출신들로만 채워지는 것을 원하지 않는다. 즉 분야별로 적정수준의 정원을 정해 놓고 여기에 맞추어 지원자들을 선발한다(정확한 수치는 아니지만 하버드의 경우 컨설팅 회사와 투자 은행 출신을 150명 수준으로 정하고 있다고 함).

지원자들끼리 경쟁하는 Pool이 다르기 때문에 컨설팅 회사나 투자 은행 경험이 없다고 너무 걱정할 필요는 없다. 실제로 97년에 하버드 MBA에서 어드미션을 받은 한국 학생들의 프로필을 보면 맥킨지 컨설팅 2명, P&G 2명, 삼성전자 2명 등으로 다른 회사 출신들이 더 많았다.

좋은 MBA 스쿨에 학생을 많이 보내는 회사들은 두 가지 공통점을 가지고 있다. 첫째, 사람들에게 널리 알려져 있고 둘째, 전에 학생들을 보낸 경험이 많은 곳들이다. 컨설팅 회사나 투자 은행 출신들이 좋은 MBA 스쿨을 비교적 많이 가는 이유는 이 두 가지 조건을 다 만족하기 때문이다. 마찬가지 이유로 대기업(삼성, 현대, LG, 대우 등)이나 금융단 출신들도 대접을 받는다.

또한 국내에 진출한 다국적 기업 출신들도 톱 스쿨에 매년 많은 학생들을 보내고 있다. 최근에는 대학 졸업 후 바로 독립해서 컴퓨터 분야 등으로 진출한 사람들도 각광을 받고 있다.

이상을 종합하면 MBA 스쿨을 가는데 유리한 직장 경력이 나온다. 좋은 MBA 스쿨을 가려면 아주 유명한 회사를 다니거나 아니면 좀처럼 보기 힘든 분야에서 직장 경력을 쌓는 것이 유리하다. K씨의 경우 대학 졸업 후 국내의 여성잡지사에서 3년 정도 근무하다가 다섯 손가락

안에 드는 MBA 스쿨을 갔는데 MBA 지망생치고는 드문 기자라는 직장 경력이 크게 어필했다. 또한 몇 년 전에 육사 출신의 장교가 MBA 스쿨에 진학해 화제가 된 적이 있는데 이 역시 남들과는 다른 경력이 도움이 된 것이다.

심지어는 티벳에서 승려 생활을 하다가 MBA 스쿨에 간 사람도 있다. 컨설팅 회사에서는 흔한 애널리스트 경력보다는 차라리 호주에서 양치기를 하는 게 MBA 스쿨을 가는데 더 도움이 된다는 농담이 돌기도 하는데 이 역시 이와 같은 주변 상황을 반영한 애기이다.

● 회사 장학생이 유리하다

회사에서 스폰서를 지원받고 MBA 스쿨을 가는 경우 자비로 가는 학생보다 훨씬 후한 점수를 받는다. MBA 스쿨은 어드미션을 줄 때 지원자가 학교에 얼마나 공헌을 할 수 있는지를 따져 본다. 여기에서 공헌이라 함은 클래스의 다양성뿐만 아니라 졸업 후 학교의 이미지 기여도까지를 포함하는 말이다.

MBA 스쿨들은 졸업생들이 하나라도 더 출세해서 학교의 이름을 널리 알려주길 내심 바라고 있다. 회사 장학생의 경우 회사에서 미래를 보장한 사람으로 여기기 때문에 같은 조건이라면 회사 장학생이 선발될 확률이 높다. 하지만 스폰서가 절대적인 역할을 하는 것은 아니다. 즉 같은 조건일 경우 약간의 가산점이 더해지는 정도라는 것을 명심해야 한다.

4. 결과가 날아오면

결과는 Admitted, Holds, Wait-Lists, Rejected의 4가지 형태로 날아

온다.

어드미션을 받으면 정해진 기간에 자리를 확보하기 위하여 $500 정도를 맡겨야 한다. Holds는 최종 결정이 나지않아 다음 라운드로 결정이 미뤄졌다는 것이다. Wait-Lists는 이미 어드미션을 받은 사람이 학교에 오지 않을 경우에 한해서 입학을 허가(심한 경우 학기 시작 몇 일 전에 결정이 나기도 함)한다는 얘기이고 Rejected는 아쉽지만 떨어졌다는 의미이다.

Holds나 Wait-Lists의 경우 기다리는 동안에 상을 받았다든지 등의 참고할 만한 사항이 발생하면 두 번에 걸쳐 알리는 것이 바람직하다. 그렇게 하면 지원자가 해당 학교를 심각하게 생각하고 있는 것으로 간주해 서류를 검토하는데 좀 더 주의를 기울인다.

가장 골치 아픈 경우가 꼭 가고 싶은 학교에서는 Wait-Lists를 받고 Safety Net으로 보낸 학교에서 어드미션을 받았을 때이다. Deposit을 하자니 돈이 아깝고 그렇다고 무작정 기다리자니 불안하겠지만 어쩔 수 없다. 만약 Safety Net으로 여러 학교를 설정한 경우 좀 더 좋은 학교에서 올 때까지 기다릴 수는 있지만 그 이상은 안된다.

Rejected는 "당신은 떨어졌습니다."처럼 결과만 통보해 주는 학교가 있는가 하면 "아쉽게도 직장 경력이 너무 짧습니다. 회사를 몇 년 더 다니신 후에 다시 지원하시길……"처럼 어떤 부분이 부족해서 떨어졌는지를 가르쳐 주는 학교도 있다. 한편 직장을 1~2년 더 다닐 것을 조건으로 한 조건부 어드미션이 나오는 경우도 있다.

5

다양한 MBA 과정

1. MBA 수업

다트머스턱 대학의 MBA 과정을 통해서 2년 동안 어떤 것을 배우는 지 한번 살펴보자. 다트머스턱 대학은 특정 분야의 전문가(Functional Specialist)보다는 경영자(General Manager) 양성을 위해서 만들어진

Fall	Decision Science, Financial Accounting, Marketing, Managerial Economics, Management Communication
Winter	Applied Statistics, Global Economic Environment, International Leadership, Capital Markets, Organizational Behavior
Spring	Business Policy, Corporate Finance, Managerial Accounting, Operational Management

과정이며, 1년은 3개의 Term으로 구성되어 있다.

1학년 때는 앞에서와 같은 과목을 배우며, 2학년 때는 12개 이상의 선택과목을 들으면 된다. 많은 학교들이 2개의 Term을 가지고 있지만 이를 제외한 나머지는 거의 똑같다. 다트머스턱 대학의 예를 든 이유는 다트머스턱 대학의 교과과정이 아주 좋은 조화를 지니고 있기 때문이다. 즉 수리력을 요구하는 Capital Markets이나 Managerial Accounting 같은 과목과 Managerial Communication이나 Organizational Behavior 처럼 Soft Skill을 필요로 하는 과목들이 조화를 이루고 있다.

Global Economic Environment나 International Leadership 같은 과목을 통해서 국제감각도 중시하고 있다. 물론 시카고 대학처럼 과목 선택을 학생들에게 전적으로 맡기는 경우도 있다. 시카고 대학에서는 두 과목, Business Policy와 Introductory Leadership-Soft Skills Course를 제외한 모든 과목이 선택과목이다. 물론 다른 4과목을 요구하고 있기는 하지만 같은 주제의 다른 과목으로 대체할 수 있으며, 교수가 허락할 때는 전혀 다른 과목을 들을 수도 있다. 하지만 이는 극히 예외적인 경우이고 대부분의 학교, 특히 케이스를 강조하는 하버드 등은 필수과목이 40%를 차지하며 원칙적으로 면제를 허용하지 않고 있다. 이들 학교들은 아무리 많이 아는 사람이라도 다시 한번 기초를 다질 것을 요구하고 있으며 클래스에서 해당 분야의 지식이 부족한 학생들을 돕도록 권장하고 있다.

2. 유럽 MBA 과정

몇 년 전까지만 하더라도 미국과 유럽의 MBA 과정은 크게 차이가 났다. 다음은 이를 요약해 본 것이다.

	미 국	유 럽
기 간	2년	1년
목 적	Professional Reasearch	Industry Connections
주 강 의 내 용	미국 경제	국제 · 유럽 경제
중 요 기 법	Quantative	Soft Skills
학 생 구 성	대개 미국인	외국인과 혼합
주요선발기준	시험점수, 학점	유럽 직장 경력, 성취도
연 령	20대 초반	20대 후반

물론 이외에도 많은 차이점이 있었다. 미국에서도 일부 학교들은 유럽과 비슷한 방식으로 MBA 과정을 운영했었다. 유럽에서는 런던 비즈니스 스쿨, 맨체스터 비즈니스 스쿨, IESE(바르셀로나) 등이 미국, 유럽 방식을 혼합한 'Mid-Atlantic' 모델을 운영하기도 했다.

하지만 최근 들어 미국 MBA 스쿨들이 기존의 프로그램에 많은 수정을 가하면서 미국, 유럽간의 차이가 다소 모호해져 가고 있다. 대부분의 학교들이 리더십, 협상 능력, 팀워크 등 'Soft Skills'의 역할을 대폭 강화했다. 또한 이론적인 것보다는 당장 사회에 진출해 사용할 수 있는 실무적인 것을 많이 포함시켰다.

기존의 회사들을 대상으로 프로젝트를 수행한다던가 하는 것이 여기에 해당한다. 유럽에 다소 뒤지기는 했지만 글로벌한 이슈도 최근 들어 많이 코스에 들어갔다. 직장 경력을 더욱 중시하는 것도 유럽 학교들의 영향을 받은 것이다. 하지만 미국 MBA 과정은 여전히 2년 과정의 프로그램이다. 상대적으로 큰 변화가 없긴 했지만 INSEAD, 로테르담과 같은 유럽 MBA 스쿨들은 런던 비즈니스 스쿨과 함께 미국처럼 수리

능력을 강조하기 시작했다.

다음에 INSEAD를 기준으로 유럽 MBA 프로그램을 한 번 살펴보자. INSEAD의 실제 수업은 10개월에 걸쳐 이루어지며 이 10개월은 5개의 Term으로 나뉘어져 있다.

졸업을 하려면 22과목 이상을 들어야 하며 그중 15개는 필수이고 7개는 선택이다. 이러한 2 : 1의 비율은 1년 과정의 프로그램에서는 일반적이며 유명하면 유명할수록 필수과목의 수가 많아진다(미국처럼 면제를 허용하지 않음).

Term 1	Introduction to Management, Applied Statistics, Financial Accounting, Management Accounting, Marketing I, Prices and Markets
Term 2	Finance I, Management Accounting, Marketing II, Managing Organizations, Production and Operation Management
Term 3	Corporate Strategy, Economic Analysis, Financial Management 또는 Finance II, 선택 2과목
Term 4	Industrial Policy and International Competitiveness, International Political Analysis, 선택 2과목
Term 5	선택 3과목

아직 유럽 MBA는 국내에서 제대로 대접을 받지 못하고 있다. 유럽계 회사를 취직하는 경우를 제외하고는 인터뷰를 할 때 "처음 들어보는 학교네……."라는 말을 듣게 될지도 모른다. 하지만 회사에서 지원

을 해주거나 또는 취직할 데가 결정되어 있다면 유럽 MBA는 지원자에게 1년이라는 시간을 덤으로 제공한다. 즉 나머지 1년 동안 다른 전문 과정을 듣거나 또는 어학에 투자를 한다면 오히려 어정쩡한 미국 MBA를 2년 다니는 것보다 훨씬 더 나을 수 있다. P씨는 런던 비즈니스 스쿨을 갔다 왔는데 나머지 1년을 중국 북경 대학에서 중국어를 배운 덕에 지금 북경에 있는 스위스 은행에서 활발한 활동을 하고 있다. 사실 실력만 있으면 미국 MBA이냐 유럽 MBA이냐는 중요하지 않다.

3. 파트타임 MBA 과정

최근 들어 파트타임 MBA 과정이 큰 인기를 얻고 있다. 직장을 그만둘 필요가 없으므로 많은 톱 스쿨들이 경쟁적으로 이 과정을 만들고 있기 때문이다. 파트타임 MBA에서는 학기마다 한 과목 또는 두 과목만 듣기 때문에 졸업하는데 최소한 4년(경우에 따라서는 6년 이상 다니는 학생도 있음)이 걸린다. 일반적으로 이 과정에 다니는 학생들은 나이가 좀 있고 직장 경험도 많으며, 가족이 있어서 쉽사리 직장을 그만둘 수 없는 사람들이다.

교과과정은 파트타임 MBA나 풀타임 MBA나 거의 차이가 나지 않는다. 일반적으로 같은 필수과목을 이수해야 하며 선택과목도 풀타임 MBA 과정에서 제공되는 거의 모든 과목을 들을 수 있다. 또한 졸업할 때까지 취득해야 하는 학점도 똑같다.

4. Executive MBA 과정

Executive MBA 프로그램은 비교적 최근에 생겼다. 수년동안 이 프로그램을 제공하는 학교는 시카고 대학뿐이었다. 하지만 지금은 거의 모든 톱 스쿨들이 Executive MBA 프로그램(유럽에서는 Modular 프로그램이라고 불림)을 제공하고 있다.

Executive MBA는 여러 면에서 일반 MBA 및 다른 Executive 프로그램과 다르다. 다른 Executive 프로그램과 차이가 나는 것은 수료 기간이다. 다른 프로그램들은 11~12주 정도만 다니면 되지만 Executive MBA는 2년을 다녀야 한다. 하지만 일반 MBA와는 달리 수업이 1주 또는 2주에 하루밖에 없기 때문에 직장을 그만두지 않아도 된다. 지난 몇 년 동안 Executive MBA 프로그램은 직장 경력이 길면서(7년 이상) 회사를 그만둘 수 없는 사람들을 대상으로 급성장세를 보여왔다.

● 교과과정 및 수업진행 방식

켈로그에서 제공하는 Executive MBA 프로그램(EMP ; Executive Master Program과 NAP ; the North American Program의 두 가지가 있음)을 대상으로 어떻게 운영이 되는지 한 번 살펴보자.

EMP는 한 주는 금요일, 또 한 주는 토요일에 수업이 있다. 1월에 시작할 수도 있고 9월에 시작을 할 수도 있다. 지원을 하려면 직장 경력이 적어도 8년은 되어야 하고 입학생들의 평균 연령은 30대 초반에서 40대 후반까지 다양하다.

NAP는 통학거리가 먼 학생들의 편의를 봐주기 위하여 만들어진 프로그램으로 EMP와 배우는 내용은 비슷하지만 대신 수업이 매달 2번째 주에 몰아서 있다(금요일 오후, 토·일요일 오전). EMP와 NAP는 모두 2년 과정이며 2년 동안에 1주는 학교에서 수업을 받아야 한다. 졸업하려면 10개의 Module을 들어야 하며 이중 2개의 Module은 여러 과목 중에서 4과목을 선택하는 것이다.

이러한 교과과정은 9과목만 공통이고 23개 과목은 전부 선택과목으로 일반 MBA와 큰 차이가 있다.

● 장점

① 대개 회사에서 지원을 받으므로 학비 걱정을 하지 않아도 된다.

② 직장을 그만둘 필요가 없기 때문에 이른바 "Sunk Cost"가 거의 없다.

③ 학교에서 배운 것을 바로 사용할 수 있다.

④ 일반적으로 Executive MBA 과정은 학교에서 제일 화려하다. 즉 최상의 교수진이 수업을 진행하며 학기 중에 최소한 1번은 호화판 해외연수를 갖는다.

⑤ 학생들이 전부 사회 경험이 풍부하기 때문에 서로 배우는 것이 많다.

⑥ 졸업하고 일할 직장을 찾기 위하여 골머리를 썩지 않아도 된다.

● 단점

① 들을 수 있는 과목이 극히 제한되어 있다. 그래서 한 분야에 대한 깊은 지식을 원하는 사람들은 별로 배우는 것이 없다는 느낌을 받을 수도 있다.

② 학생들끼리 교류가 별로 없다. 그래서 숙제를 같이 하는 경우도 거의 없고 의견 공유가 잘 안된다. 또한 대부분의 학생들이 먼길을 오는 사람들이기 때문에 수업만 끝나면 바로 가버려서 학생들 간의 사교(Socializing)도 극히 드물다.

③ 직장을 다니면서 병행을 해야 하기 때문에 자칫 잘못하면 수업에

소홀해 질 수가 있다. 무사히 졸업하려면 이해심 많은 상사를 만나야 한다.

장점이 단점보다 훨씬 많은데도 불구하고 Executive MBA 프로그램을 가려는 사람들이 적은 이유는 무엇일까? 여기에는 두 가지가 있다.

첫째, 이 프로그램은 30대(정확히 말하면 30대 중반 이후)와 40대를 대상으로 하는 프로그램이다. 사실 MBA에 관심을 두고 있는 사람 중에서 30대 중반까지 기다리는 사람은 별로 없다. 젊었을 때 진로를 한번 바꾸어 보려고 가는 것이 MBA 스쿨이라는 것이 일반론이다.

둘째, 돈도 많이 내주고 또 시간까지 빼줘가면서 Executive MBA 프로그램을 보내주는 너그러운 직장을 만나기는 쉽지 않다. 일주일에 하루라고는 하지만 사실 숙제와 예습을 위해서는 주중에 최소한 이틀 이상은 필요하다. 회사에서 가장 열정적으로 일을 하더라도 이런 파격적인 대우를 해주는 사장이 과연 몇이나 될까?

5. Pre-MBA 과정

일부 학교들은 Pre-MBA 과정을 운영한다. Pre-MBA 과정은 원래 어드미션을 받은 외국 학생을 대상으로 하는 과정(원래는 조건부 어드미션을 받거나 영어 실력이 뒤떨어지는 학생들을 대상으로 만들어졌음)이지만 자리가 있을 경우 어드미션이 없어도 들을 수 있다. Pre-MBA 과정에서는 MBA에서 무엇을 배우는지 또 어떻게 공부해야 하는지 등이 다루어지는데 MBA에 대한 감을 잡는데 큰 도움이 된다. 특히 학생들이 거의 어드미션을 받은 사람들이기 때문에 MBA 진학과 관련된 각종 정보를 생생하게 들을 수 있다. 한가지 흠이 있다면 영어 프로그램치고는 가격이 좀 비싸다는 것인데 워튼의 경우 6주 동안의 등록금만 $4,000 정도 한다.

6. 미국 주요 경영대학원

● 동북부 지역

미국에서 대학이 가장 많이 몰려있는 동북부에는 뉴욕을 비롯, 매사추세츠, 펜실베이니아, 코네티컷, 뉴햄프셔주 등이 위치해 있다. 대표적인 사립대학으로는 하버드 · 예일 · 프린스턴 대학 등을 비롯하여 MIT · NYU · 보스턴 · 코넬 · 컬럼비아 대학 등을 들 수 있다. 주립대학으로는 뉴욕 · 펜실베이니아 · 코네티컷 주립대 등이 유명하다.

이 지역의 단점은 생활비나 학비가 비싸 유학비용도 남부에 비해 거의 2배 가량이 든다는 점이다. 그러나 이 지역은 부업이 상대적으로 풍부하고 임금수준이 높기 때문에 고학 유학생에게는 오히려 다른 지역보다 유리할 수도 있다. 실제로 최근에는 결혼한 경우나 본인이 비용을 직접 마련해 유학을 하고자 하는 학생 대부분이 동북부 지역을 선택하는 것으로 나타나고 있다.

● 동남부 지역

동남부 지역에는 워싱턴 D.C, 메릴랜드, 버지니아, 조지아, 플로리다주 등이 있다. 사립대학으로는 듀크 · 존스홉킨스 · 에모리 · 밴더빌트 · 조지타운 · 조지워싱턴 대학 등이 알려져 있다. 주립대학으로는 노스캐롤라이나 · 메릴랜드 · 조지아공대 · 플로리다 주립대 등이 유명하다.

이 지역의 가장 큰 장점은 학비와 생활비가 싸다는 점이다. 또한 주립대학도 유학생에게 장학금을 지급하는 경우가 많으므로 유학생의 선호지역으로 꼽혀 오고 있다.

● 남서부 지역

남서부는 애리조나, 뉴멕시코, 텍사스주 등이 위치해 있는 곳으로 라이스·텍사스(오스틴)·텍사스 A&M·애리조나 주립대 등이 알려져 있다.

특히 이 지역은 석유사업 등으로 인해 지역 재정이 튼튼한 편이어서 교육비가 적게 들고 주거환경이 잘 갖추어져 있는 편이다. 최근 들어서는 사정이 전만 못하지만 여전히 유학생은 많이 몰리고 있다.

● 중서부 지역

일리노이, 아이오와, 인디애나, 미시간, 오하이오, 위스콘신주 등이 위치해 있는 중서부에도 많은 유학생이 몰리고 있다. 대표적인 사립대학은 시카고와 노스웨스턴, 퍼듀 등을 들 수 있다.

이 지역은 특히 우수한 주립대학이 많은 것으로 유명하다. 미국의 20위권 대학에 드는 주립대학으로 위스콘신(매디슨)·미시간 (앤아버)·일리노이·미네소타·인디애나 주립대를 꼽을 수 있으며 오하이오·미시간 주립대 등도 이에 버금가는 대학으로 평가된다.

● 서부 지역

캘리포니아주를 중심으로 한 서부 지역은 한국인들에게 다른 어디보다 많이 알려진 곳이다.

대표적인 사립대학은 스탠퍼드와 캘리포니아 공과대학(칼텍)이다. 서부 지역의 장점은 우수한 공·사립대학이 다양하게 위치하고 있어 학교 선택의 폭이 넓다는 것과 주립대의 경우 우수하면서도 학비는 다른 지역에 비해 비싸지 않다는 점이다. 또한 교포들이 많아 유학 초보자가 적응하는데 큰 어려움을 겪지 않아도 되며, 기후조건이 뛰어나 쾌적한 생활을 할 수 있다는 것도 장점으로 꼽힌다.

　다만 중부나 남부에 비해서는 생활비가 비싸고 자칫 미국의 본모습을 보지 못하고 유학을 마칠 가능성도 있다는 점을 단점으로 들 수 있다.

6

MBA의 장점과 단점

1. MBA의 장점

　자신이 종사하는 직업의 분야를 바꾸는 방법에는 여러 가지가 있다. 편입이나 대학원 진학을 통해서 아예 적을 바꿀 수도 있고 일단 아무 직종으로나 회사에 들어가서 몇 년 후 부서를 옮길 수도 있다. 하지만 전자의 경우 극심한 경쟁을 겪거나 몇 년 허비하는 것을 각오해야 하며 후자의 경우는 너무 불확실한 것이 단점이다.

　MBA의 큰 장점 중의 하나는 직장을 쉽게 바꿀 수 있게 해준다는 점이다. 일단 MBA를 따면 그 전에 무엇을 전공했느냐는 중요하지 않다. 회사에서 채용을 할 때 MBA 출신을 뽑지 MBA를 소지한 ○○ 전공자를 뽑지는 않기 때문이다. MBA 지원자 중에 인문계열이나 공대 출신이 많은 이유가 여기에 있다. 아직까지 국내에는 금융에 종사하고 싶은 지리학과 출신 또는 광고업계에서 일하고 싶은 물리학과 출신 등이 설 땅이 없다. 하지만 일단 MBA 과정을 마치면 모두 MBA 출신으로 여겨지며 MBA를 원하는 곳은 어디든지 갈 수가 있다.

MBA는 단시간에 고액 연봉의 꿈을 실현해 준다. 대부분의 외국 회사들, 특히 컨설팅 회사나 투자 은행은 MBA 출신을 위한 직책이 따로 있다. 이들 직종에 종사하게 되면 3~4년 후에 꿈의 연봉이라 불리는 억대 연봉이 가능하다. 경쟁은 심하지만 일단 살아남으면 그만큼 혜택이 돌아간다. 국내 회사에서 억대 연봉을 받으려면 영업직에 종사하지 않는 한 최소한 15년 이상이 필요하다. MBA 과정을 마치는데 걸리는 시간이 2년이라는 것을 고려하면 이는 엄청난 플러스 요인이다.

2. MBA의 단점

● MBA는 비용이 많이 든다

그러나 MBA에 무조건 장밋빛만 있는 것은 아니다.

첫째, MBA를 따려면 적지 않은 시간과 경비가 들어간다. 사립학교의 경우 등록금만 $28,000이 넘으며 집세와 책값 등 각종 비용을 합치면 2년 동안 대략 $100,000 정도가 들어간다(뉴욕이나 보스턴 또는 시카고와 같이 물가가 높은 대도시에서 공부하는 경우 여기에 $20,000을 추가로 생각해야 함). 여기에 직장을 그만두면서 발생하는 기회 비용까지 포함하면 요즘의 환율로 환산했을 때 2억 원 정도가 소요된다.

둘째, MBA는 소위 '이름값'이 중요하다. 미국은 국내보다 훨씬 더 학벌을 중시한다. 즉 톱 스쿨을 나오면 별 문제가 없지만 지명도가 낮은 곳을 나오면 각종 불이익을 받을 수 있다. 즉 MBA 스쿨에 진학할 때는 원하는 기대치(Return)의 수준을 정한 다음 소요되는 비용과 지원할 학교의 지명도(Name Value)를 고려해서 결정을 해야 한다. 회사에서 보내주거나 돌아와서 취직할 곳이 확정된 경우 또는 집안이 부유하다면 비용이 큰 문제가 되지는 않겠지만 사실 그런 사람이 얼마나 될까? 지

원자들이 흔히 저지르는 오류 중의 하나가 유학 비용을 지나치게 과소
평가하는 것이다. 1억 원 이상을 쓰고 MBA를 딴 후에 2년 경력만 인정
받고 평범한 회사에 다시 다니고 싶은 사람은 아마 없을 것이다. 그러므
로 MBA에 진학할 때는 이런 금전적인 리스크를 항상 명심해야 한다.

● MBA에 대한 환상은 금물

　MBA 스쿨에 가기 전에 진출할 분야를 대충 그려보는 것은 좋지만
그렇다고 아예 결정을 내리는 것은 금물이다. 이미 대학 생활이나 직장
생활을 통해 경험했겠지만 다니다 보면 자신이 미처 몰랐던 새로운 분
야(월가에 있는 금융기관들이 취급하는 업무만 해도 수백종에 달함)들
을 계속 접하게 된다.

　특히 MBA 스쿨의 경우 아예 졸업 후 좋은 곳에 취직을 할 목적으로
학생들이 들어오기 때문에 일에 대한 정보 교류가 매우 활발하다. 또한
순위가 좀 높은 곳에 가면 잘나가는 회사들이 MBA 출신을 하나라도
더 뽑으려고 치열한 경쟁을 벌이는데 그 과정을 통해 많은 것을 배우
게 된다. 흔히 같은 순위라면 뉴욕이나 시카고같은 대도시로 가라고 하
는데, 대도시에 가면 그만큼 일에 대한 기회가 다양하기 때문이다.

　국내는 정보가 취약하기 때문에 특종 업종에 종사하는 사람들이 《나
는 ～로 성공했다》류의 책만 쓰면 그 업종이 마치 최고인양 생각하는
경향들이 있다. 하지만 일단 미국, 그것도 MBA 스쿨에 오면 직업관이
엄청나게 바뀔 것이다. 다시 한번 강조하지만 MBA 스쿨을 가기 전에
너무 경직된 생각은 갖지 않도록 한다.

7

성공적인 MBA 졸업을 위하여

1. 영어문제의 해결

MBA 스쿨을 다니다보면 영어 때문에 엄청난 스트레스를 받는다. 영어로 말을 하면 자신의 IQ가 50 정도는 떨어진 기분이 든다는 사람도 있다. 요즘은 아시아 출신 학생들도 다들 영어를 잘하기 때문에 가기 전에 웬만큼 준비를 하지 않으면 안된다.

대부분 한국인들은 회화에 약하다. MBA 과징은 수입이 토론으로 진행되고 발표도 자주 해야 한다. 즉 가기 전에 회화 그 중에서도 특히 발표하는 연습을 많이 해 가면 좋다. 준비는 국내에서 해도 되고 미국에 가서 해도 된다. 국내에서 할 때는 일반적인 학원을 다니는 것보다 입학허가를 받은 사람들끼리 스터디를 만드는 것을 권하고 싶다. 시간당 2~3만 원 정도 하는 외국인 강사를 스터디에 옵서버로 참가시키면 더욱 좋다. 다섯 명이 한 팀을 만들면 두시간 동안 스터디를 한다해도 만 원이면 된다.

미국에 가서 영어연수를 받는 경우에는 한국 학생들이 적으므로 집중적으로 준비하는 프로그램(Pre-MBA Course)을 운영하는 곳을 권하고 싶다. 대도시로 갈 때는 일반적인 영어 코스보다 Pre-MBA 또는 전문 과정을 권하고 싶다. 비싸긴 하지만 토론 위주로 수업이 진행되기 때문에 적극적인 태도만 보이면 실력이 많이 향상된다.

2. 컴퓨터의 이용

MBA 스쿨을 갈 때 고민하는 것 중의 하나가 컴퓨터 구입이다. 전산실(Computer Room)이 있는데 컴퓨터를 따로 살 필요가 있을까라고 생각할 수 있지만 MBA 과정을 듣는데 있어서 컴퓨터와 프린터는 필수적이다. 숙제를 할 때마다 전산실에 간다는 것은 말도 안된다.

레이저 프린터 한 대에 수백만 원을 호가하던 시절에는 구입시 고민을 하는 것이 당연했다. 하지만 요즘같이 하드웨어 가격이 내릴 대로 내린 상태에서는 그런 고민은 의미가 없다. 대부분의 MBA 스쿨들은 최첨단 장비를 갖추었다고 광고하지만 일부 학교를 제외하고는 학생들의 욕구를 만족시키기에는 역부족이다.

가장 이상적인 케이스는 노트북(CD롬 및 통신 카드 포함), 외부 모니터, 그리고 프린터를 구입하는 것이다. 데스크톱은 싸기는 하지만 기동력이 떨어진다. 노트북은 무조건 비싸다고 좋은 것이 아니다. 즉 MBA 스쿨에서 쓸 프로그램들(엑셀, 파워포인트, 워드, 인터넷 브라우저)만 제대로 돌아가면 된다. 프린터는 600dpi에 8ppm, 모니터는 15인치 이상이면 충분하다. 예산은 대략 $3,500~4,000 정도를 잡으면 된다.

워드, 엑셀, 파워포인트 그리고 인터넷 브라우저, 컴퓨터는 최소한 이렇게 네 가지는 공부해야 한다. 학교에 가면 이것 외에 각종 데이터 베이스 사용법, 통계 패키지 등을 추가로 배우는데 학교마다 약간씩 차이가 나기 때문에 미리 준비를 해가야 별 도움이 안될 수도 있다.

워드나 파워포인트는 크게 공부할 것이 없지만 엑셀은 모델링을 할 수 있을 정도가 되야 한다. 고급 엑셀 책을 하나 사서 피벗 테이블, 데이터 테이블 등을 활용하는 방법을 확실하게 익히도록 한다.

특히 재무 및 통계 함수들을 미리 공부해 가면 나중에 도움이 많이 된다. 컴퓨터 관련 도서는 국내가 훨씬 다양하므로 책은 국내에서 사가지고 나가도록 한다.

3. 회계와 재무관리

비전공자, 특히 문과 출신들이 가장 많이 헤매는 과목이 회계와 재무관리이다. 특히 회계는 초반에 기초를 확실히 잡지 않으면 학기 내내 고생을 할 수 있다. 기초회계는 만국 공통이므로 국내에서 나오는 책을 가지고 공부해도 된다. 요즘은 일반인들을 대상으로 쉽게 만든 회계 관련 서적들이 많이 나와 있으므로 이 중에서 적당한 것을 하나 골라 사용한다.

재무관리는 관리재무, 기업재무, 그리고 투자평가 등 세 가지 부류의 책들이 있다. 미리 준비를 해 갈 것까지는 없지만 이들 분야에 대해서 깊게 배우는 것이 MBA 스쿨에 가는 목적 중의 하나라면 미리 봐두는 것도 좋다. 책은 MBA 스쿨에 다니는 학생들에게 물어봐서 교재로 사용하는 것을 선택한다.

4. 골프

　우리나라에서 골프를 배운다는 것은 엄청난 사치로 여겨질 수 있다. 하지만 미국은 골프를 배우기에 그야말로 천국이나 다름없다. 웬만한 퍼블릭 코스는 $8~20 정도면 18홀을 돌 수 있다. 한 번 라운드를 하는데 최소한 10만 원 이상이 깨지는 국내와는 비교도 안된다.

　골프는 다른 학생들과 친목을 다질 수 있는 가장 좋은 방법중의 하나이다. 특히 아시아 출신 학생들은 골프를 치는데 매우 적극적이다. 골프는 나중에 한국에 들어와서도 비즈니스를 할 때 많은 도움이 된다.

　하지만 기초만큼은 국내에서 다져나가는 것이 좋다. 미국에서 레슨을 받으려면 돈도 많이 들고 국내에서처럼 체계적으로 배우기가 힘들다. 드라이버, 아이언, 그리고 퍼터 사용법까지 다 익혀나가도록 한다.

5. 영어를 마스터하는 법

　MBA 과정을 듣다 보면 자연스럽게 영어가 늘게 된다. 하지만 조금만 더 신경을 쓰면 훨씬 빨리 영어를 마스터할 수 있다.

　첫번째 방법은 학교에서 운영하는 어학실을 이용하는 것이다. 대부분의 학교는 외국 학생들을 위해 다양한 영어 교재(테이프, 비디오 등)를 갖추고 있다. 시간이 날 때마다 이를 적극 활용한다.

　두번째 방법은 미국 학생들에게 개인지도를 받는 것이다. 지역마다 약간씩 차이가 있지만 보통 시간당 $15~20 정도가 든다. 당장 돈이 좀 들어가지만 장기적으로 볼 때는 꽤 가치있는 투자이다.

　세번째 방법은 토론 그룹(debate group)에 가입하는 것이다. 토론 그룹 활동을 할 때는 배우기만 해서는 안된다. 즉 다른 사람들에게 기여

(Contribution)하는 것이 있어야 좋은 관계를 계속 유지할 수 있다.

6. 될 수 있으면 나서자!

MBA 스쿨에서 학생을 평가하는 중요한 잣대중의 하나가 참여의 정도(Participation)이다. 여기에서 Participation이란 수업뿐만이 아니라 팀 프로젝트 등 모든 활동에 걸쳐서 고루고루 적용된다. MBA 스쿨에서는 학생들에게 'Take Initiative' 또는 'Be Proactive'라는 말을 많이 하는데 모두 적극적으로 참여하라는 말이다.

일반적으로 강의보다 케이스를 위주로 하는 MBA 스쿨들이 한꺼번에 수백명씩 듣는 1학년 과목보다는 비교적 학생수가 적은 2학년 과목들이 Participation을 중시한다. 특히 팀 프로젝트를 할 때 제대로 참여를 하지 않으면 동료로부터 신뢰를 잃게 되고 그런 상태가 지속되면 나중에 끼고 싶어도 끼지 못하는 사태(이른바 Vicious Cycle)가 발생하므로 주의하도록 한다.

대부분의 한국 학생들은 영어가 서툴기 때문에 참여를 하는데 있어서 두려움을 느낀다. 하지만 내용만 좋으면 동료들이 끝까지 귀를 기울여 주므로 큰 걱정을 할 필요는 없다. 팀 프로젝트를 할 때에는 초반에 자신의 위상을 다지는 것이 중요하다. 만약 해본 경험이 있는 일을 맡으면 과감하게 이를 알리도록 한다.

MBA 스쿨에서는 학생들의 배경이 워낙 다양하기 때문에 어느 한 분야를 잘 알고 있는 학생이 있으면 그 학생을 중심으로 모든 활동이 이루어진다. 일단 존재가 알려지면 다음부터는 굳이 애를 쓰지 않아도 일정 수준 이상의 발언권이 주어지며 프로젝트 등을 할 때에도 자잘한 일(자료 수집, 자료 입력 등)은 하지 않아도 된다. 반면에 생소한 분야를 배울 때에는 미리 준비를 해서 항상 의견을 개진하려고 노력을 해야 한다.

Participation과 관련된 에피소드를 하나 알아보자.

K씨는 MBA 유학 중 재무관리 교수가 혹시 자기에게 질문을 하지는 않을까 하는 생각에 항상 두려웠었다고 한다. 재무관리 교수는 수업중 질문을 해서 제대로 답변을 하지 못하는 학생에게는 가차없이 감점을 주기로 유명한 교수였기 때문이다. 이러한 환경에서 생존하기 위하여 K씨가 생각해낸 자구책이 미리 선수를 치는 것이었다. 즉 수업이 시작하기 전에 질문을 하나 준비해 두었다가 수업이 시작하면 제일 먼저 손을 들고 교수에게 묻곤 했다고 한다. 그 교수님은 한번 참여를 한 학생에게는 질문을 던지지 않았다. 물론 이와 함께 K씨가 교수님의 사랑(?)을 듬뿍 받았음은 두말할 필요가 없다.

7. 확실한 인맥을 구축하자!

MBA 스쿨에 가면 공부도 공부지만 사람을 사귀는데도 소홀히 해서는 안된다. 사실 어느 MBA를 가나 배우는 내용은 거의가 비슷하다. 하지만 지원자들이 기를 쓰고 좋은 학교를 가려는 이유는 바로 좋은 학교의 동문(Alumni)이 되고 싶어하기 때문이다. 미국에서도 한국 못지않게 학벌을 중요하게 여긴다.

실제로 MBA 스쿨에서 맺은 인연이 나중에 좋은 사업 기회로 연결된 경우들이 여럿 있는데 다음에 그중 한가지만 소개하겠다.

일본 굴지의 기업 총수인 C 회장은 MBA 유학시절 한 중동 출신의 학생과 돈독한 관계를 맺었다. 나중에 일본에서 해당 국가로부터 석유를 수입하려 했는데 마침 이 중동 학생이 그 나라의 왕자였다고 한다.
이러한 소식을 들은 왕자는 대학시절에 만난 친구가 수입하는 것이 아
니면 석유를 팔지 않겠다고 했다. 이를 통해 C 회장은 단숨에 재계의
일인자로 부상했음은 물론이다.

8. 서머 인턴직 구하기

서머 인턴은 보통 봄에 많이 뽑는다. 일반적으로 모집은 회사 단위로
이루어지지만 맥킨지같이 사무소 단위로 채용하는 곳도 있다. 채용절
차는 정규직(Permanent Position)을 뽑을 때와 같다. 1차로 서류심사
를 하고 2차로 6~10번의 인터뷰를 한다. 인터뷰는 하루나 이틀에 몰
아서 하는 것이 일반적이기 때문에 체력도 매우 중요하다.

근무 기간은 회사마다 다르지만 협상을 어떻게 하느냐에 따라 약간
씩 차이가 난다. 예를 들어 컨설팅 회사는 원래 10주를 요구하지만 학
기가 늦게 끝나거나 또는 다른 곳에서 이미 서머 인턴을 하기로 계약
이 되어 있는 경우(서머 인턴은 반드시 한 곳에서만 할 필요는 없음)에
는 4~6주로 융통성(Flexible)있게 운영한다.

급여는 상당히 높은 편이다. 컨설팅 회사나 투자 은행은 10주에
$20,000~35,000(주택 별도 제공)을 지급했었다. 회사들은 서머 인턴을
미래를 위한 확실한 투자로 보기 때문에 매우 후한 인심을 발휘한다.

서머 인턴이 끝날 때가 되면 희비가 엇갈린다. 그 동안의 업무 고과
를 토대로 재고용 계약 여부가 결정되기 때문이다. 재계약이 결정된 사
람은 확실하게 믿을 수 있는 든든한 직장이 생긴 것이기 때문에 남은
1년을 편안하게 보낼 수 있지만, 그렇지 못한 사람은 다시 한번 더 고
통스러운 리크루팅 과정을 거쳐야 한다.

9. 취업(Permanent Job)하기

정규직 리크루팅은 가을과 봄, 두차례에 걸쳐서 있다. 가을에는 중소 규모의 회사들이 주로 리크루팅을 하고 봄에는 대기업들이 리크루팅을 한다. 채용절차는 서머 인턴을 선발할 때와 동일하다. 즉 서류전형을 먼저 하고 이를 토대로 인터뷰가 이루어진다.

MBA 스쿨은 재학생들이 좋은 직장을 구할 수 있게 물심양면으로 많은 지원을 한다. 이력서 작성법부터 시작해서 회사 선택, 모의 인터뷰 등 다양하다. 톱 스쿨에 다니는 학생들은 이러한 지원에 힘입어 보통 3~5개의 오퍼를 받는다.

정규직의 급여는 사이닝 보너스(Signing Bonus; 고용 계약을 맺을 때 주는 보너스)와 본봉으로 이루어진다. 계약 보너스(Signing Bonus)는 회사마다 천차만별이지만 규모가 큰 회사들은 중형차 한 대를 살 수 있는 금액 정도를 지급한다. 본봉은 학교에서 발표하는 졸업생들의 평균 초봉으로 짐작할 수 있는데 톱 스쿨의 경우 $5,000~120,000선인 것으로 알려져 있다.

대부분의 학생들이 졸업 후 미국 또는 홍콩 등에서 직장을 잡고 싶어하지만 문이 매우 좁다. 첫번째로 언어가 걸리고 두번째로 비자 등 각종 법률 문제가 걸리기 때문이다. 외국에서 일을 하려면 톱 스쿨을 나오는 것도 중요하지만 외국인 수준의 영어를 구사하는 것이 더 중요하다. 앞에서 비용이 좀 들더라도 미국 학생에게 개인지도를 받으라고 했는데 바로 이런 이유에서이다.

▶ 참조 : http://www.ike.co.kr

8

GMAT와 TOEFL

1. GMAT(Graduate Management Admission Test)

GMAT 개요

GMAT는 경영대학원에 지원하려는 학생의 학문적 기본 자질을 평가하는 시험이다. GMAT(Graduate Management Admission Test)는 뜻그대로 미국이나 캐나다에서 경영대학원의 MBA 과정 지원시 치르게되는 시험이며, GRE 점수와 달리 각 학교별로 GMAT의 최소 요구 점수가 뚜렷이 정해져 있다. GMAT 점수의 높낮이에 따라 입학이 좌우되는 경우가 많으므로 경영대학원 진학을 뜻하는 사람은 GMAT 준비를 철저히 해야 한다.

미국의 ETS 산하의 GMAC라는 위원회에서 주관하며, 연중 4회에 걸쳐 시행된다. 시험 점수는 200점부터 800점까지이며, 15문제 이상의 선다형과 30분간의 작문 시험으로 이루어지는데, Reading Comprehension, Critical Reasoning, Data Sufficiency, Problem Solving, Sentence Correction, Analytical Writing에 관한 문제들로 출제된다.

일반 대학원의 GRE 시험과는 성격을 달리하므로 대부분의 경영대학원에서는 GMAT 대신에 GRE를 받아들이지는 않는다. 또한 일반적으로 경영대학원에서는 입학 신청시 GMAT의 가중치(GPA, 직장 경력, 에세이 중에서)를 상당히 높게 평가하고 있다. 일반적으로 수준급의 MBA 과정에 지원하려면 600점 이상이 되어야 한다.

GMAT는 기본적으로 미국 대학을 졸업한 학생이 경영대학원에 들어가기 위해서 응시하는 시험이므로 우리 한국인에게는 상당히 어려운 편이라고 할 수 있다. 또한 이 시험은 장래에 유능한 기업인이 될 소질이 있는지를 알아보기 위한 것이므로 시험문제는 앞에서 언급한 바와 같이 매우 다양하고 고도의 논리능력을 요구한다. 또 경영대학원의 수업은 컴퓨터의 사용이 필수적이므로 수학능력을 측정하는 것은 당연하다.

GMAT는 1년에 4번 치르게 되며 시험시기는 대개 1월, 3월, 6월, 10월경이 된다. TOEFL이나 GRE와 마찬가지로 시험시기로부터 약 3~6개월 전에 신청을 해야 원하는 시기에 치를 수가 있으며, GRE처럼 성적표에 치른 시험마다의 모든 결과(3개까지)가 수록되므로 갑작스러운 점수 상승은 오해를 받을 수도 있다. 미리 충분한 준비를 한 후 시험에 임하여 한번에 좋은 점수를 받는 것이 좋다.

● GMAT 구성

GMAT는 고도의 언어능력을 시험하는 Verbal 섹션들과 기초적 수학, 수리능력을 시험하는 Quantitative 섹션들로 나뉘어져 있다.

GMAT는 5개의 섹션으로 되어 있지만, 실제로 채점되는 것은 6개 섹션이다. Verbal의 Reading Comprehension Section, Sentence Correction Section, 수학의 Problem Solving Section, Data Sufficiency Section 및 Critical Reasoning Section 등 5개의 섹션밖에 없는데 6개의 섹션이 채점된다는 것은 어느 것 한가지가 2번 채점된다는 것을 의

미한다. 그리고 전체에 7섹션이 있는 경우에는 그 중 한가지가 채점되지 않는다고 볼 수 있다.

한편 GMAT는 동일 시험장에서도 시험자에게 건네지는 시험지의 내용이 동일하지 않다는 특징이 있다. 어떤 사람은 수학이 4섹션이지만, 어떤 사람은 3섹션이고 그 대신에 독해가 2섹션이 주어진다.

채점되지 않는 섹션이 어떤 것인지를 판정하기는 어렵지만, 대개 시험 중간에 주어지는 휴식시간 이전에 치러지는 전반부 시험에 출제되어 왔으며, 꽤 문제가 쉬운 것들이다. 휴식을 사이에 두고 3시간 30분간의 시험이 치러지므로 고도의 집중력이 장시간 요구된다.

그러면 다음에 각 테스트의 내용과 그 대책을 알아 보자.

Reading Comprehension Section

3개의 장문에 걸쳐 25개의 문제가 출제된다. 각 장문에 대해 8개 내지 9개의 질문이 있는데 총 시험 시간이 30분밖에 안되기 때문에 상당히 어려운 테스트에 해당된다. GMAT는 원래 미국인 대졸자들을 대상으로 문장 독해 능력을 테스트하는 시험이다. 시험에서 가장 중요한 점은 전개되는 이론의 흐름을 정확하고 빠르게 이해할 수 있느냐 없느냐 하는 것이다. 제시되는 문장의 결론들도 흑백(黑白) 또는 정오(正誤), 선악(善惡) 등에 대한 단순한 2원적인 것은 적고, 복수의 요소를 포함한 결론이 주어지며, 2개의 상반되는 요소의 존재를 나타내는 것이거나 문장 독해력에 덧붙여 논리성 그 자체가 질문되어지기도 한다.

또 TOEFL, GMAT를 통틀어 단어의 난이도가 가장 어려운 것도 이 섹션이다. 그런데 1개의 질문에 대해 72초 정도의 시간을 배정해야 하므로 요점만을 체크해 가는 방법을 써야 하지만, 이 테크닉은 좀처럼 얻기가 힘들다. 그러므로 600점 이상을 득점하려면 제시되는 3개의 장문 중 자신에게 비교적 쉬운 듯한 2개의 장문을 선택하여, 16문제 중 반 이상의 정답을 목표로 작성한다.

GMAT와 TOEFL의 문법·표현문제를 비교해 볼 때, 두 시험 모두 5지선다형이라는 점에서는 동일하지만, TOEFL에는 정답 이외의 4개에는 분명한 문법상의 오류가 있는 것에 반해, GMAT에서는 정답을 포함한 2개의 보기가 문법상 하자가 없어 최종 판단이 어려운 문제가 많이 들어있다. 즉 GMAT는 미국인을 대상으로 한 테스트이기 때문에 어느 쪽도 문법적으로는 틀림이 없지만, 관례상 어느 쪽인가보다 더 좋은 표현을 선택해야 하는 문제들도 있는 것이다. GMAT에서 제시되는 5개의 보기들 중 3개는 꽤 단순한 오류를 포함하고 있으므로 테크닉이 익숙해지면 기계적으로 처리하게 되어 실질적으로는 양자택일의 문제가 되는 것이 태반이다.

수학은 3개의 섹션으로 20문제씩 2개, 그리고 25문제 1개로 총 65문제가 출제된다. 시간 배분은 각각 30분씩이다. 문제의 형태는 Data Sufficiency Question과 Problem Solving Question으로 나누어진다. Data Sufficiency Question은 엄격하게 수학문제는 아니므로 이 문제를 풀 때 계산을 해서는 안된다. 이는 정답을 이끌어내기 위해 필요한 충분조건을 선택하는 문제로 수학적 사고가 가능한지 여부가 문제되는 것이다. Problem Solving도 많은 수험생에게 있어서는 영문해석 이상의 문제는 아니며, 이 수학 섹션이 가장 점수를 많이 얻을 수 있는 분야라고 생각해도 좋을 것이다. 또한 GMAT의 Quantitative Section을 중시하는 경영대학원이 많은 것도 사실이다.

Critical Reasoning Section

여기에서 제시되는 문제들이 GMAT 섹션들 중에서 가장 수준 높은 창의성을 요구하는 부분이라고 생각해도 좋을 것이다. 논리적 사고의 좋고 나쁨을 판정하려는 것이기 때문에 문제에 대한 기본 패턴을 잘 모르면 좀처럼 득점에 연결되지 않는다. 세밀하게 말하면 문제에 대한 접근법도 4개 내지 5개가 있으며, 패턴에 따라서 접근법도 변하지 않으면 안된다. 그러나 꾸준히 테크닉 훈련을 쌓아간다면, 20문제 중 15문제 정도의 해답은 낼 수 있다. 이 섹션은 수험자들이 케이스 스터디 토론 과정에 있어서 주제로부터 벗어나지 않는 경영자적 사고를 할 수 있는가를 판단하려고 하는 것이다.

대표적인 설문의 패턴을 소개하면 다음과 같다.

① 위의 예문이 전제가 되는 문장을 아래 보기에서 하나 선택하시오.
② 위의 문장에 계속되는 내용으로 아래 보기 중 어느 것이 어울릴까요?
③ 위의 문장 중, 의견대립에서 후자는 전자에 대해 어떠한 관점에서 반론을 펴나가고 있습니까?
④ 위의 문장에서 그 주장하는 바의 결론은 아래 보기 중 어떠한 기초에 근거해 나가는 것입니까?
⑤ 위 예문의 논리성의 약점을 명확하게 하는 문장을 아래 보기에서 하나 고르시오.

⑥ 위 문장의 결론을 부정하는 것은 어느 것입니까?

⑦ 위 예문을 완결하는 문장은 아래 보기 중에 어떤 것입니까?

⑧ 위 예문의 장점은 아래 물음 중 어느 것에 응용이 가능합니까?

이와 같이 이 시험에서는 이론 전개의 적합성을 물어가게 되므로 고득점을 얻는 것이 어려울지도 모르지만 패턴과 테크닉을 익히면, 의외로 득점하기 쉬운 분야이기도 하다.

● 합격 기준

어느 정도의 점수가 합격 기준이 될까? 명문 경영대학원에 입학하기 위해서는 600점 이상은 받아야 한다. 물론 이것은 대부분의 학생들이 600점 이상의 GMAT 점수로 합격했다는 것을 의미하며, 그 이하의 점수라도 10~15%는 합격이 가능하다. 그러나 합격 커트라인 점수는 대학마다 각각 다르다. 가장 높은 곳은 스탠퍼드 대학으로 600점 이하로는 입학하기가 매우 어렵다.

경영대학원에서 GMAT를 굉장히 중요시하고 있는가 하면 꼭 그렇지만도 않다. 그러므로 지원자가 초과하는 경우, 몇 개의 입학 심사 기준이 필요하다. 실제 GMAT는 계속적으로 노력을 하면 100~200점 정도의 점수가 향상된다. 영어의 기초력, 독해력이 신장되어 가면, 후에는 다소의 테크닉과 훈련으로 대폭 점수가 향상 될 수 있다. GMAT-ETS는 이 점을 배려하여 각 경영대학원에 GMAT 점수의 활용법을 제공하고 있다. 우선 GMAT는 TOEFL과는 달리 과거 3회 수험 때의 점수까지 Score Report에 나타내어진다. ETS는 이 3회의 평균을 학생의 득점과 연결시켜 합격여부에 반영하라고 권유하고 있지만, 이것을 잘 지키고 있는 대학은 없다. 현실적으로는 1회의 득점 400점, 2회 450점, 3회 600점으로 MIT 슬론에 합격한 사람이 있고, 평균 550점 및 560점으로 시카고 대학에 합격한 사람도 있다.

● 응시 시기 및 응시 횟수

GMAT도 TOEFL과 마찬가지로 미리 충분한 여유를 두고 시험을 쳐서 자신의 성적을 확인한 후 학교선정에 들어가는 것이 좋으며, 이를 위해서는 지원학기의 전년도 6월 이전에 한차례 시험을 치르는 것이 이상적이다. 그러나 GMAT는 TOEFL과 달리 응시했던 과거 시험들의 점수가 함께 명시된다는 부담이 있으며, 따라서 최초에 치르게 되는 시험일지라도 소홀히 해서는 안된다. 경험에 의하면 GMAT의 경우 앞에 치른 시험 성적과 그 다음에 치른 시험 성적의 차이가 너무 현저하게 차이가 많을 경우 Score Report를 지연시키는 사례가 발생하며, 학생으로 하여금 시험 점수의 차이가 큰 데 대한 해명을 하도록 요구하는 경우도 있다. 그러므로 시험을 2회 이상 치르게 될 경우에는 가급적 매 시험마다 최선을 다하여 준비하고, 신중히 답안을 작성하여 자신의 실력을 충분히 나타낼 수 있도록 해야 한다.

● 고득점 방안

GMAT는 크게 영어능력(English Ability)과 수리능력(Mathematical Skill)을 묻는 시험으로 이 중 수리능력 시험의 문제는 그다지 큰 어려움은 없을 수도 있다. 단지 문제에서 요구하는 기본 요지가 무엇인가를 빨리 파악하는 연습을 하기 위해서 샘플 시험(Sample Test)을 통해 많은 훈련을 쌓아두는 것이 좋은 방법이다.

문제가 되는 섹션들은 영어능력 시험(English Ability Test)들로 특히 독해력 평가(Reading Comprehension)와 같은 섹션은 주어지는 내용이나 문장이 다소 복잡하고 까다롭기 때문에 주어진 시간에 다 푼다는 것은 매우 높은 독해능력을 요구한다. 그러므로 좋은 점수를 받기 위해서는 ETS에서 출판되는 《The Official Guide for GMAT》와 그 외의 GMAT에 관한 문제집을 구해서 실전과 같이 시간을 안배해 푸는 요령을 터득하는 것이 GMAT 성적을 높이는 방법이라고 할 수 있다. 아울러 전공에 관계되는 영문서적들을 충분히 읽는 것도 많은 도움이 된다.

GMAT는 정확성과 속도를 요구하는 시험이므로 수험생들에게는 시간이 상당히 부족하다. 따라서 쉽게 풀 수 있는 문제부터 시작하여 차차 복잡한 문제로 접근하는 것이 시간 활용에 유익하며 점수 산출방식에는 감점제도가 있으므로 확실히 모르는 문제에 대해서는 신중한 판단을 내려야 한다.

마지막으로 GMAT 시험은 다른 시험과 달리 장시간에 걸쳐 치르게 되므로 전날 충분한 휴식을 취하는 것도 좋은 점수를 내는데 도움을 줄 수 있다는 것을 잊지 말아야 한다.

● GMAT 등록

GMAT 테스트는 97년 10월부터 컴퓨터로만 시행되고 있으며, 응시자가 시험날짜를 선택할 수 있다. 여기서는 '시험 등록 전' 그리고 '시험을 치른 이후' 알아야 할 사항들을 알아 보자. 아래에서 설명된 내용 외의 사항은 GMAT 안내책자(한미 교육 위원단에서 배부)나 GMAT 웹사이트를 참고하도록 한다.

| 시험 등록 전 알아야 할 사항 |

시험 등록 기간

시험은 큰 달은 11일부터 31일까지, 작은 달은 10일부터 30일까지 가능하다(예 : 3월인 경우는 11~31일, 4월인 경우는 10~30일). 시험은 월요일부터 금요일까지 매일 오전 09:00와 오후 1:30에 실시된다. 단,

한국과 미국 공휴일에는 시험이 없다(예 : 99년 10월 11일은 Columbus Day이므로 시험을 실시하지 않는다). 또한 풀 브라이트 (한미 교육 위원단 : Korean-American Educational Commission)의 근무일은 월요일부터 금요일까지이며, 한국과 미국의 공휴일은 쉬므로 주의해야 한다.

시험 등록 비용

$195이며(Practice GMAT 비용은 $99.95) 신용카드(Credit Card)나 은행수표(Bank Draft)로 지불하여야 한다.

• 등록시 신용카드로 지불할 경우

본인의 카드이거나 부모님, 형제, 그 외 본인과 가까운 사람의 카드로 지불해도 된다. 단, 등록할 때 카드 번호, 카드 만기일, 카드상의 영문 이름의 철자를 정확히 알아야 한다. 사용 가능한 신용카드는 VISA, Master, American Express Card이다. 즉, 국민 VISA, 외환 VISA, BC Master 등 카드 상에 VISA나 Master란 표기가 있어야 한다. 단순히 BC 현금 카드인 경우에는 시험 등록에 사용할 수 없다.

• 등록시 은행수표(Bank Draft)로 지불할 경우

시중 은행의 외환계에 가서 $195 상당의 원화를 US$로 표시된 수표로 바꾼다. 이 때 수표의 수취인은 Sylvan으로 표기하여야 한다. 은행 수표로 지불할 경우에는 대부분 우편 시험 등록을 하는 경우가 많다. 이 경우 한미 교육 위원단 등록센터에서 수표를 수취한 이후라야만 등록이 가능하다.

시험 등록

전화, 우편, 팩스 등으로 접수할 수 있다.

▶ **한미 교육 위원단(Korean-American Educational Commission)**
풀브라이트-실반 시험등록 센터(Fulbright-Sylvan Regional Registration Center)
전화 : (02) 722-5957 팩스 : (02) 735-4539
전화등록 : 오전 9시부터 오후 5시까지(월~금요일, 한국과 미국의 공
휴일 제외)
팩스 및 우편 등록 : 항상
Web site : http://www.fulbright.or.kr

• 전화 등록

본인이 원하는 시험일로부터 근무일 기준으로 2일 전 정오(12:00)까지 등록을 할 수 있다. 즉 월요일에 시험을 보기 원할 경우 그 전 주 목요일 정오(12:00)까지 등록을 해야 한다. 또한 금요일에 시험을 보기 원할 경우 만약 목요일이 공휴일이면(한국이든, 미국이든) 그 주 화요일 정오(12:00)까지 등록을 해야 한다. 이 경우 반드시 신용카드의 필요 사항을 말해 주어야 한다.

• 팩스 등록

원하는 시험일 1주일 전까지 한미 교육 위원단으로 팩스를 보내야 한다. 이 경우 GMAT 안내책자(풀브라이트 사무실에서 배부) 내의 International Test Scheduling Form(www.gmat.org에서 다운로드할 수 있음)을 작성하여 보내도록 한다. 이 때 반드시 원하는 날짜(First Choice, Second Choice) 및 등록 여부를 업무시간 (오전 9시~오후 5

시)에 시험 등록 센터 직원이 확인하기 위하여 연락할 전화번호를 Form에 기입한다.

•주의

간혹 토·일요일, 혹은 공휴일을 본인의 원하는 시험 날짜로 기입하는 사람이 있다. 이 경우 등록이 안될 수 있으므로 주의해야 한다. 등록 요금 지불은 전화 등록과 마찬가지로 신용카드(Form에 기입하는 칸이 있음)를 사용하여야 한다.

•우편 등록

시험일 3주 전까지 International Test Scheduling Form을 작성하여 한미 교육 위원단으로 보내야 한다. 등록 요금 지불 방법은 신용카드를 사용하거나 은행수표를 Form과 동봉하여 등기로 보내면 된다.

카드 결제는 미국 ETS에서 직접 한다. 특히, 카드로 등록 비용을 지불하면 짧게는 한 달에서 길게는 두 달까지 카드상에 문제가 생기지 않도록 주의해야 한다. 간혹 카드 결제가 안되는 경우가 발생하는데, 이는 카드에는 아무 이상이 없을지라도 외국(미국)에서 등록 비용을 카드사로부터 인출할 수 없는 경우가 있기 때문이다. 또는 카드 대금 연체나 은행 월정 한도액을 초과해서 사용하였을 경우 카드사로부터 등록 비용 인출이 안되는 경우가 있다. 이 경우 미국 ETS에서 편지가 오는데 편지 내용대로 본인이 직접 처리하면 된다. 즉 우편(주소는 편지상에 있는데로)이나 팩스(1-609-883-4349)를 이용하여 ETS에 새로운 카드 번호, 만기일, 카드상의 영문 이름을 알려주거나 은행수표($195)를 우편으로 보내면 된다.

시험 장소

한미 교육 위원단 Fulbright-Sylvan Technology Center이며 자세한 위치는 풀브라이트에 문의하도록 한다.

시험 일정 변경이나 시험을 취소할 경우

시험 7일 전 정오(12:00)까지 전화로 등록 센터에 알려야 한다. 시험 날짜가 11일인 경우 4일 정오(12:00)까지 연락을 해야 하며 만약 4일이 토·일요일 및 공휴일이면, 그 전에 연락을 해야 한다. 팩스로 변경이나 취소를 할 경우에는 7일 전 오전 9:00까지 팩스가 도착되어야 하는데, 이 경우 본인과 바로 연락을 취할 수 있는 전화번호를 반드시 기입하도록 한다.

시험 일정을 변경할 경우 $48을 추가로 지불하여야 한다. 시험을 취소할 경우에는 대략 $64가 환불되며, 환불 금액은 사정에 따라 변할 수 있다. 신용카드로 비용을 결제했을 경우에는 환불 금액이 자동적으로 본인의 카드로 입금된다. 간혹 시험 5, 6일 전이나 당일에 시험 일정 변경 또는 취소를 하는 경우가 있는데, 이런 경우에는 변경, 취소 및 취소에 따른 환불은 불가능하다.

시험

한 달에 한 번만 볼 수 있다(예 : 10월 15일에 시험을 본 사람은 11월 10일에 다시 시험을 볼 수가 있다). 즉 달만 바뀌면 시험 응시가 가능하다. 혹시 시험 당일에 사정이 생겨 시험을 치르지 못한 경우에는 같은 달에 재등록이 가능하다(예 : 10월 15일에 부득이한 사정으로 시험을 못 치렀을 경우에는 결석 처리가 되며, 그날 다시 시험 등록을 할 경우 위에서 설명한 방식대로 하면 된다).

GMAT 모의고사(GMATP-GMAT Practice Test)

시험 등록 방식은 GMAT와 동일하다. 다만 GMATP는 한 달에 한번 이상 보아도 된다. 만약 시험 일정을 변경 및 취소할 경우에는 시험일로부터 2일 전(근무일 기준) 정오(12:00)까지 등록 센터에 연락을 하여야 한다. 시험 일정 변경에 따른 추가 비용은 없으며, 시험 등록을 취소할 경우에는 등록비용의 20%를 환불받을 수 있다. 환불을 받기 위해서는 다음 주소로 본인이 직접 편지를 보내야 한다.

Attn : GMAT Practice Exam
International Accounting Manager,
Sylvan Prometric,
1000 Lancaster Street,
Baltimore, MD 21202 USA.

•시험 날짜를 정할 때

보통 한 달 전에 등록을 하면 원하는 날에 시험을 볼 수 있다. 단, 10월말에서 12월 중순 사이에 시험 보기를 원하는 사람은 한 달 반 전에 시험 등록을 하는 것이 안전하다.

•주의

컴퓨터 시험의 경우 보통 시험을 본 후 15일 이내에 성적표가 나온다. 그러나 이보다 더 여유를 두고 시험을 보아야 한다. 예를 들어 1월초가 원서 마감인 학교의 경우 11월말까지는 시험을 보아야 안전하게 그 학교로 Score Report가 보내진다. 그 외 2월초나 3월초의 원서 마감일도 마찬가지이다. 시험 등록을 할 때 특히 이 점을 잘 고려하여 시험 날짜를 정하도록 한다.

그런 다음 시험 준비를 하면서 자신이 언제쯤 시험을 보면 되는지 결정을 하고, 시험 등록에 필요한 사항들을 숙지한 다음 전화 등록을 한다.

시험 당일의 준비물 및 안내사항

준비물은 사진이 붙어 있는 신분증과 등록 확인 편지이다. 만약 등록 확인 편지를 못 받은 학생들은 등록 번호만 정확히 알고 오면 된다. 또한 급하게 시험 등록을 한 사람들도(예 : 시험 보기 3~4일 전—근무일 기준) 등록 확인 편지 없이 등록 번호만 정확히 본인이 적어 놓았다가 알고 오면 된다. 신분증은 주민등록증이나 (유효) 여권 또는 (유효) 운전면허증 중의 하나이어야 하며, 그 외의 신분증은 인정되지 않는다.

• 주의

위의 두 가지 외에 시험을 위하여 개인적으로 준비할 물건은 없다. 시험에 필요한 필기 도구 및 종이는 시험장에서 제공되며 시험 시작 최소 30분 전까지 도착하여야 한다. 오전 시험인 경우 8:30분까지, 오후 시험인 경우 1:00까지 시험장에 도착하도록 한다.

시험 당일 날의 수험생의 정확한 행동을 실제 상황에 맞춰 알아 보자.
- 오후 시험인 경우 12시 35분쯤에 시험장에 도착한다.
- 시험 대기장에서 Confidentiality Statement를 작성(입실시 감독관에게 제출해야 함).
- 오후 1시부터 감독관이 대기실에서 응시자들을 호명하며 좌석번호표(이는 먼저 온 순서가 아니라, 등록시 정하여진 번호임)를 나눠준다.

- 번호표 순서대로 감독관 호명에 따라 입실을 시작하고 안에 있는 감독관에게 신분증 및 Confidentiality Statement를 제출한다. 휴대폰, 호출기, 책, 가방, 음식물 등은 절대 반입이 금지되므로, 모든 개인 물품은 감독관이 지정한 사물함에 보관한다. 감독관이 개인 자료를 컴퓨터 화면을 통해 보여주며 잘못 입력된 것이 있는지를 최종 확인하는데 이 때 잘못 기입된 사항이 있거나 변경된 사항-주소, 전화번호 등-이 있으면 최종 수정을 해야 한다. 단, 신용카드에 관한 사항은 수정이 불가하다. 최종 확인이 끝나면 응시자의 얼굴 사진을 찍은 후 감독관의 안내하에 시험실에 입실하여 지정된 좌석에 안내를 받는다.

- 자리에 앉은 후 준비되어 있는 연필(2자루)과 연습용 종이(6장) 등을 확인하고 불편사항이 없는지를 점검한 후(만약 불편사항이 있을 경우 또는 질문이나 도움이 필요한 경우에는 자리에서 가만히 손을 들고 있으면 감독관이 확인하러 온다. 절대 자리에서 일어나거나 소리를 내서는 안됨), 이상이 없으면 시험을 시작한다.

- 입·퇴실시(휴식 시간 포함) 시험장에 준비된 명단에 반드시 사인을 해야 하며, 휴식이 끝난 후 재입실할 때에도 신분증을 감독관에게 제시해야 한다.

- 모든 시험장은 비디오로 녹화된다.

시험 순서

• **Computer Tutorial**

시험 전, 시험 진행을 위해 필요한 정보들을 숙지하는 시간으로써 약 30분 정도가 소요되지만, 이 시간은 실제 시험 시간에는 포함되지 않는다.

• Designate Institutions

성적을 보내고자 하는 학교나 기관을 5군데까지 선정하여 컴퓨터를 통하여 본인이 직접 보낼 수 있으며 이를 위해 시험 응시자는 원하는 학교나 기관의 주(State)만 알고 있으면 된다(예 : Y대학일 경우 그 대학이 어느 주(State)에 있는지만 알고 있으면 된다). 만약 원하는 학교나 기관명이 없을 경우에는 감독관에게 손을 들어 알린다.

그 외 성적을 더 보내고자 할 경우에는 GMAT 안내책자(한미 교육 위원단 안내 데스크에서 배부) 안에 있는 Additional Score Report Request Form을 작성하여 ETS로 직접 보낸다. 팩스로 보낼 경우는 1-609-883-4349이며, 우편으로 보낼 경우는 Form의 하단부에 있는 주소로 보내면 된다. 비용은 Form에서 설명하는 방식 그대로 지불한다.

• Analytical Writing

Analysis of an Issue 30분, 그리고 Analysis of an Argument 30분

• Break Time

5분(선택 사항)

• Quantitative

37문제, 75분

• Break Time

5분(선택 사항)

• Verbal

41문제, 75분

•GMAT 테스트는 Computer Adaptive Test이므로 모든 문제에 답을 해야 하며, 답을 하지 않을 경우 다음 문제로 넘어 갈 수 없고, 또한 이전 문제로 되돌아 갈 수 없다.

• Biographical and Exit Survey

개인 정보 및 시험에 관한 질문에 응답하는 시간이다.

• View or Cancel Scores

View Score를 선택한 수험생은 본인의 성적을 화면에서 확인할 수 있으며, 5분 안에 View 또는 Cancel을 선택하지 않을 경우 자동적으로 성적이 Report되고, Cancel Score를 선택할 경우에는 성적을 확인할 수 없다.

• 시험이 끝난 후

View Score를 선택한 수험자는 Unofficial Score Report가 프린트 된 것을 감독관으로부터 받게 되는데, 미국 ETS로부터 Official Score를 받으려면 한국에서는 약 3주에서 6주 정도 걸린다.

성적을 받은 후에는 각 학교에 Score Report를 보내야 한다. 만약 등록번호를 모를 경우에는 등록 센터에 문의한다. 그리고 11월말에 시험을 보았는데 15일이 경과하여도 성적을 받지 못한 경우에는 Additional Score Reguest Form을 작성하여 팩스로 보낸다(11월말에 시험을 보고 12월초에—성적을 받기 전이라도—각 학교나 기관에 보낼 성적을 ETS에 팩스로 신청하면 1월초까지는 각 학교나 기관에 Score Report가 보내진다).

• GMAT Powerprep Software 판매

한미 교육 위원단에서 판매하는 GMAT Computer-Based 시험 대비를 위한 디스켓을 구입한다.

※ 기타 자세한 사항은 한미 교육 위원단 웹 사이트
〈http://www.fulbright.or.kr/default.htm〉로 알아보기 바란다.

2. TOEFL(Test of English as a Foreign Language)

● TOEFL 개요

TOEFL은 미국, 캐나다, 호주, 뉴질랜드, 영국 등 영어권 국가의 교육기관에 유학하고자 하는 비영어권 출신 학생들의 어학능력을 평가하기 위한 시험으로서, 미국 뉴저지주의 프린스턴(Prinston)에 있는 ETS(Educational Testing Service)에서 주관하며, 영어권 교육기관에서 입학 자격조건(Admission Requirement)들 중의 하나로 일정 수준 이상의 TOEFL 점수를 요구하고 있다. TOEFL의 정식 명칭은 Test of English as a Foreign Language이며 매년 세계 170여 개국에서 45만 5천명 이상이 응시하고 있다.

각 대학들은 학교와 학과에 따라 요구하는 TOEFL 성적이 각각 다르지만 일반적으로 학부는 500~550점, 대학원 과정은 550~620점을 요구하고 있다. 특히 미국의 대학 및 대학원 입학시에는 거의 모든 학교가 TOEFL이라는 형식으로 영어 실력을 측정하고 있다(중서부 일원의 지역은 TOEFL과 더불어 MELAB(미시간 테스트)를 요구하기도 한다).

TOEFL은 세계 170개국에서 연중 매월 실시되는 시험으로써 거의 번갈아서 금요일과 토요일에 실시된다. 한국에서의 시험 접수는 한미 교육 위원단에서 주관하고 있으며 안내책자도 무료로 배포하고 있다.

시험과목은 섹션별로 3부로 구성되어 있는데 Listening Comprehension(듣기 평가), Structure and Written Expression(문법 및 문어 표현), Reading Comprehension(독해력 평가)로 나뉘어진다. 출제 형식은 객관식 4지 선다형이며 시험 시간은 약 2시간 정도 걸린다. 점수 측정은 상대 평가로 이루어지고 성적 분포는 200점에서 677점까지이며, 총 응시자의 1% 이내의 성적을 거두면 660점을 받는다.

우리나라의 경우는 TOEFL 시험 응시율이 높으므로 원하는 시기에 시험을 보려면 적어도 6개월 전에는 접수를 하여야 한다. 만일 유학을 전제로 TOEFL을 본다면 시험 응시 후 점수가 나오는 기간(통상적으로 약 6~7주)까지 예상하여 원서 제출 마감일에 늦지 않도록 한다.

시험 응시와 동시에 지원 학교로 성적 통보를 할 수 있으므로(3개 학교까지) 시험일 전까지 학교 선정을 마치는 것이 좋다. 점수를 확인하고 학교에 통보할 수도 있으나 시간이 많이 걸리고 소정의 수수료가 추가로 부과된다.

참고로 한미 교육 위원단에서는 매주 비공식 테스트를 실시하므로 공식 테스트를 치르기 전에 실력 확인을 위해 이를 이용할 수 있다. 또한 미국의 일부 학교들은 TOEFL 성적이 없더라도 성적(GPA)만으로 입학 사정을 하고 대학 부설의 어학 과정에서 영어를 공부하는 조건부 입학 허가(Conditional Admission) 제도를 운영하고 있다. 이러한 대학들 중에는 어학 과정 후 반드시 공식 테스트를 보아야 하는 학교도 있고, 교내 시험(Institutional Test)이나 일정 수준의 상급 어학반에 이르면 자동적으로 본 과정으로 옮길 수 있는 학교도 있다.

간혹 유학 지망생들 중에는 대학에서 규정한 최소 TOEFL 점수만으로 정규 과정을 수강하는데 아무런 이상이 없는 것으로 여기는 경우가 있다. 세계적으로 볼 때, 우리나라의 경우는 TOEFL 점수가 낮은 편에 속

한다. 특히 회화나 듣기 평가에 약하므로 이를 보완하기 위하여 정규과정 시작 전에 짧은 기간 동안이라도 집중 어학 연수를 하는 것이 좋다.

● 시험 종류와 구성

TOEFL은 1년에 12번, 토요일과 금요일에 실시되며 모두 세계 전 지역에서 동시에 실시된다.

- 토요일 시험(Saturday Testing Program) : 1년에 7회에 걸쳐 토요일에 실시된다.

- 금요일 시험(Friday Testing Program) : 토요일에 시험을 볼 수 없는 특정 종교인을 위한 시험으로서 토요일 시험이 실시되지 않는 나머지 5개월에 걸쳐 실시된다.

섹션 1(Listening Comprehension)

북미에서 사용하는 영어의 청취능력과 말하는 사람의 의도에 대한 정확한 이해력을 평가하기 위한 시험이다. 이 섹션은 총 50문제가 출제되며, 3 Part로 나뉘어져 각각 상이한 형태의 문제가 출제된다.

- Part I Short Statements : 20문항
- Part II Conversations : 15문항
- Part III Long Statements or Conversations : 15문항
- 소요시간 : 40분

섹션 2(Structure & Written Expression)

이 섹션에서는 응시자의 문법 실력을 측정하는데, 문제의 내용은 상식적인 것으로 때로는 미국의 역사, 문화, 예술 또는 문학에 대한 내용

이 포함되기도 하며, 총 40문항의 시험이 2 Part로 나뉘어져 있다.

- Part I Sentence Completion : 15문항
- Part II Error Recognition : 25문항
- 소요시간 : 25분

독해력과 어휘력을 평가하기 위한 시험이며, 총 60문항이 출제된다. 문제를 풀기 위해서는 일정 수준 이상의 고급 어휘능력과 이에 대한 지식이 필요하다.

- Part I Vocabulary(동의어 선택) : 30문항
- Part II Reading Comprehension(내용파악) : 30문항
- 소요시간 : 45분

● TOEFL 응시시기

유학수속은 일반적으로 1년 전부터는 준비를 시작해야 하는데 유학 준비 기간 중에 TOEFL 시험을 치러야 한다. 한번 응시해서 성적이 해당 대학에 발송, 접수되기까지는 많은 기간(6~8주)이 소요되기 때문에 대학이나 대학원으로의 원서 제출 마감 기한에 맞추어 여유를 갖고 2~3회 정도 시험에 응시할 수 있도록 계획을 잡는 것이 좋다. 더불어 TOEFL 시험은 길게는 6개월, 적어도 3개월 정도는 먼저 응시 접수를 해놓아야 원하는 때에 시험을 치를 수 있을 정도로 응시율이 매우 높은 것도 감안해야 할 것이다.

서울같은 경우, 응시자가 많기 때문에 최소한 6개월 전에 신청해야 응시 가능하며 시험성적은 응시 후 6~8주 정도 지나서 본인에게 통보된다.

TOEFL 시험을 치르고자 할 때는 TOEFL 사무국(한미 교육 위원단)에 가서 TOEFL 원서를 받아 기입한 후 응시료와 함께 담당자에게 제출해야 한다. TOEFL의 지원서에 기입하는 지원자의 영문 이름은 출신 학교에서 발행하는 각종 영문 증명서류와 여권에 나타나는 이름과 철자가 일치되도록 해야 한다. 만약 지원한 대학에 제출한 서류상의 영문 이름과 TOEFL 성적표에 기재되어 있는 영문 이름이 다를 경우 TOEFL 점수를 본인의 것으로 인정받지 못한다. 참고로 TOEFL 시험은 몇 번을 치러도 아무런 불이익을 받지 않으므로 첫번째 시험에서 좋은 점수를 얻지 못하였을 경우 여러번 재응시하여 가장 높은 점수를 지원하는 대학에 보내는 곳도 좋다.

● TOEFL 성적

TOEFL 성적은 3섹션의 성적을 합하여 10을 곱해주고 다시 3으로 나눈 평균점수로 산출된다. 즉 제1섹션에서 60점, 제2섹션에서 50점, 제3섹션에서 55점을 받았을 경우 총점은 165점, 10을 곱하면 1,650점이 되므로 이를 3으로 나눈 550점이 수험자의 TOEFL 성적이 된다. TOEFL 시험의 성적은 최저 점수인 200점에서부터 만점인 677점까지이다.

대학에서 지원자들에게 요구하는 TOEFL 점수는 학교와 학과에 따라 각각 다르다. 일반적으로 학부로 지원하는 경우 500~550점을, 대학원으로 지원하는 경우 550~580점을 요구하고 있으나 영문학 및 언어학과, 의과 계열, 사회과학 분야에서는 더 높은 점수를 요구하기도 한다.

학과별로도 요구하는 TOEFL 점수가 다양하다. 영문학이나 언어학과의 경우 많은 대학이 지원자에게 600점 이상의 TOEFL 점수를 요구하고 있으며 철학, 심리학, 사회학, 도서관학, 정치학, 경영학과 등에서도 높은 TOEFL 점수(580점 이상)를 요구하기도 한다.

일반적으로 이공계의 경우에는 500~550점 정도의 점수를 요구하지만, 수학과 같은 경우 580점 이상의 점수를 요구하는 학교도 있다. 예체능계의 경우도 이공계와 비슷한 TOEFL 점수를 요구한다. Assistantship(TA 또는 RA)을 요청하는 지원자에게는 많은 대학에서 일반 지원자들보다 높은 수준의 TOEFL 점수를 요구하고 있다.

TOEFL 점수가 입학 사정의 필수요건 중의 하나이기는 하지만 점수 자체가 지원자의 낮은 학교 성적이나 학업 능력을 보충해 줄 수는 없다. 입학 사정에서 중요한 요인으로 작용하는 것은 지원자의 성적(GPA), 추천서, 학업계획서이며 미국 대학원의 경우 GRE나 GMAT 성적 또한 중요한 입학 사정요인이다.

● TOEFL 시험 대비

섹션1(Listening Comprehension)

3개의 섹션 중에서 가장 어려운 부분 중의 하나이다. 우리나라의 외국어 교육이 문법과 쓰고 읽는 방법 일변도로 시행되어 왔기 때문에 보고 읽는데에는 큰 지장을 느끼지 못하지만, 외국인을 통해 구술되어 나올 때는 이해하기가 매우 어렵다. 외국인들과 자주 말하고 들을 수 있는 기회도 물론 적었지만 영어는 외국 사람들이 흉내낼 수 없는 득유의 많은 속성을 지니고 있다.

따라서 그들이 발음하는 문장을 흉내내면서 반복을 해야만 하는데, 가장 좋은 방법은 외국인 강사에게 지도를 받는 방법과 같은 문장에 대한 테이프를 반복해 들어서 익숙해지는 방법, 그리고 주한 미군방송(AFKN)을 자주 보며 듣는 것, 영어권 영화나 비디오 등을 통하여 지속적으로 시청해 보는 것 등도 효과적인 방법들 중의 하나일 것이다. 특히 AFKN 방송은 드라마, 뉴스 등 다양한 프로그램을 가지고 장시간에 걸쳐 방송하기 때문에 많은 도움을 받을 수 있다.

시중에 나와있는 각종 회화 테이프를 자주 반복해 듣는 것도 매우 효과적인데 무엇보다도 방송이나 영화매체를 통해서 언어를 감각적으로 터득하는 것이 중요하다.

섹션2(Structure & Written Expression)

이 부분은 영문법에 관한 이해를 측정하기 위한 것으로 위에서 말한 바와 같이 우리나라 외국어 교육이 문법이나 문장 표현 위주로 진행되고 있기 때문에 수험생들에게는 비교적 쉽게 느껴지는 부분이지만 주의를 요하는 문제들도 많이 있다.

영문법에는 맞지 않으나 미국에서 관용적으로 쓰이는 표현이라든가 미국 사람들이 자주 혼동해 쓰고 있는 것 등 다양한 문제가 출제되므로 문제를 상세히 파악한 뒤 요구하는 답을 찾아야 한다. 따라서 문법 및 문어 표현(Structure & Written Expression)을 준비하기 위해서 미국이나 영국에서 출판되는 어법에 관한 책이라든가 소설을 많이 읽어 표현이나 문법에 어려움이 없도록 준비해야 한다. 처음부터 무리하게 수준 높은 《Times》나 《Newsweek》와 같은 책을 읽으려는 것은 시간과 노력의 낭비이며, 자기 수준에 맞는 책을 선택하여 반복적으로 그리고 지속적으로 공부하는 것이 가장 효과적인 방법이다.

섹션3(Vocabulary & Reading Comprehension)

어휘·독해력 평가(Vocabulary & Reading Comprehension) 부분이 잘 훈련이 되어 있는 상태에서만이 섹션 1, 섹션 2가 가능하므로 열심히 공부해야 될 부분 중의 하나이며 단단한 기초를 쌓기 위해서는 반복해서 암기하는 것이 좋은 방법이다. 단시일 내에 많은 단어를 한꺼번에 소화시키겠다는 욕심보다는 단어 하나하나에 내포되어 있는 여러가지 의미와 문장 속에 쓰이는 정확한 뜻을 파악하는 것이 무엇보다 중요하다.

단순하게 뜻을 묻는 문제보다는 비교적 쉬운 단어를 색다른 방향으로 제시하여 수험생을 당황하게 하므로 단어의 뜻을 보다 자세하게 파악해야 한다.

⬤ TOEFL 시험 등록

한미 교육 위원단은 미국 뉴저지주 프린스턴 소재 ETS(Educational Testing Service)를 대행하여 국내에 교육 평가 사무국을 두고 TOEFL/TSE(Test of English as a Foreign Language / Test of Spoken English) 시험의 등록 업무를 하고 있다. TOEFL 시험은 2000년 7월부터는 컴퓨터로만 시행될 예정이며, 그 전까지는 현재의 Paper-Based 시험이 계속된다. 여기서는 현재 시행 중인 Paper-Based 시험에 대해 '시험 등록 및 시험 당일과 시험을 치른 후'에 알아야 할 사항들을 알아 보자. 그 외의 상세한 내용은 TOEFL 안내책자(한미 교육 위원단에서 배부) 또는 웹 사이트(http://www.toefl.org)를 참고하기 바란다.

⬤ 시험 등록 전 알아야 할 사항

① 한미 교육 위원단의 교육평가 사무국에서 담당한다.

② 등록 시간은 월요일에서 금요일 (오전 10시~오후 4시)까지 이며, 한국과 미국의 공휴일은 등록 업무를 하지 않는다(예를 들어 99년 10월 11일은 Columbus Day이므로 근무를 하지 않는다. 이점 착오 없기를 바란다. 공휴일들은 Hours & Holidays를 참고하면 된다).

③ 시험 등록 비용은 $80이며, 이를 원화로 환산하여 지불하거나 은

행수표로 지불하면 된다. 은행수표로 지불할 경우에는 시중 은행의 외환계에 가서 $80 상당의 원화를 US$로 표시된 수표로 바꾼다. 이 때 수취인은 ETS로 표기하여야 한다. 현금은 받지 않으므로 이점을 유의하도록 한다.

④ 시험 등록 후 시험 취소, 날짜 변경시 환불은 불가능하다.

⑤ TWE 시험은 99년도 상반기에는 2월(2월 27일)과 5월(5월 15일)에만 있으며, TOEFL 시험을 보기 전 30분 동안 실시된다. 비용은 따로 들지 않는다.

⑥ 시험은 금요일 또는 토요일에 시행된다. 성적 통보는 6주 정도 걸린다(경우에 따라서는 더 걸릴 수도 있음).

서울의 경우 고지된 등록 마감일 훨씬 이전에 등록이 마감되거나 그때그때의 상황에 따라 등록 상황이 수시로 변하므로 등록을 할 경우에는 꼭 확인하도록 한다. 현재 군산대학교에서는 시험이 없다.

시험에 대한 직접적인 관련사항에 대한 문의는 한미 교육 위원단 교육 평가 사무국(02-732-7927~9)에 문의하도록 한다.

● 시험 등록 방법

| 직접 등록 방법 |

한미 교육 위원단에 와서 원서를 받은 후(원서는 한국과 미국의 공휴일을 제외한 월요일부터 금요일 오전 9:00~오후 5:30까지 배부) 원서를 작성하여 접수를 하면 된다.

이 때 주의할 점은, 원서를 작성하는데 보통 20~30분 정도가 소요되므로 원서 등록 마감 시간인 오후 4시를 넘길 경우 그날 등록을 할 수 없다.

① 등록 비용과 등록 원서 작성에 필요한 연필(컴퓨터용 또는 HB 연필)과 지우개를 준비한 후, 한미 교육 위원단에 도착하여 원서를 포함한 TOEFL 안내책자를 받는다. TOEFL 안내책자 겉표지에 있는 시험 실시일을 보며 자신이 시험 보기를 원하는 날짜를 확인한다.

② 등록 접수처 왼쪽 벽면에 있는 흰색 칠판을 통해 가능한 시험 날짜와 시험 장소를 다시 한번 확인하고 원서 작성을 한다(원서 작성에 대한 설명은 TOEFL 안내책자 16페이지나 흰색 칠판 옆에 있다). 이때 모든 사항을 정확히 표기해야 한다.

③ 이름은 반드시 '성'을 먼저 쓰고 한 칸을 띄운 다음 이름을 쓴다. 본인의 영문 이름을 정확히 기입해야 하고 본인의 생년월일을 정확히 기입한다(가끔 혼동하여 등록 당일 날짜를 기입하는 경우가 있다). 또한 주소를 정확히 기입한다. 만약 영문 주소가 길어 칸이 모자랄 경우 Dong자와 Ku자를 생략해도 된다(예 : HANGARAM APT 123-1004 KYOUNGUN-DONG CHONGNO-KU에서 DONG과 KU를 빼도 됨). 그래도 칸이 모자랄 경우 City를 쓰는 칸에 구를 써노 된다(예 : CHONGNO를 쓰고 한 칸 띈 다음 SEOUL을 써도 됨).

④ 그 외 사항은 TOEFL 안내책자나 접수처 벽면에 붙은 견본을 참고해 가며 기입한다. 원서의 10번에 있는 Total Amount는 기입을 안 해도 된다. 14번에서는 Statement를 자신의 필체로 또박또박 쓴 후, 본인의 사인은 영문 이름을 그대로 쓴다(예 : 올바른 씨의 경우 OL BA REUN 이라고 쓰면 된다). 그리고 등록 당일의 날짜를 정확히 기입한다.

⑤ 다음은 응시료 접수증을 작성한다. 영어로 작성하며 작성 요령은

등록 사무실의 원서 작성 요령 옆에 붙어 있는 것을 참고한다. 원서 작성이 끝나면 준비해 온 등록 비용을 확인하고 접수처에 등록을 한다. 이렇게 해서 등록을 마친다.

⑥ 그리고 최소한 자신이 시험을 보기로 한 날짜의 일주일 전까지는 우편으로 Admission Ticket을 받는다(만약 일주일 전까지 Admission Ticket을 못 받았을 경우 한미 교육 위원단 TOEFL 사무국에 전화를 걸어 자신의 등록 번호를 확인해야 한다).

지방에 거주하는 사람은 우편으로 원서를 받거나 또는 TOEFL 시험을 시행하는 각 지방 대학의 어학 연구소에서 원서를 받으면 된다. 우편으로 원서를 받고자 하면 본인의 주소를 정확히 기재한 후 한미 교육 위원단 TOEFL 사무국 앞으로 편지를 보내면 된다.

원서 작성 요령은 위에서 설명한 것과 동일하다. 만약 원서를 작성한 후 바로 원서를 보낼 경우에는(등기로만 보내야 함), 그 날의 TOEFL 등록비용을 TOEFL 사무국에 전화로 확인한 후, 해당 금액을 우체국에서 소액환으로 교환하여 원서와 함께 동봉하여 보내면 된다.

은행수표로 지불할 경우에는 위에서 설명한 대로 원서와 은행수표를 동봉하여 등기로 보내면 된다.

시험 1주일 전까지 Admission Ticket이 안 올 경우 한미 교육 위원단 TOEFL 사무국에 전화를 걸어서 자신의 등록 번호 및 시험 장소를 확인해야 한다.

신체적 장애가 있는 경우에는 등록하기 전에 TOEFL 사무국 담당자에게 미리 알리도록 한다.

만약 시험 당일에 결석하였을 경우에는 그 날로부터 60일 이내에

Admission Ticket(반드시 제시해야 함)을 지참하여 다시 시험 신청을
할 경우 $10에 해당하는 금액을 감해 준다.

● 시험 당일의 준비물 및 안내사항

① 우선 시험 등록 후 Admission Ticket을 받으면 본인의 Admission
Ticket 및 Photo File Record에 잘못 프린트 된 내용이 있는지를
확인하고 혹시 잘못된 것이 있으면 시험 당일날 감독관에게 말한
다.

② 그리고 시험 전날까지는 Photo File Record에 붙일 사진(3X4)을
준비해서 미리 사진을 붙여 놓는다. 시험 장소, 시간을 다시 한번
확인한 후 기재할 사항들을 미리 기재해 놓도록 한다. 그런 다음
Admission Ticket, Photo File Record, 연필과 지우개 등 시험에
필요한 것을 점검한다.

③ 또한 중요한 것은 본인의 신분증을 챙겨 놓는 것이다. 인정되는
신분증은 주민등록증, (유효) 여권, (유효) 운전면허증 이 세 가
지 중 하나만 있으면 되며, 그 외 학생증, 공무원 신분증, 기타 자
격증 등은 절대 불가하다.

④ 시험 당일 시험 장소에는 오선 8 : 30까지 도착하여야 한다. 먼저
시험 고사장 안내문을 통하여 자신의 시험 교실을 확인한다. 입실
전에 사진이 붙은 Photo File Record를 신분증과 함께 감독관에
게 제시하여 확인 받은 후 좌석 번호를 배정받아 그 자리에 앉는
다. 입실 후 시험 시작 전까지는 출입이 통제되므로 입실 전에 필
요한 용무를 다 마치고 입실해야 한다.

⑤ 모든 사람들의 입실이 끝나면 감독관의 주의사항을 들은 후 감독
관의 지시에 따라 답안 작성에 들어간다. 이 때도 등록 때와 마찬
가지로 자신이 등록한 영문 이름 및 그 외 사항들을 정확히 표기

해야 한다. 그리고 답안지에 모든 사인은 자신의 영문 이름을 그대로 쓰도록 한다(예 : 올바른 씨의 경우 OL BA REUN 이라고 쓰면 된다).

⑥ 답안 작성시 3군데까지는 추가 비용 없이 본인이 지원하는 대학이나 기관에 Score Report를 할 수 있다. 이를 위해서는 시험 전날까지는 본인이 지원하고자 하는 곳의 Institution Code와 Department Code를 TOEFL 안내책자를 통하여 확인한 후 메모하였다가 답안 작성시 표기한다. 그 외 답안 작성시 의문 사항은 그때그때 감독관에게 문의하도록 한다.

● 시험이 끝난 후

① 성적 통보는 6주 정도 걸린다. 경우에 따라서는 더 걸릴 수도 있으나 보통 6주가 지나도 성적이 안 오면 발송 여부를 확인하도록 한다. 또한 등록 번호가 적혀 있는 표를 분실하여, 시험을 본 후 성적 통지서를 받기 전에 등록 번호를 알아야 할 필요가 있을 경우에도 안내 전화를 통하여 확인할 수 있다.

② 만약 성적을 추가로 미국 대학이나 기관에 보낼 경우에는 TOEFL 안내책자에 있는 Score Report Request Form을 작성하여 팩스나 우편으로 보내면 된다.

③ 시험을 보고 5주 후면 전화로(1-609-771-7267) 성적 확인 및 각 대학이나 기관에 Score Report도 가능하다. 서비스 가능 시간은 우리 시각으로 밤 10시~오전 8시까지이다.

④ 기타 자세한 사항은 TOEFL 안내책자나 웹 사이트에서 알아본다.

3. TOEFL과 같이 치르는 작문 및 회화 시험들

TOEFL이라는 시험 자체는 말하기와 작문 시험이 포함되어 있지 않으므로 이에 대한 것은 별도로 TSE(Test of Spoken English)와 TWE(Test of Written English)라는 형식의 시험으로 측정되고 있다.

● TWE(Test of Written English)

2월, 5월, 8월, 9월 또는 10월에 TOEFL 시험을 치르는 사람은 의무적으로 에세이(작문) 능력을 측정하는 TWE 시험을 치르도록 되어 있으므로 시험일자를 잘 선정해야 한다. 이 시험에서는 일정한 주제를 부여하고 이에 대해 200~300자 정도의 에세이를 쓰게 하는데 시험시간은 30분이다. 성적은 1~6점까지로 나오게 된다. 일부 대학원들에서는 지원자들에게 TOEFL 성적과 함께 TWE 성적을 제출하도록 요구하고 있는 경우도 많으므로 참고하기 바란다.

● TSE(Test of Spoken English)

TSE는 연중 12회 실시되는 구어 시험으로서 주어진 질문에 말로서 답하면 되는데, 특히 대학원 과정 응시지기 조교 장학금(T/A : Teaching Assistantship)을 신청할 경우에 요구되는 시험이다. 회화(Speaking) 능력을 측정하는 TOEFL이 시행되는 달에 선택하여 매월 치를 수 있으며 영어로 말을 할 때 유창함 정도를 측정하는 시험으로 발음, 문법, 유창함 정도 등 세 부분을 측정한다. 점수는 0~300점으로 구성된다.

① 신청 방법은 직접 방문 등록이든 우편 등록이든 TOEFL과 동일한 방법으로 이루어진다. 등록 비용은 A-type test, P-type test 모두

$125이다. 비용 지불도 TOEFL과 같은 방법으로 하면 된다. TSE
는 A와 P로 구분되나 시험 내용 및 비용 등 모든 것이 동일하다.
A와 P의 구분은 직업 군에 따른 구분일 뿐이다(예 : 학생일 경우
에는 A로 구분되고, 영어와 관련된 직업을 가진 사람은 P로 구분
된다).

② 시험 장소는 서울(건국대, 경희대, 한양대)과 부산(경성대) 등 4
곳이며, 만약 TOEFL과 같이 보려면 장소를 같게 등록해야 한다.
시험 시작 시간은 오후 12 : 30, 1 : 30, 2 : 30이 있으며, 시험 시작
시간은 등록 순서에 따라 정해진다.

③ 그 외 TOEFL/TSE에 관한 자세한 내용은 TOEFL 안내책자 또는
웹 사이트를 통하여 참고하기 바란다.

제 2 장 국내 MBA와 미국 MBA

1

국내 MBA와 미국 MBA

1. 지식 기반 경쟁 시대의 경영 교육

아시아 국가들의 외환 붕괴로부터 시작된 우리나라의 IMF 위기는 우리 기업이 앞으로 글로벌 스탠더드에 준한 투명성을 띤 경영을 통해 국제 경쟁력을 갖추지 않으면 안되게끔 만들고 있다. 이제까지 값싼 노동력과 대량 생산, 그리고 일사불란한 명령체계를 바탕으로 값싼 제품을 무기로 했던 한국의 경쟁 우위 방식은 이제 그 한게가 명백해졌고, 앞으로는 과감한 기술혁신과 정보통신 기술의 활용, 그리고 전략적 사고에 의한 지식경영을 통하지 않고는 경쟁력을 확보하기 어렵게 된 것이다. 이에 따라 새로운 경영 기법과 글로벌 시각을 갖출 수 있는 MBA 교육이 새삼 주목을 받고 있다.

미국에서 시작된 MBA 과정은 어느 정도의 직장 경력이 있거나 소수의 경우에 대학을 막 졸업한 경영자 지망생들에게 기업경영에 반드시 필요한 경영학 이론과 실무를 익힐 수 있는 사례연구 등을 가르쳐 장차 글로벌 경영 환경 속에서 기업을 이끌어 갈 수 있는 경영자들을 양성하는 것이 주목적이다. 우리나라의 경우도 지난 10여년 동안 미국 MBA 학위를 취득한 사람이 이미 수백 명에 이르며, 이들 대부분이 외국계 기업이나 한국의 유수한 기업에서 능력에 상응하는 대우를 받으며 직장 생활을 하고 있다.

IMF 이후 기업 구조 조정 여파로 인해 자신의 시장 가치를 높이기 위한 MBA 지망생들이 급증하고 있다. 하지만 유학을 가고 싶어도 환율변동으로 엄청나게 비싸진 미국 경영대학원의 학비를 감당하기가 어려워졌다. 게다가 기업의 입장에서는 우수한 직원들을 오랜 기간 동안 외국에 유학을 보낸다는 것이 더욱 부담스러워져 기업차원의 유학 연수도 줄어들고 있다.

반면에 지금이야말로 MBA 과정을 통해 보다 능력 있는 경영자가 되기 위한 노력을 해야 한다는 논리도 설득력있게 펼쳐지고 있다. IMF나 IBRD 등과 같은 국제 금융 기구에서 우리나라와 기업들에게 요구하는 것이 수익성을 바탕으로 하는 객관적인 투자 의사 결정과 경영상에서의 투명성 등으로 요약될 수 있는데, MBA 교육이 학생들에게 가르치는 이론이나 실제 문제 등이 바로 이러한 기본적인 철학 위에서 이루어지기 때문이다. 따라서 IMF 이후의 글로벌 경영 환경에서 발전할 수 있기 위해서는 현재 어렵더라도 필요한 경영 교육을 받아야 한다는 것이다.

그렇다면 서로 상충되는 경제적 · 현실적 문제와 선진 경영학 공부의 필요성을 모두 수용할 수 있는 방안은 우리 대학에서 제대로 된 국제 수준의 경영 교육을 시키는 길이다. 불행하게도 이제까지 우리 대학의 경영 교육은 미국 MBA 과정과 같이 전문 경영자를 위한 실무적이면서 깊이 있는 프로그램을 제공해 주지 못했던 것이 사실이다. 대부분의 대학들이 학사과정 중심으로 이론적인 경영 교육에 치중하여 왔으며, 직장인을 대상으로 한 경영학 석사과정도 미국식 MBA에 비해 교육의 깊이나 현실 응용력 면에서 미흡한 점이 많았다. 특히 산업 현실에서 요구하는 분석적 능력과 팀워크, 리더십, 그리고 현장에 대한 이해 등 교육 니즈(Needs)를 반영한 경영 교육은 찾아보기 힘든 것이 사실이었다. 다시 말하면 글로벌 경영 역량을 갖춘 경영자 교육이 제대로 이루어지지 못했기 때문에 우리 기업의 국제 경쟁력이 떨어지게 되었고, 결과적으로 지금과 같은 IMF 시대를 맞게 되었다고 할 수 있다.

하지만 2~3년 전부터 이러한 인식을 가진 몇몇 국내 대학들이 미국의 경영대학원에서 제공하는 MBA 과정과 유사한 프로그램을 제공하기 시작하고 있다. 야간 강의(Part Time)가 아닌 주간 강의만을 하는 전일제(Full Time) MBA 과정을 95년부터 한국과학기술원(KAIST)의 테크노 경영대학원과 98년부터는 연세대학교와 성균관대학교에서 각각 운영하고 있다. 특히 KAIST의 경우, 99학년부터는 대기업 파견직원 위주에서 일반인에게도 입학의 문호가 열린다는 점에서 성균관대학교와 함께 본격적인 전일제 MBA 과정 시대를 이끌고 있다. 또한 98학년도 2학기부터 연세대학교의 경우는 모든 강의를 영어로만 하는 글로벌 MBA 과정을 신설하여 운영하기 시작했다. 따라서 미국과 우리나라 경영대학원의 교육과정에 대한 비교·분석을 통해 미래 경영자 지망생들에게 유용한 자료를 제공하고자 한다.

98년 10월 21일자 《Business Week》는 미국의 경영대학원에 대한 특집에서, 미국의 MBA 과정에 대하여 각 전공별로 그리고 종합적으로 그 순위를 조사하여 발표하고 있다. 여기서 《Business Week》는 미국의 최고 수준의 MBA 과정이 갖는 특징을 밝히는 기획기사를 실어 양국간의 교육과정 비교·분석을 가능케 하였다.

미국의 명문 MBA 과정의 특징 중 우선적으로 꼽을 수 있는 것은 거의 모든 경영대학원들이 기술과 창업에 관한 과정이나 프로그램에 심혈을 기울이고 있다는 것이다. 그러한 예로서 《Business Week》는 첫째, 96년에 시작된 MIT 슬론의 〈Entrepreneurship Center〉, 캘리포니아 버클리 대학의 〈Trends in Technology〉의 개설, 그리고 워튼 스쿨의 〈Technology Innovation과 ITSE(Information Systems, Technology, Strategy and Economics)〉의 두 개의 전공의 신설을 들고 있다.

둘째, 기업체의 인력 채용 담당자들이 원하는 MBA의 자격으로 핵심적인 분석능력과 팀워크를 꼽고 있으며, 이를 반영하여 많은 명문 경영대학원들이 이 두 가지에 교육의 비중을 두고 있다.

셋째, 필수과목 이외에 많은 선택과목을 제공하여 학생들에게 보다 나은 선택권을 주고 있다.

넷째, 동문과 재학생의 유기적 관계를 위한 네트워크 구축과 각종 이벤트를 경영대학원이 마련한다.

다섯째, 수업 시간에 활발한 발표와 토론이 강조되고, 강의실 밖에서의 현장 실습의 기회를 제공한다.

여섯째, 국제화의 노력으로 외국인의 입학 비율을 높여서 학생들에게 다양한 문화에 대한 국제적인 감각을 익히게 한다.

● 미국과 국내 MBA 프로그램의 비교

	미국 MBA	국내 MBA
학비 (1달러에 1,300원 기준)	연간 2천만 원에서 3천만 원	연간 700만 원에서 1천만 원
교육 기간	21개월(3개월 여름방학 포함)	24개월 (겨울, 여름학기 포함)
일반 MBA	대부분이 전통적인 MBA	연세대 글로벌 MBA 및 성균관대 MBA, KAIST 테크노 MBA－창업에 관한 강조
특수 MBA-기술정보, 경영정보	Technology Innovation Entrepreneurship, Information Systems Placement & Alumni Office	KAIST 테크노 MBA－통신경영, 금융공학, 환경 MBA, 아주대 통신 MBA 등
졸업생 연계	동문들과의 네트워크 구축	동창회 및 대기업 임원 및 간부사원의 동문
교수진	다국적 전문 인력	주로 내국인과 일부 외국인 교수
국제화	외국인 비율 증가	해외 연수와 교환 학생 제도
현장 실습	서머 인턴십	기업체 파견 경영컨설팅 실습
기타 활동	자발적인 리더십 활동 강조	관심분야 연구회 등

※ KAIST 테크노 경영대학원, 연세대학교 글로벌 MBA, 성균관대학교 MBA의 자료를 바탕으로 함.

이상과 같이 특징을 비교해 볼 때, 국내 MBA 과정이 결코 미국 MBA 보다 뒤진다고 볼 수는 없다. 다만, 미국 유학에서 획득할 수 있는 영어 능력 향상에 대한 국내 경영대학원의 상당한 노력이 요구된다.

바로 그런 이유에서 연세대학교는 모든 강의를 영어로만 하는 MBA 과정을 신설하였으며, 첫 신입생 모집에 3:1의 높은 경쟁률을 보였다. 또한, KAIST 테크노 경영대학원의 경우는 미국인 초빙교수와 전임강사가 담당하는 Global Leadership 프로그램을 영어로 진행하여 좋은 반응을 얻고 있다. 특히 방학을 이용하여 Simulated Global Environment를 조성하여 영어로만 의사소통을 하고, 외국인과 더불어 실제 사업 관련 실습을 하는 Summer Immersion Program은 새로운 대안으로 좋은 평가를 받고 있다. 그밖에도 많은 국내 경영대학원에서 한 학기에 한 과목 정도를 영어로 진행하는 추세이다.

한편, 국내 경영대학원이 최고 경영자 과정 등을 운영함으로써 국내 기업체에 대한 졸업생들의 진출에 다리 역할을 해줄 수 있다는 점을 고려하면, 몇몇 미국 최고의 명문을 제외한 대다수의 MBA 취득자들이 혼자서 취업의 기회를 찾아나서는 것보다는 유리할 수도 있다. 그러므로 앞으로는 학비와 생활비 그리고 학업에 따른 기회비용을 모두 고려하여 미국식 교육과정을 제공하는 국내의 MBA 과정을 비교·분석해 볼 가치가 있다.

물론 국내 경영대학원들도 우리 산업체의 경쟁력을 높일 수 있는 국제 수준의 MBA 교육 프로그램의 도입 운영에 대해 진지하게 고려해야 한다. 이제까지 상아탑 속에서 진행된 전통적인 경영학 교육에서 벗어나 빠른 기업 환경의 변화에 선응적으로 대처할 수 있는 현실 경영 기술과 통합적인 사고 능력, 팀워크와 리더십 역량, 그리고 새로운 경영 패러다임을 강조하는 MBA 교육이 절대적으로 필요하다. 만일 우리 대학이 이러한 수요에 민첩하게 대응하지 못하면, 이미 글로벌화 하고 있는 미국 및 유럽의 경영대학원의 국내 침투는 시간 문제일 뿐이다.

이미 홍콩 과학기술대학원이나 태국의 사신 경영대학원에서는 미국의 켈로그 경영대학원과 워튼 경영대학원에 의해 MBA 과정이 운영되고 있고, 미국의 탬플 대학과 캐나다의 McGill 대학은 최고 경영자를 위한 MBA를 일본 도쿄에서 운영하고 있다. 유럽 연합은 중국 상하이 대학과 공동으로 MBA 과정을 운영하고 있으며, 프랑스의 INSEAD는 2000년부터 싱가포르에서 경영대학원을 개설할 예정으로 있다. 따라서 지금 우리 경영대학원이 이러한 환경 변화를 적극적으로 수용하여 외국 유수 대학과 전략적 제휴를 맺고 또 새로운 경영 교육을 제공하지 못하면 우리나라가 IMF를 벗어나는 시점이 그만큼 늦어지지 않을까 우려되며, 나아가 21세기 지식 기반 산업의 발전과 국제화된 기업체의 등장은 요원한 애기가 될 것이다.

2

미국 MBA와 KAIST 테크노 MBA 커리큘럼 비교

1. 미국 MBA 교과과정

미국 유수 대학(하버드, MIT, 스탠퍼드, 워튼)의 커리큘럼에 대한 벤처마킹(Benchmarking) 결과를 요약하면 다음과 같다.

- 입학 이전부터 준비 프로그램을 운영하여 입학생들에게 부족한 경제학, 통계 및 계량, 컴퓨터 기술 등 기초 지식의 강의와 오리엔테이션을 겸하고, 또 팀을 구성해서 리더십에 대한 체험 학습 기회와 개인적인 네트워크 형성 기회를 제공해 주고 있다.

- 경영자로서 갖추어야 할 기초 지식과 역량으로서 공통적으로 경제학, 회계학, 계량 분석 및 조직 형태적 지식과 의사 소통 능력, 전략적 사고 역량을 강조하고 있다.

- 리더십과 팀 관리 능력, 기업윤리와 사회적 책임을 체득하기 위해 관련 이론의 이해뿐 아니라 실습과 프로젝트 등을 통해 체험 학습(Action Learning)을 할 수 있도록 커리큘럼을 운영하고 있다

- 입학시부터 졸업 후 진로에 대해 상담해 주고, 스스로 자신의 경력

을 설계할 수 있도록 관련 교과목 이수를 권장하고 있으며, 다양한 경력별 교과목 이수 과정(Track)을 준비해 놓고 있다.

- 국제적인 사업 안목과 이문화에 대한 이해를 통해 글로벌 매니저로서의 소양을 갖추도록 강의와 Cross-Cultural Team 활동, 해외 연수 등을 강조하고 있다.

- 정보기술의 활용을 통한 새로운 경영 방식, 경영 패러다임을 강조하고 있다.

- 경영 각 분야에 대한 이론적인 지식 뿐 아니라 현실 사례에 대한 철저한 분석을 통해 현장지식을 강조하고 있다.

- 경영 각론 뿐 아니라 이를 통합하는 Cross-Functional Course를 개발 운영하고 있으며, 주로 여러 전공 분야의 교수들의 Team Teaching을 통해 강의하고 있다.

- 참고로 이들 대학의 기초 과목에 대한 소개는 다음의 도표와 같다.

	Harvard	MIT	Stanford	Wharton
Foundations and Core Subjects	Business Simulation, Quantitative Methods, Business History, Leadership, Values and Decision Making, Career Development, Corporate Responsibility, Economics of market, Personal, Financial, Reporting and Control, Leadership and OB, Marketing, TOM Business, Government, and	Organizational Processes, Economic Analysis for Business Decisions, Data, Models and Decisions, Accounting, Communication and Strategic Management	Financial Accounting, Managerial Accounting, Managerial Economics, Information Economics, Finance, Organization Design, Human Resource Management, Marketing, Management of Non-market Environments, Organizational Behavior, Managing Through Mutual Agreement,	Financial Accounting, Fundamentals of Managerial Accounting, Financial Analysis, Macroeconomic Analysis and Public Policy, Business Environment, Managerial Economics, Management of People, Foundation of leadership and Teamwork, Field Application Project, Competitive

	Harvard	MIT	Stanford	Wharton
Foundations and Core Subjects	The International Economy, Competition and Strategy, Finance, General Management, Negotiation		Strategic Management, Information System and Technology, Operations, Data and Decisions	Strategy, Global Strategic Management, Marketing Management Strategy, Management Science, Operation Management, Statistical Analysis for Management

2. 테크노 MBA 교과과정

테크노 경영전공의 교과과정은 글로벌 관점에서 기술과 경영을 접목한 새로운 개념의 2년 전일제 MBA 학위과정으로 운영된다. 교육내용은 MBA로서 기본적인 소양과 지식을 갖추는 전공기초 필수과목, 글로벌 시각과 이문화 체험 학습을 제공하는 글로벌 경영 교과목, 기술생산, 벤처 마케팅, 재무, 정보통신 등 5개 집중 분야의 필수과목, 그리고 각 주요 경영 분야별 교과목과 통합 교과목으로 구성되어 있다.

🔵 테크노 MBA에서는

- 전통적인 MBA에 비해 정보기술을 기반으로 한 새로운 경영 방식과 새로운 기술에 의해 탄생하는 신흥 사업(Emerging Business)에 대한 지식과 경험을 강조한다.

- 실용성과 현장 적용성을 강조하며, 이론과 응용 사례의 균형있는 교육을 추구한다.

- 기능별로 구성된 경영 교과목과는 별도로 여러 분야의 교수들이 Team Teaching에 참여하는 통합(Cross-functional)된 교과목을 개발·개설하여 기존 경영 교육과 차별화 한다.

- 여름방학 동안 국내 혹은 외국의 주요 대학에서 Global Business Practice나 Cross-cultural Experience를 학습하는 프로그램에 참여한다.

- 관심있는 경영 이슈에 대한 심층적인 문제 해결을 위해 논문을 작성한다.

- 팀워크 훈련 및 심층적인 경영분석 실습을 위한 팀 단위의 경영자문 프로젝트에 참여한다.

🔵 교과목 구성 내용과 이수 요건

교과 구성 내용

- 공통 기초과목 (Core Course)
테크노 MBA의 공통 기초과목으로서 경영통계분석을 이수한다.

- 글로벌 과목 (Globalization Courses)
글로벌 시각과 이문화 체험 학습을 제공하는 글로벌 경영 과목으로서 이문화 관리, 국제화 실습을 필수과목으로 이수해야 하며, 그밖에 글로벌 지정 교과목을 일정 학점 이상을 이수하는 경우 Globalization Certificate를 수여한다

- 전공 필수과목 (Required Courses)

MBA로서 기본적인 소양과 지식을 갖추기 위해 필요로 하며, 리더십과 조직 관리, 재무회계, 정보기술과 경영, 계량분석, 기업활동과 경제 환경의 5과목 중 4개를 선택 이수해야 하며, 경영 자문실습과 연구방법 과목도 필수적으로 이수해야 한다.

- 집중 분야 필수과목 (Track Core Courses)

벤처, 기술생산, 마케팅, 정보통신, 재무 등 5개 집중 분야의 필수과목으로서 각 집중 분야의 핵심 과목 4개 이상을 이수토록 하였다.

- 주요 경영 분야별 교과목

경영학 각 분야별 주요 과목으로서 관심 분야에 따라 자유롭게 선택할 수 있다.

- 통합 교과목

여러 분야의 지식과 경험을 통합하여 종합적인 의사결정을 할 수 있도록 설계된 교과목으로서 Business Game, 신상품 경영, 전략 경영 등의 교과목이 준비되어 있으며, 관심 분야에 따라 선택하여 이수할 수 있다.

이수 요건

졸업논문 6학점을 포함하여 총 51학점을 이수해야 하며, 이중 기초

필수 3학점, 전공 필수 15학점, 글로벌 과목 6학점, 집중 분야 필수과
목 11학점 이상을 반드시 포함해야 한다.

● 테크노 MBA 교과과정 전체 Framework

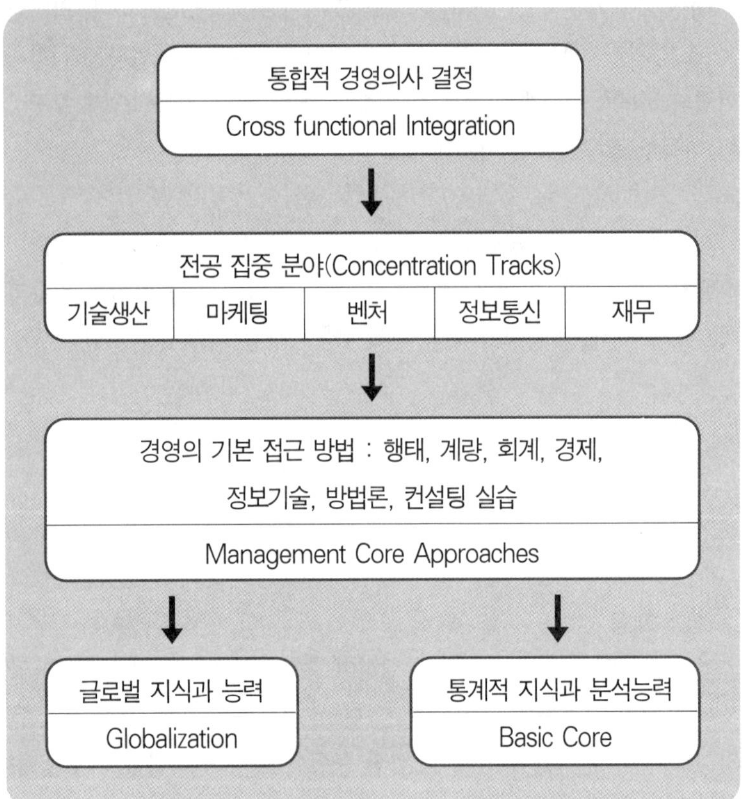

● 테크노 경영 전공 교과과정과 집중 분야

테크노 경영 전공은 테크노 경영대학원의 기본이 되는 MBA 프로그램으로, 경영 전반에 걸친 종합적이고 체계적인 교과과정을 학습하며, 아울러 각자의 관심 분야에 따라 5개의 집중 분야(Track) 중 하나를 선택해서, 특정 분야의 전문성을 심화하도록 설계되어 있다.

- 기술 생산경영 (TOM : Technology and Operations Management) 분야

TOM은 기술혁신과 생산능력을 통합·분석하며, 기업가치 극대화를 위한 전략 및 경영의 이론과 실제를 연구·발전시키고자 마련되었다. 구체적인 연구 내용은 기술혁신과 기업전략·기술전략 수립 및 실행, 기업의 혁신역량 개발, 연구관리 등의 기술경영 주제와 생산전략, 생산조직의 설계와 운영, 품질경영, 생산혁신 전략과 생산 네트워크 경영 전략(Supply Chain Management) 등과 같은 생산경영 주제, 그리고 이들을 통합하기 위한 연구분야를 모두 포함한다.

- 마케팅 (Marketing) 분야

99년부터 일반 경영학 석사과정에 개설될 분야로, 마케팅 전문가로서 갖추어야 할 지식과 실천능력을 교육하며, 득히 세량석 분석방법과 사례연구를 집중 훈련하여 데이터를 객관적으로 이해하는 능력을 훈련하고, 마케팅 교육에 정보 시스템과 디자인 경영의 교육을 접목하여 현대 사회가 요구하는 마케팅 경영자를 양성하는 것이 그 목표라고 할 수 있다.

- 벤처 경영 (Venture Management) 분야

기업가 정신(Entrepreneurship) 및 벤처 경영을 바탕으로 향후 벤처 기업가나 대기업의 선도적인 경영자, 벤처 자본가가 되기를 희망하는 사람들을 대상으로 하는 분야이다. 경영 제반 분야에 대한 학습을 한 후, 이를 바탕으로 기업가 정신과 창업, 벤처 캐피탈, 기술경영 및 전략, 벤처 마케팅 등 벤처 경영에 직결되는 교과목을 다루게 된다. 각 영역별로 각계의 전문가들을 강사진으로 적극 참여시켜 지식교육과 실습이 균형을 이룰 수 있도록 하고, 아울러 방학중에는 벤처 기업에서의 인턴십 프로그램이나 해외 연수가 있을 예정이며, 사업계획서 작성 등의 논문연구도 수행할 계획이다.

- 정보통신 (Information Technology) 분야

정보통신 분야는 경영분석 능력과 정보통신 기술을 겸비한 정보통신 분야의 경영자를 양성하기 위한 교육과정이며, 정보 및 지식사회를 선도할 경영자로서 갖추어야 할 컴퓨터 및 정보통신 기술과 이를 정보통신 관련 분야의 경영에 전략적으로 활용할 수 있는 응용 능력을 배양한다. 경영정보 분야로는 정보시스템 관리, 정보시스템 분석 설계, 데이터베이스 시스템, 경영정보 사례연구 등의 과목을, 통신경영 분야로는 정보통신 시스템, 통신 경제학, 통신 경영분석, 통신 사업전략 및 사례연구 등의 과목을 개설한다.

- 재무관리 (Finance) 분야

재무관리 분야는 기업 또는 금융기관의 재무 전문가 양성을 위한 교육 과정이며, 경영 제반 분야에 대한 기초지식을 토대로, 미래의 최고 재무 관리자로 성장하는 데에 필요한 기본 자질을 갖출 수 있도록 교육한다. 국내 금융시장뿐 아니라 국제 금융시장에 대해 폭넓게 이해할 수 있도록 교육하며, 선진 금융기법을 알고 이를 실제 문제에 적용할 수 있는 능력의 배양을 위하여 여러 사례 분석을 다룬다.

● 특별 교과과정

통합 교과목 (Cross-Functional Course)과 Team Teaching

- Business Game

경영의 각 분야에 대한 지식과 현장사례 분석능력을 토대로 1학기 동안 Simulated Business 상황에서 팀별로 다양한 전략적 의사 결정과 경영 교섭, 팀 경영을 경험하고 학습할 수 있도록 설계된 과목이다. 매 강의 시간에 내린 전략 결정이 그 다음 경영 상황과 성과를 유도하는 방식으로 1학기 동안 진행되는 본 과목은 게임을 진행하는 과정을 통해 그동안 배운 경영 지식을 스스로 적용하는 능력을 구체화하는데 아주 효과적이다.

- 신상품 경영

마케팅, 조직 · 전략, 생산경영, 기술경영 등 여러 분야의 교수들이 함께 강의하며, 학생들은 5~6명이 한 팀을 구성하여 신제품 개발 성공 사례분석과 새로운 신제품 개발 사업계획서를 제출한다. 기업의 신제품 개발과정을 다각적으로 분석히고, 여러 관련 교과목에서 학습한 내용을 종합하는 과정이다.

경영 자문 실습 (Business Consulting Practice)

- 팀 워크에 의한 현실문제 실무경험 배양

5~6명이 한 팀을 구성하여 특정 기업 또는 특정 분야 · 주제를 대상으로 심층, 분석한다. 기술 경영전공의 기본 정신인 기술과 경영을 이해하는 전문가로 발전하기 위해 스스로 현실 경영 문제를 진단하여 문

제를 정의하고 해결책을 찾아내어 실행하는 과정까지를 자문할 수 있
는 능력을 배양한다.

국제화 실습 (Global Immersion Practice)

국내 혹은 해외 유수 대학에서 Global Business Practice나 Cross-Cultural Management Issue 등에 대한 경험 학습 프로그램이다. 그동안 미국 카네기 멜론 대학 등에서 5주간 해외 연수를 해 왔으며, 국제 비즈니스 환경하에서 언어, 문화, 경영 프로세스나 스타일 등의 차이에 대한 이해와 커뮤니케이션, 협상과정, 프레젠테이션 등을 실제 연습하고 경험함으로써 글로벌 경영자로서의 기본적인 지식과 능력을 배양하는데 초점을 두었다.

관심 분야 연구회

교과과정을 통해 얻은 이론적 지식을 바탕으로 현실적으로 중요성을 갖는 실질 문제 중심의 연구 방향을 심도 깊게 추구하기 위한 관심 있는 학생들의 자치적 연구회이다. 필요에 따라 지도교수의 도움을 받으며 대학원의 지원을 받는다. 현재 CALS 연구회, 국제 경영 연구회 등의 관심 분야 연구회가 결성되어 있다.

3

KAIST MBA 과정의 장점

1. KAIST MBA 과정은 국내 최초의 본격적인 MBA 과정

그동안 국내 경영대학원은 주로 야간과정이나 아니면 대학의 석사과정에서 경영학 석사 프로그램을 제공하여 왔다. 2년 전일제로 주간에 학습하는 본격적인 MBA 과정은 KAIST가 국내에서는 처음으로 96년부터 설치 운영하여 왔다. 그후 연세대학교의 글로벌 MBA 과정, 성균관대학교의 주간 MBA 과정이 99년부터 설치되었고, 현재 서강대학교와 고려대학교에서도 설치를 검토하고 있다.

물론 전일제 MBA 과정에 여러가지 정의가 있겠지만, KAIST에서는 탄탄한 이론적 바탕 위에 많은 국내외 사례연구 분석과 토론식 수업, 팀 프로젝트의 수행, 정보 기술을 통한 On-line 토론 등을 포함한 새로운 강의방식을 채택하고 있다. 더군다나 기업의 현실 문제를 직접 진단하고 처방을 찾는 경영자문 실습 등의 경험을 통한 학습을 강조하고 있어 단순한 강의 위주의 기존 MBA 과정과는 상당한 차이가 있다.

2. KAIST에서는 99년부터 일반 MBA 과정도 개설

KAIST MBA 과정은 그동안 5개의 MBA 과정들로 특화하여 운영하여 왔다. 그러나 99년 신입생 선발부터 5개 과정중 테크노 MBA 과정을 KAIST의 대표적인 "일반 MBA 과정"으로 확대 개편하였다.

테크노 MBA 과정은 기존의 기술과 경영의 접목이라는 기본정신은 그대로 유지하지만, 기술·생산경영뿐 아니라, 마케팅, 재무, 정보통신, 벤처 경영 등 개인의 향후 진로 방향에 따라 다양한 집중 분야도 이수할 수 있도록 하였다.

기존의 MIS-MBA, Telecom-MBA, Financial Engineering-MBA 및 Green MBA 과정과의 차이점은 특수 MBA의 경우 각자 특수분야의 전문가가 되는데 도움이 되는 교과목을 보다 많이 포함하고 있는데 반해, 테크노 MBA의 경우 경영자로서 관심 분야의 전문지식을 좀더 보완하는데 초점을 두고 있다. 이와 같이 일반 MBA와 특수 MBA 프로그램으로 이원화하는 이유는 앞으로 자비학생의 확대를 대비하여, 경력 진로를 좀더 전문화함으로써 차별화를 기하려는 것이다.

3. 미국 경영 대학들의 프로그램 개편 방향

이와 같이 차별화 하는 것은 미국에서도 앞서가는 경영대학원에서 추구하고 있는 프로그램 구조와 체제를 같이 하는 것이다.

미국의 경우 지금까지의 일반 경영관리 위주의 교과목으로는 한계가 있다고 판단하여, 하버드·MIT 슬론·워튼 등의 톱 비즈니스 스쿨들에서도 정보통신 기술(IT)의 활용을 기본으로 하고 그 위에 경영 교육을 하는 체제로 바꾸는 노력을 하고 있다.

최근 미국에서는 전통적인 MBA와 별도로 테크노 MBA 프로그램에 대한 순위를 매겨 발표하기도 한다. 테크노 경영대학원은 정보통신 경영이나 기술 경영, 벤처 경영 분야 등에서는 세계적인 수준에 달해 있어 21세기형 경영 프로그램을 제공하는데 유리한 입장에 있다.

4. 미국 MBA 과정은 일류 대학에서 이수해야 한다

외국의 MBA 과정을 이수하려면 상위수준에 있는 학교를 택하여야 할 것이다. 미국의 경우 무수히 많은 MBA 과정이 있지만, 2~3류의 MBA 과정들은 투입되는 노력, 시간과 경비에 비해 얻을 것이 많지 않다. 영어나 좀 배울 수 있지 않을까?

국내 기업들이 외국 MBA 출신을 영입하려고 할 때는 그야말로 일류 대학 출신을 대상으로 한다. 잘 알려지지 않은 대학의 MBA 과정은 실제 교과내용이나 교육방식에서 별로 도움이 되지 못하기 때문이다. 오히려 국내 KAIST MBA는 미국의 최상위급 경영대학원과 비교될 수 있는 수준에 있다.

아시아권에서 잘 알려진 홍콩 과기대, 싱가폴 국립대의 경영대학들은(영어권이기에 상대적으로 더 알려져 있음) 주로 학사과정 위주이며, MBA 과정은 비교 대상이 되지 못한다. 오히려 이들 대학은 미국의 유수 경영대학의 도움을 빌어 MBA 프로그램을 운영하고 있는 실정이다.

5. 미국 MBA 과정의 비용은 큰 부담이 된다

미국의 일류 대학은 입학이 어려울 뿐 아니라, 철저한 수익에 입각해서 운영을 하기 때문에 학비 및 부대경비가 엄청나다. 특히 동양권 학생들을 대상으로 사업을 하는 학교들이 많다. 심지어는 MBA 학위 자체를 목적으로 1년 과정, 또한 정규 MBA가 아닌 Executive MBA 과정을 여러 형태로 각색을 해서 제공하고 있기도 하다. 다 그런 것은 아니지만 내용보다는 학위 자체에 의미를 두는 과정들은 주의하여야 한다.

KAIST MBA는 외국 대학에 비해 1/3 내지 1/4 수준의 학비가 소요된다. 생활비 등 부대경비를 감안하면 더욱 차이가 난다. KAIST MBA는 연간 1,000만 원의 납입금을 부과한다. 물론 국내의 타 대학에 비해서는 높은 수준이지만, KAIST에서는 연간 봄학기와 가을학기만 강의하지 않고, 여름학기(1/2학기), 겨울학기(1/2학기)에도 정식으로 과목이 개설된다. 특히 Business English, Business Presentation, Negotiation, Global Immersion Program 교육과 경영 자문 실습 등의 프로젝트를 수행함으로써 실제로 연간 3학기 분을 개설하는 것을 감안하면 오히려 타 대학들보다 저렴한 수준이라 볼 수 있다.

6. 미국 MBA 과정은 일반 경영관리에 치중한다

미국의 MBA 과정은 주로 일반관리자 양성을 염두에 두고 있다. 그러나 앞으로 경영관리는 경영을 전공하더라도 관련 분야에 대해서 어느 정도 기술에 대한 감각을 갖는 것이 꼭 필요하다.

다시 말하면 소위 총론과 각론이 모두 갖추어진 T자형 인력이 되어야 한다는 것이다. 재무·금융 분야라 하더라도, 이제는 일반 재무관리 뿐 아니라 선물, 파생상품, 위험관리 등의 기술적 지식이 필요한 분야에 대해서도 파악하고 있어야 한다. 미국의 유수한 대학들도 이러한 방향으로 개편을 계획하고 있지만, 적어도 상당한 준비기간이 필요하리라 여겨진다. MIT 슬론, 카네기 멜론, 퍼듀 등 공과대학과 연계되어 있는 경영대학들이 비교적 빨리 개편이 되어가고 있다. 그러나 KAIST MBA는 시작부터 이러한 패러다임으로 출발하였다.

7. 영어 실력을 갖춘 후 미국 MBA 과정을 밟아야 한다

일반적으로 많은 사람들이 미국의 경영대학원에 가면 최소한 영어라도 잘 배워오지 않겠느냐고 생각한다. 물론 현지에 가서 공부하면 현지 영어권 학생들과 어울려 지내면서 영어를 체득할 수 있는 기회는 많을 것이다.

그러나 MBA 과정을 다니면서 동시에 영어를 배우겠다는 생각은 상당히 무리가 따른다. 미리 영어 실력, 특히 수업 시간의 토론에 최소한 참여를 할 수 있는 능력을 사전에 갖춘 후에 MBA 과정을 시작하여야 한다. 미국의 MBA 과정은 KAIST와 같이 토론식 위주의 수업과 아울러 그룹 공동 프로젝트 등을 주로 하기 때문이다.

사전에 영어가 어느 정도 준비되어 있지 않으면 영어는 조금씩 발전되겠지만 교과목을 따라가기는 어렵다. 결국 유학의 1차 목적인 경영 분야의 기초 지식을 제대로 학습하지 못하고, 막연한 감만 잡고 지나가게 되는 경우가 많다.

이는 실제로 MBA 과정을 이수하거나 이수 중에 있는 많은 학생들의 경험담이다. 1년을 헤매고 2년차가 되면서 비로소 교과목 이수 준비가 된다고 한다. 물론 사람마다 차이가 있겠지만, MBA 과정을 거치면서 영어를 배우자는 생각은 매우 비효율적인 전략이라 본다. 그렇다고 국내에서 공부하는 것이 영어 학습에 더 효과적이라는 것은 아니다. 다만 유학을 생각한다면 이런 문제점을 사전에 알고 대처하여야 한다는 것이다.

더구나 한국인 학생이 많은 대학으로 유학을 가면 영어 실력을 늘이는데도 별 도움이 되지 않으며, 외국에 10년 이상 거주하여도 자신의 적극적인 노력이 없으면 별 진전이 없는 것 또한 잘 알려진 사실이다. 바로 이러한 점을 감안한 결과, KAIST 테크노 경영대학원에서는 앞으로 미국의 유수한 대학 중에서 협력 파트너를 선택하여 국내에서 영어와 경영에 대한 기초 이론을 공부하고, 해외 대학에서 2년차에 응용과 실습을 하는 Joint Degree Program을 검토하고 있으며, 현재 계획으로는 2000년부터 가능할 것으로 보인다.

8. KAIST MBA 과정에서는 글로벌 경영자(Global Manager)를 추구한다

KAIST MBA에서는 국제 상용어인 영어를 비롯한 이문화 경영 (Cross-Cultural Management), 협상능력, 자기 표현력 향상을 위해 Global Leadership Institute를 설치하여 제반 교육 프로그램을 준비하고 있다.

영어 그 자체에 대한 지식이 중요한 것이 아니고, 영어를 구사하여 제반 의사소통과 발표하는 경험 · 능력이 필요하다는 점을 인식하여, 실생활 환경에서 영어로 의사소통을 학습하는 Global Immersion Program이 여름학기에 운영되고 있다. 이 때는 오로지 외국인(Native Speaker)들과 영어만 사용하며 생활한다.

또한 미국 유수 대학에서 5~6년 교수직을 해 오던 교수들을 중심으로 상당수 과목을 영어로 강의하고 있고, 아예 외국인 교수를 전일제로 초치하여 가능한 Simulated Global Campus를 만들어 가고 있다.

외국 대학과 교환 프로그램을 확대하여 실제로 서울 캠퍼스에서 외국인 학생들과 함께 어울리는 분위기도 만들어 가고 있는 중이다. 이제는 국내 MBA 과정들이 이러한 Post-IMF 시대에 필요한 글로벌 경영자로서의 소양을 심어주지 않으면 안 될 것이다.

이 뿐만 아니라 현지경험의 중요성을 인식하여, 희망자에 대해서는 짧게는 외국 대학에 4~5주 방문 프로그램, 길게는 1~2학기 정규 학기 파견 프로그램(금융공학 MBA 경우)도 운영하고 있다.

현재 카네기 멜론 · UC 어바인 · 일리노이 · RPI(Ransselaer Polytechnic Institute) 대학 등에 학생을 보내고 있다. 99년부터 테크노 경영대학원에서는 MBA 과정을 이수하면서, 별도의 Global Leadership Program을 이수하면 Global Leadership Certificate를 수여한다. 결국 KAIST에서는 첨단 시설을 통해 일상생활화 되어 있는 정보통신 기술의 습득과 MBA 과정을 통한 경영학 교육, Global Leadership Program을 통한 글로벌 경영자 교육 등, '경영 · 영어 · 컴퓨터' 3박자 교육을 모두 제공하는 셈이다.

9. KAIST MBA 졸업생의 취업 전망은 상대적으로 유리하다

금년부터 MBA 과정에 자비학생을 선발하게 되는데, 이들의 졸업 후 취업 전망은 어떠한가?

물론 졸업시의 국내외 경제상황에 따라 다르겠지만, KAIST 졸업생들, 특히 경영 분야 전공 학생들의 취업상황은 아주 예외적인 경우를 제외하고는 전원 취업이 되고 있다. KAIST MBA 출신은 외국 대학 MBA 출신에 비해 4가지 면에서 유리하다.

첫째, KAIST 테크노 경영대학원에서는 MBA 출신자들이 앞으로 대기업은 물론 컨설팅업계와 벤처 창업 등에 많이 진출할 수 있도록 노력하고 있다. 국내 기업들이 국제화되면서 컨설팅 인력의 수요가 급증하고 있으며, 이는 국가 경제의 호황, 불황에 관계없이 나타날 현상이다. KAIST MBA의 교과과정은 컨설팅업계에서 요구하는 내용이 많이 포함되어 있다.

둘째, KAIST MBA 학생들은 국내에 있으며, 국내업체들과 경영자문, 인턴십 등 관계유지는 물론이고, 현재 MBA 과정의 대다수가 국내 대기업의 과·부장급 인력이기 때문에 이들과의 네트워크 구축은 졸업 후 진로에 여러가지 형태로 도움이 되리라 생각된다. 외국 대학 출신자들에게는 이러한 기회가 거의 없다.

셋째, 테크노 경영대학원에서는 이미 그 명성을 날리고 있는 최고 정보 경영자(AIM) 과정, 최고 벤처 경영자(AVM) 과정, 최고 지식 경영자(CKO) 과정에 국내 유수업체들의 최고 경영자들이 참여하고 있으므로 확고한 취업 네트워크를 보유하고 있는 셈이다.

넷째, KAIST MBA 출신자는 경영학 일반을 교육받으면서도 21세기의 주요 전략 분야를 중심으로 심도있는 전문교육(기술, 정보통신, 지식, 벤처, 환경, 금융공학 등)도 병행하여, 총론적 경영 일반 지식과 1~2개 전문 분야에서의 각론적 전문성을 겸비하기 때문에 일반 관리직과는 달리 취업에 있어 매우 유리한 입장에 있게 될 것이다.

바로 이러한 점이 미국 경영대학원의 MBA 과정을 이수하고도 KAIST 테크노 경영대학원에 다시 입학하는 사례에 대한 이유를 설명하여 준다고 할 수 있다. 또한 국내 금융산업이 대변혁을 거치면서 타 대학에서는 배출하지 못하는 금융공학 전문가 확보를 위해 다수의 국내 금융기관들이 KAIST 금융공학 MBA 과정에 참여하고 있는 것도 같은 맥락이라 할 수 있다.

KAIST 테크노 경영대학원은 전공 출신학교에 상관없이 지원할 수 있으며, 지원시 고려하는 것은 입학 직후부터 전개되는 4~5개의 집약적인 교과목을 차질 없이 소화하고, 다른 학생들과 조화를 이룰 수 있는 잠재력이 있는가에 선발기준을 맞추고 있다. 물론 과거 학교성적이나 영어능력(TOEIC 또는 TOEFL) 수준도 고려되지만, 그 외에도 현장 경험 정도와 수준, 인성, 의사 소통능력 등 제반사항을 종합 평가하고 있다. 따라서 서류상의 성적이 평균을 하회하더라도 선발되는 수가 있고 또 반대의 경우도 있을 수 있다.

제3장 톱 비즈니스 스쿨

* AACSB(미국 경영대학회 ; American Assembly of
  Collegiate School of Business)―
  미국의 대표적인 경영 대학 인증기관
* 탑 비즈니스 스쿨 관련 자료에서 누락된 부분은 학교 측에서 공
  식적으로 발표된 자료가 없으므로 각 대학원 웹 사이트를 참고
  하시기 바랍니다.

1

350 Memorial Way, Stanford, CA 94305-5015 ☎ (650) 723-2766

Admissions e-mail : mbaapps@gsb.stanford.edu

Web Site : http://gsb-www.stanford.edu

Electric Application : http://www-gsb.stanford.edu/apply/

Director of Admissions : Dr. Marie Mookini

98~99년 U.S. News and World Report지에서 발표한 MBA 순위 : 1위

❖ 입학데이터

원서신청 마감일 : 3/21

신청비 : $150 (외국 학생)

아래 데이터의 기준 입학 학기 : 98년 가을학기

* 총지원자 : 7,061명

* 합격자 : 474명 (합격률 : 6.7%)

* 최종 등록자 : 364명

* 98년도 평균 GMAT 성적 : 722점

* 98 GMAT 성적 참고사항 : 80%가 650점 이상

* 요구되는 최저 TOEFL 성적 : *

* 98년도 평균 학부성적(4.0 기준) : 3.59/4.0

* 직장 경력 : 100% (평균 직장 경력 4년)

* 입학자 평균 연령 : 26세

❖ 유학비용

학비 (98~99년 풀타임 학생) : $24,990 (외국인 유학생 기준)

기타 비용(기숙사비, 교재비, 기타 비용) : $16,856

❖ 학생구성(98~99년 풀타임 기준)

전체 학생수 : 726명

남자 : 70%

여자 : 30%

소수민족 : 5%

유학생 : 25%

❖ 입학생들의 학부전공 분포

인문사회과학 분야 : 28%

경제학 : 26%

이공계열 : 30%

경영학 : 15%

기타 : 1%

❖ 취업현황

졸업 후 3개월 이내 취업률 : 98.9%

❖ 입학신청서류

입학신청서(Application Form)

학업계획서, 자기소개서

추천서 3부

대학(원) 영문 성적증명서 1부

GMAT 및 TOEFL 성적증명서

에세이 작성시 필히 고려해야 할 사항

A| Each of us has been influenced by the people, events, and situations in our lives. How have these influences shaped who you are today? (Our goal is to get a sense of who you are, rather than what you've done.)

B| Based on your professional experiences to date, what are your short-and long-term goals? Why do you now wish to earn an MBA? What specific aspects of the Stanford MBA Program make it attractive to you? How will this experience help you to achieve your short-and long-term goals?

If there is any other information that is citical for us to know and is not captured elsewhere (e.g, extenuating circumstances affecting academic or work performance), please feel free to attach a separate statement of explanation.

* 에세이를 작성할 때에는 더블 스페이스로 그리고 글자 크기는 10 pt. 이상, 분량 제한은 없으나 약 3~7 page 정도로 답할 것을 요구하고 있다.
* 스탠퍼드의 경우 에세이에 상당한 비중을 두고 있다.

2

Soldiers Field, Boston, MA 02163 ☎ (617) 495-6127

Admissions e-mail : admissions@hbs.edu

Web Site : http://www.hbs.edu

Electric Application : http://www.hbs.edu/mba/admissions

Director of Admissions : James Millar

98~99년 U.S. News and World Report지에서 발표한 MBA 순위 : 2위

❖ 입학데이터

원서신청 마감일 : 4/5

신청비 : $160

아래 데이터의 기준 입학 학기 : 98년 가을학기

＊총지원자 : 8,061명

＊합격자 : 1,037명 (합격률 : 12.9%)

＊최종 등록자 : 886명

* 98년도 평균 GMAT 성적 : 689점

* 98년도 GMAT 성적 참고사항 (mid-80%) : *

* 요구되는 최저 TOEFL 성적 : *

* 98년도 평균 학부성적(4.0 기준) : 3.5/4.0

* 직장 경력 : (평균 직장 경력 4년)

* 입학자 평균 연령 : 27.1세

❖ 유학비용

학비 (98~99년 풀타임 학생) : $26,260 (외국인 유학생 기준)

기타 비용(기숙사비, 교재비, 기타 비용) : $19,405

❖ 학생구성(98~99년 풀타임 기준)

전체 학생수 : 1,767명

남자 : 70%

여자 : 30%

소수민족 : 18%

유학생 : 25%

❖ 입학생들의 학부전공 분포

인문사회과학 분야 : 42%

경제학 : 0%

이공계열 : 34%

경영학 : 21%

기타 : 3%

❖ **취업현황**

졸업 후 3개월 이내 취업률 : 98.5%

❖ **신청서류**

입학신청서(Application Form)

학업계획서, 자기소개서

추천서 3부(최소 2부는 직장상사로부터)

대학(원) 영문 성적증명서 1부

GMAT 및 TOEFL 성적증명서

TWE(Test of Written English)를 TOEFL과 함께 볼 것을 권하고 있음.

에세이 작성시 필히 고려해야 할 사항

A| While recognizing that no day is typical, we ask that you describe a representative work day.(30 word limit)

B| Please describe you most significant leadership experience. Feel free to draw upon work experiences, extracurricular activities, or your personal interactions, describing a period of formal or informal leadership. Pleae focus less on the specific situation and more on what caused you to be effective.(300 word limit)

C| Recognizing that successful leaders are able to learn from failure, describe a situation in which you failed.(100 word limit) Why did you fail? (200 word limit)

D| What specifically have you done to help a group or organization change? (300 word limit)

E| Describe a situation when your values and/or beliefs were chanllenged. What did you do, and why?(300 word limit)

F| Describe your three most substantial accomplishments and explain why you view ther as such. (600 word limit)

G| What are your carrer aspirations and why? How will you get there? (300 word limit)

H| (Optional) Is there any other information that you believe would be helpful to the Board in understanding you better and in considering you application? Please be concise.

2

2001 Sheridan Leverone Hall, Evanston, IL. 60208 ☎ (847) 491-3308

Admissions e-mail : kellogg.admission@nwu.edu

Web Site : http://www.kellogg.nwu.edu

Director of Admissions : Michele Rogers

98~99년 U.S. News and World Report지에서 발표한 MBA 순위 : 2위

❖ 입학데이터

원서신청 마감일 : 3/15

신청비 : $125

아래 데이터의 기준 입학 학기 : 98년 가을학기

* 총지원자 : 6,128명

* 합격자 : 950명 (합격률 : 15.5%)

* 최종등록자 : 618명

* 98년도 평균 GMAT 성적 : 685점

* 98년도 GMAT 성적 참고사항 (mid-80%) : 610~740점
* 요구되는 최저 TOEFL 성적 : 600점
* 98년도 평균 학부성적(4.0 기준) : 3.45/4.0
* 직장 경력 : 100% (평균 직장 경력 5년)
* 입학자 평균 연령 : 27세

❖ 유학비용

학비 (98~99년 풀타임 학생) : $25,872 (외국인 유학생 기준)

기타 비용(기숙사비, 교재비, 기타 비용) : $18,984

❖ 학생구성(98~99년 풀타임 기준)

전체 학생수 : 1,200명

남자 : 70%

여자 : 30%

소수민족 : 21%

유학생 : 25%

❖ 입학생들의 학부전공 분포

인문사회과학 분야 : 31%

경제학 : 20%

이공계열 : 27%

경영학 : 22%

기타 : 0%

❖ 취업현황

졸업 후 3개월 이내 취업률 : 100.0%

2

102 Vance Hall, Philadelphia, PA 19104 ☎ (215) 898-3430

Admissions e-mail : mba.admissions@wharton.upenn.edu

Web Site : http://www.wharton.upenn.edu

Electric Application : http://www.wharton.upenn.edu/mba/admssns.
html

Director of Admissions : Robert Alig

98~99년 U.S. News and World Report지에서 발표한 MBA 순위 : 2위

❖ 입학데이터

원서신청 마감일 : 4/10

신청비 : $125

아래 데이터의 기준 입학 학기 : 98년 가을학기

* 총지원자 : 8,313명

* 합격자 : 1,087명 (합격률 : 13.1%)

* 최종 등록자 : 765명

* 98년도 평균 GMAT 성적 : 685점

* 98년도 GMAT 성적 참고사항 (mid-80%) : 500~800점

* 요구되는 최저 TOEFL 성적 : *

* 98년도 평균 학부성적(4.0 기준) : 3.5/4.0

* 직장 경력 : 98% (평균 직장 경력 5년)

* 입학자 평균 연령 : 27세

❖ **유학비용**

학비 (98~99년 풀타임 학생) : $24,366 (외국인 유학생 기준)

학생회비 : $1,924

기타 비용(기숙사비, 교재비, 기타 비용) : $14,106

❖ **학생구성(98~99년 풀타임 기준)**

전체 학생수 : 1,557명

남자 : 71%

여자 : 29%

소수민족 : 18%

유학생 : 31%

❖ **입학생들의 학부전공 분포**

인문사회과학 분야 : 30%

경제학 : 17%

이공계열 : 18%

경영학 : 20%

기타 : 15%

❖ **취업현황**

졸업 후 3개월 이내 취업률 : 100.0%

❖ **입학신청서류**

입학신청서(Application form)

학업계획서, 자기소개서

추천서 2부

대학(원) 영문 성적증명서 1부

GMAT 및 TOEFL 성적증명서

에세이 작성시 필히 고려해야 할 사항

A| Please discuss the factors influencing the carrer decisions you have made that, in turn, have led you to current position. Why is now an appropriate time to pursue an MBA, and what will you contribute to the class entering in the fall of 1999? What are your carrer goals for the future, and how will you avail yourself of the resources at the Wharton School to achieve these goals?

B| At Wharton, the Learning Team, which consists of approximately five first-year students, is often assigned group projects and class presentations. Imagine that, one year from now, your Learning Team has a marketing class assignment due at 9:00 a.m. on Monday morning. It is now 10:00 p.m. on Sunday night; time is short, tensionbuilds and your team has reached an impasse. What role would you take in such a situation? How would hou enable the team to meet your deadline?[Note : The specific nature of the assignment is not as important here as the team dynamic.] Feel free to draw on previous experiences, if applicable, in order to illustrate your approach.

C⏌ Describe a personal achievement that has had a significant impact on your life.

In addition to recounting this achievement, please analyze how the event has changed your understanding of yourself and how you perceive the world aroud you

D⏌ What else should the admission committee know about you?

-Supplemental Information :

You may add a separate sheet of essay if necessary. However, if your academic record, professional credentials, and application represent you fully, then do not feel obligated to write anything more.

* 분량은 가능한한 3~5 page가 적당하다.

5

Sloan School of ManageMent, Cambridge, MA 02142 ☎ (617) 258-5434
Admissions e-mail : mba.admissions@sloan.mit.edu
Web Site : http://mitsloan.mit.edu
Director of Admissions : Rod Garcia

98~99년 U.S. News and World Report지에서 발표한 MBA 순위 : 5위

❖ 입학데이터

입학신청 마감일 : 2/14

입학신청비 : $175 (외국 학생)

아래 데이터의 기준 입학 학기 : 98년 가을학기

* 총지원자 : 3,452명

* 합격자 : 462명 (합격률 : 13.4%)

* 최종 등록자 : 358명

* 98년도 평균 GMAT 성적 : 690점

* 98년도 GMAT 성적 참고사항 (mid-80%) : 620~750점

* 요구되는 최저 TOEFL 성적 : *

* 98년도 평균 학부성적(4.0 기준) : 3.5/4.0

* 직장 경력 : 100% (평균 직장 경력 5년)

* 입학자 평균 연령 : 27.3세

❖ 유학비용

학비 (98~99년 풀타임 학생) : $27,100 (외국인 유학생 기준)

기타 비용(기숙사비, 교재비, 기타 비용) : $18,000

❖ 학생구성(98~99년 풀타임 기준)

전체 학생수 : 708명

남자 : 73%

여자 : 27%

소수민족 : 16%

유학생 : 37%

❖ 입학생들의 학부전공 분포

인문사회과학 분야 : 10%

경제학 : 18%

이공계열 : 49%

경영학 : 20%

기타 : 3%

❖ 취업현황

졸업 후 3개월 이내 취업률 : 97.1%

❖ **입학신청서류**

입학신청서(Application Form)

학업계획서, 자기소개서

추천서 2부 (최소 1부는 직장상사로부터)

대학(원) 영문 성적증명서 1부, GMAT 및 TOEFL 성적증명서

에세이 작성시 필히 고려해야 할 사항

A| The goal of the Sloan Master*s Program is to educate business leaders to operate in a world where technological sophistication and an international environMent necessitate increasing organizational change. With this in mind, please answer question a or b(a 또는 b중 하나선택)

1. Discuss the effect that an increasingly global economy may have on your future responsibilities as a manager, both generally and as regards your chosen field, and what you hope to learn at MIT to enable you to meet this challenge.

2. Discuss your views regarding the manageMent of technological change as a vital skill for future managers, what impact technological change has had on your chosen field, and how study at MIT will prepare you to face these challenges.

B| Describe a situation where you introduced and/or managed change in an organization. Tell us how you influenced others in an organization (business, school, extracurricular activity) and comMent on the professional and/or personal attributes you used to do that and how these attributes (and others) might be important to the attainMent of your career goals. How do you expect the Sloan School to further the developMent of these attributes?

* 분량 제한 : Single space, 1 page

6

1101 E.58th Street, Chicago.IL.60637 ☎ (773) 702-7369

Admissions e-mail : admissions@gsb.uchicago.edu

Web Site : http://gsbwww.uchicago.edu

Director of Admissions : Caral Swanberg

98~99년 U.S. News and World Report지에서 발표한 MBA 순위 : 6위

❖ 입학데이터

원서신청 마감일 : 3/19

신청비 : $125(외국학생)

아래 데이터의 기준 입학 학기 : 98년 가을학기

* 총지원자 : 3,309명

* 합격자 : 750명 (합격률 : 22.7%)

* 최종등록자 : 463명

* 98년도 평균 GMAT 성적 : 695점

* 98년도 GMAT 성적 참고사항 (mid-80%) : 550~790점

* 요구되는 최저 TOEFL 성적 : 600점

* 98년도 평균 학부성적(4.0 기준) : 3.38/4.0

* 직장 경력 : 98% (평균 직장 경력 4년)

* 입학자 평균 연령 : 28.4세

❖ 유학비용

학비 (98~99년 풀타임 학생) : $26,200 (외국인 유학생 기준)

학생회비 : $84

기타 비용(기숙사비, 교재비, 기타 비용) : $11,560

❖ 학생구성(98~99년 풀타임 기준)

전체 학생수 : 1,079명

남자 : 81%

여자 : 19%

소수민족 : 13%

유학생 : 30%

❖ 입학생들의 학부전공 분포

인문사회과학 분야 : 11%

경제학 : 19%

이공계열 : 21%

경영학 : 34%

기타 : 15%

❖ 취업현황

졸업 후 3개월 이내 취업률 : 98.2%

7

3022 Broadway, 105 Uris Hal, New York, NY 10027 ☎ (212) 854-1961

Admissions e-mail : gohermes@claven.gsb.columbia.edu

Web Site : http://www.columbia.edu/cu/business

Director of Admissions : Linda Meehan

98~99년 U.S. News and World Report지에서 발표한 MBA 순위 : 7위

❖ 입학데이터

원서신청 마감일 : 4/1

신청비 : $160 (외국 학생)

아래 데이터의 기준 입학 학기 : 98년 가을학기

* 총지원자 : 5,719명

* 합격자 : 658명 (합격률 : 11.5%)

* 최종 등록자 : 487명

* 98년도 평균 GMAT 성적 : 680점

＊98년도 GMAT 성적 참고사항 (mid-80%) : 620~730점

＊요구되는 최저 TOEFL 성적 : 610점 (각 섹션 60점 이상)

＊98년도 평균 학부성적(4.0 기준) : 3.45/4.0

＊직장 경력 : 100% (평균 직장 경력 4년)

＊입학자 평균 연령 : 27세

❖ 유학비용

학비 (98~99년 풀타임 학생) : $26,520 (외국인 유학생 기준)

학생회비 : $1,250

기타 비용(기숙사비, 교재비, 기타 비용) : $13,700

❖ 학생구성(98~99년 풀타임 기준)

전체 학생수 : 1,373명

남자 : 63%

여자 : 37%

소수민족 : 22%

유학생 : 28%

❖ 입학생들의 학부전공 분포

인문사회과학 분야 : 33%

경제학 : 23%

이공계열 : 12%

경영학 : 21%

기타 : 11%

❖ 취업현황

졸업 후 3개월 이내 취업률 : 99.1%

❖ 입학신청서류

입학신청서(Application form)

학업계획서, 자기소개서

추천서 2부 (최소 1부는 직장상사로부터)

대학(원) 영문 성적증명서 1부, GMAT 및 TOEFL 성적증명서

직장 경력(최소 2년) 요구

에세이 작성시 필히 고려해야 할 사항

A| What are your career goals? How will an MBA help you achieve these goals? Why are you applying to Columbia Business School? (Double space, 최대 1,000 words)

B| In reviewing the last five years, describe one or two accomplishMents of which you are most proud. (Double space, 최대 500 words)

C| Discuss a non-academic personal failure. In what way were you disappointed in yourself? What did you learn from the experience? (Double space, 최대 500 words)

D| A 또는 B 가운데 하나를 선택하여 답할 것

1. Discuss your involveMent in a community or extracurricular organization. Include and explanation of how you became involved in the organization,and how you help(ed) the organization meet its goals.(Double space, 최대 250 words)

2. Columbia Business School is a diverse environMent. How will your experiences contribute to this? (Double space, 최대 250 words)

E| (Optional) Is there any additional information that you wish to provide to the Committee?

7

701 Tappan, Ann Arbor, MI 48109 ☎ (734) 763-5796

Admissions e-mail : umbusmba@umich.edu

Web Site : http://www.bus.umich.edu

Director of Admissions : Jeanne Wilt(Assistant Dean)

98~99년 U.S. News and World Report지에서 발표한 MBA 순위 : 7위

❖ 입학데이터

원서신청 마감일 : 3/1

신청비 : $125

아래 데이터의 기준 입학 학기 : 98년 가을학기

* 총지원자 : 4,189명

* 합격자 : 920명 (합격률 : 22%)

* 최종 등록자 : 433명

* 98년도 평균 GMAT 성적 : 672점

* 98년도 GMAT 성적 참고사항 (mid-80%) : 610~740점

* 요구되는 최저 TOEFL 성적 : 600점

* 98년도 평균 학부성적(4.0 기준) : 3.34/4.0

* 직장 경력 : 99% (평균 직장 경력 5년)

* 입학자 평균 연령 : 28세

❖ 유학비용

학비 (98~99년 풀타임 학생) : $25,000 (외국인 유학생 기준)

학생회비 : $185

기타 비용(기숙사비, 교재비, 기타 비용) : $12,040

❖ 학생구성(98~99년 풀타임 기준)

전체 학생수 : 857명

남자 : 71%

여자 : 29%

소수민족 : 22%

유학생 : 25%

❖ 입학생들의 학부전공 분포

인문사회과학 분야 : 26%

경제학 : 12%

이공계열 : 31%

경영학 : 16%

기타 : 15%

❖ **취업현황**

졸업 후 3개월 이내 취업률 : 100.0%

❖ **입학신청서류**

입학신청서(Application Form)

학업계획서, 자기소개서

추천서 2부

대학(원) 영문 성적증명서 1부

GMAT 및 TOEFL 성적증명서

인터뷰 (Alumni)

에세이 작성시 필히 고려해야 할 사항

A│ Describe your achievements within the last five years which are good indicators of your potential for a successful management career and why you view them as such.

B│ Answer one of the following questions concerning your goals :

1. After you complete your MBA, what goals have you established for the next 10 years and how do you see the MBA helping you reach your goals?

2. Ten years after graduating form the Michigan MBA program you are the subject of a magazine article. What would the article say about your professional achievements and career goals? In what magazine would the article appear and why?

3. Applicants to the Tauber Manufacturing Institute should answer the following : What are your career interests in manufacturing and how does the TMI program relate to your goals? (MBA 지원자는 해당 없음.)

C| Answer one of the following :

1. What unique qualities and experiences would you bring to the MBA program at Michigan?

2. Define diversity in your own words. Drawing upon your definition and experience, describe the rewards and challenges of diversity.

3. What question do you wish had been asked on this application? How would you answer it?

D| (Optional) If there is any other information that you believe is important to our assessment of your candidacy, feel free to add it to your application (분량 제한 : 최대 500 words)

9

Box 90104, Durham, NC 27708-0104 ☎ (919) 660-7705

Admissions e-mail : fuqua-admissions@mail.duke.edu

Web Site : http://www.fuqua.duke.edu

Electric Application : http://www.fuqua.duke.edu/daytime.html

Director of Admissions : Liz Riley

98~98년 U.S. News and World Report지에서 발표한 MBA 순위 : 9위

❖ 입학데이터

원서신청 마감일 : 4/26

신청비 : $125

아래 데이터의 기준 입학 학기 : 98년 가을학기

* 총지원자 : 3,399명

* 합격자 : 540명 (합격률 : 15.9%)

* 최종 등록자 : 331명

＊98년도 평균 GMAT 성적 : 664점

＊98년도 GMAT 성적 참고사항 (mid-80%) : 590~740점

＊요구되는 최저 TOEFL 성적 : 610점

＊98년도 평균 학부성적(4.0 기준) : 3.34/4.0

＊직장 경력 : 99% (평균 직장 경력 5년)

＊입학자 평균 연령 : 28세

❖ **유학비용**

학비 (98~99년 풀타임 학생) : $25,250 (외국인 유학생 기준)

학생회비 : $1,298

기타 비용(기숙사비, 교재비, 기타 비용) : $11,986

❖ **학생구성(98~99년 풀타임 기준)**

전체 학생수 : 671명

남자 : 67%

여자 : 33%

소수민족 : 19%

유학생 : 28%

❖ **입학생들의 학부전공 분포**

인문사회과학 분야 : 22%

경제학 : 18%

이공계열 : 26%

경영학 : 28%

기타 : 6%

❖ **취업현황**

졸업 후 3개월 이내 취업률 : 99.4%

❖ **입학신청서류**

입학신청서(Application Form)

학업계획서, 자기소개서

추천서 2부

대학(원) 영문 성적증명서 1부

GMAT 및 TOEFL 성적증명서

에세이 작성시 필히 고려해야 할 사항

Three essays should be included in your application packet. Prepare your Essays carefully. The admissiomns Committee considers your responses to the following questions important in the selection process. Please respond fully and concisely to each question. Begin each essay on a separate sheet of paper and put your name on each sheet. Essays should be typed and double spaced.

A| Please discuss your current duties and respongibilities in your organization, including your impact on company strategy and level of decision-making ability. How has your experience prepared you for the Global Executive MBA program? How will an MBA assist you n your next career move?

B| Briefly describe the three biggest issues facing your company or industry today.

C| Discuss the most significant personal or professional risk you've taken? What was the out come.

10

110 Westwood Plaza, Box 951481, Los Angeles, CA 90095-1481

☎ (310) 825-6944

Admissions e-mail : mba.admissions@anderson.ucla.edu

Web Site : http://www.anderson.ucla.edu

Electric Application : http://www.anderson.ucla.edu/programs/mba

Director of Admissions : Linda Baldwin

98~99년 U.S. News and World Report지에서 발표한 MBA 순위 : 10위

❖ 입학데이터

원서신청 마감일 : 4/3

신청비 : $125(외국 학생)

아래 데이터의 기준 입학 학기 : 98년 가을학기

* 총지원자 : 4,366명

* 합격자 : 635명 (합격률 : 14.5%)

* 최종등록자 : 329명

* 98년도 평균 GMAT 성적 : 683점

* 98년도 GMAT 성적 참고사항 (mid-80%) : 630~730점

* 요구되는 최저 TOEFL 성적 : 600점

* 98년도 평균 학부성적(4.0 기준) : 3.5/4.0

* 직장 경력 : 98% (평균 직장 경력 5년)

* 입학자 평균 연령 : 27.8세

❖ **유학비용**

학비 (98~99년 풀타임 학생) : $20,534 (외국인 유학생 기준)

기타 비용(기숙사비, 교재비, 기타 비용) : $19,928

❖ **학생구성(98~99년 풀타임 기준)**

전체 학생수 : 649명

남자 : 72%

여자 : 28%

소수민족 : 20%

유학생 : 23%

❖ **입학생들의 학부전공 분포**

인문사회과학 분야 : 25%

경제학 : 22%

이공계열 : 30%

경영학 : 19%

기타 : 4%

❖ 취업현황

졸업 후 3개월 이내 취업률 : 99.7%

❖ 입학신청서류

입학신청서(Application Form)

학업계획서, 자기소개서

추천서 2부,

대학(원) 영문 성적증명서 2부

GMAT 및 TOEFL 성적증명서

에세이 작성시 필히 고려해야 할 사항

A| Please provide us with a summary of your personal and family background. Include information about your parents and siblings, where you grew up, and perhaps a highlight or special memory of your youth. (Limit to double space 2 pages)

B| Discuss a situation, preferably work related, where you have taken a significant leadership role. How does this event demonstrate your managerial potential? (Limit to double space 1page)

C| Describe your most significant personal accomplishMent to date, explaining why you view it as such. (Limit to double space 1 page)

D| Discuss your career goals and why you want an MBA, particularly at this point in your career. Why, specifically, are you applying to The Anderson School? (Limit to double space 2 pages)

E| Optional : Is there any other information that you believe would be helpful to the admissions Committee in considering your application? (If you feel the application already represents you well, do not feel obligated to answer this essay question.)

* 반드시 답할 필요는 없음.

11

PO Box 6550, Charlottesville, VA 22906 ☎ (804) 924-7281

Admissions e-mail : darden@virginia.edu

Web Site : http://www.darden.edu

Electric Application : http://www.darden.edu/admissions

Director of Admissions : A. Jon Megiow

98~99년 U.S. News and World Report지에서 발표한 MBA 순위 : 11위

❖ 입학데이터

원서신청 마감일 : 3/15

신청비 : $100 (외국 학생)

아래 데이터의 기준 입학 학기 : 98년 가을학기

* 총지원자 : 3,277명

* 합격자 : 490명 (합격률 : 15%)

* 최종 등록자 : 237명

* 98년도 평균 GMAT 성적 : 685점

* 98년도 GMAT 성적 참고사항 : *

* 요구되는 최저 TOEFL 성적 : *

* 98년도 평균 학부성적(4.0 기준) : 3.36/4.0

* 직장 경력 : 99% (평균 직장 경력 5년)

* 입학자 평균 연령 : 27세

❖ 유학비용

학비 (98~99년 풀타임 학생) : $21,479 (외국인 유학생 기준)

기타 비용(기숙사비, 교재비, 기타 비용) : $11,900

❖ 학생구성(98~99년 풀타임 기준)

전체 학생수 : 491명

남자 : 71%

여자 : 29%

소수민족 : 15%

유학생 : 20%

❖ 입학생들의 학부전공 분포

인문사회과학 분야 : 26%

경제학 : 21%

이공계열 : 27%

경영학 : 24%

기타 : 2%

졸업 후 3개월 이내 취업률 : 98.3%

❖ **입학신청서류**

입학신청서(Application Form)

학업계획서, 자기소개서

추천서 2부

대학(원) 영문 성적증명서 1부

사진 1매(Passport-size)

GMAT 및 TOEFL 성적증명서

에세이 작성시 필히 고려해야 할 사항

A| Specifically address your post-MBA short and long-term professional goals. How will Darden assist you in attaining these goals?

B| The Darden School seeks a diverse and unique entering class of future managers. How will your distinctiveness enrich our learning environment and enhance your prospects for success as a manager?

C| Describe a significant leadership experience, decision-making challenge, or managerial accomplishment. How did this experience affect your professional / personal development?

D| Describe a failure and how you dealt with it.

E| (Optional) Please use this opportunity to present any additional information that would assist the admissions Committee in the evaluation of your candidacy.

*Double space로 작성, 분량 제한은 없음.

12

110 Tuck Hall, Dartmouth College, Hanover, NH 03755-9000 ☎ (603) 646-3162

Admissions e-mail : tuck.admissions@dartmouth.edu

Web Site : http://www.tuck.dartmouth.edu

Director of Admissions : Sally O. Jaeger

98~99년 U.S. News and World Report지에서 발표한 MBA 순위 : 12위

❖ 입학데이터

원서신청 마감일 : 4/19

신청비 : $125

아래 데이터의 기준 입학 학기 : 98년 가을학기

* 총지원자 : 2,916명

* 합격자 : 350명 (합격률 : 12%)

* 최종 등록자 : 191명

* 98년도 평균 GMAT 성적 : 671점

* 98년도 GMAT 성적 참고사항 (mid-80%) : 620~730점

* 요구되는 최저 TOEFL 성적 : 600점

* 98년도 평균 학부성적(4.0 기준) : 3.4/4.0

* 직장 경력 : 100% (평균 직장 경력 5년)

* 입학자 평균 연령 : 27.7세

❖ 유학비용

학비 (98~99년 풀타임 학생) : $26,100 (외국인 유학생 기준)

기타 비용(기숙사비, 교재비, 기타 비용) : $15,900

❖ 학생구성(98~99년 풀타임 기준)

전체 학생수 : 375명

남자 : 71%

여자 : 29%

소수민족 : 18%

유학생 : 24%

❖ 입학생들의 학부전공 분포

인문사회과학 분야 : 30%

경제학 : 25%

이공계열 : 24%

경영학 : 15%

기타 : 6%

❖ **취업현황**

졸업 후 3개월 이내 취업률 : 99.0%

❖ **입학신청서류**

입학신청서(Application Form)

학업계획서, 자기소개서

추천서 2부

대학(원) 영문 성적증명서 1부

GMAT 및 TOEFL 성적증명서

에세이 작성시 필히 고려해야 할 사항

A| Discuss your career progression to date. Why do you want an MBA from the Tuck School?

How do you envision your career progressing after receiving an MBA?

B| With the Admissions policy statement in mind(see inside front cover), describe a personal or professional characteristic that distinguishes your candidacy for admission to Tuck.

C| What are your interest outside your job or school?

D| Optional. The admissions committee welcomes any additional comments you may wish to provide in support of your application. If your credentials and application represent you fully, do not feel obligated to write anything more.

*분량 제한은 없으나, 약 500~1,000 words가 적당하다고 되어 있음. (Double space)

13

44 W. Fourth Street, Suite 11-58, New York, NY 10012-1126 ☎ (212) 998-0600

Admissions e-mail : sternmba@stern.nyu.edu

Web Site : http://www.stern.nyu.edu

Director of Admissions : Mary Miller

98~99년 U.S. News and World Report지에서 발표한 MBA 순위 : 13위

❖ 입학데이터

원서신청 마감일 : 3/15

신청비 : $75

아래 데이터의 기준 입학 학기 : 98년 가을학기

* 총지원자 : 4,176명

* 합격자 : 835명 (합격률 : 20%)

* 최종 등록자 : 419명

＊98년도 평균 GMAT 성적 : 675점

＊98년도 GMAT 성적 참고사항 (mid-80%) : 620~730점

＊요구되는 최저 TOEFL 성적 : 600점

＊98년도 평균 학부성적(4.0 기준) : 3.4/4.0

＊직장 경력 : 100% (평균 직장 경력 5년)

＊입학자 평균 연령 : 27.5세

❖ **유학비용**

학비 (98~99년 풀타임 학생) : $27,048 (외국인 유학생 기준)

학생회비 : $875

기타 비용(기숙사비, 교재비, 기타 비용) : $18,768

❖ **학생구성(98~99년 풀타임 기준)**

전체 학생수 : 812명

남자 : 62%

여자 : 38%

소수민족 : 19%

유학생 : 32%

❖ **입학생들의 학부전공 분포**

인문사회과학 분야 : 35%

경제학 : 없음

이공계열 : 28%

경영학 : 32%

기타 : 5%

❖ **취업현황**

졸업 후 3개월 이내 취업률 : 97.8%

❖ **입학신청서류**

입학신청서(Application Form)

학업계획서, 자기소개서

추천서 2부

대학(원) 영문 성적증명서 1부

GMAT 및 TOEFL 성적증명서

에세이 작성시 필히 고려해야 할 사항

A| Think about the decisions you have made in your life. Describe the following :

PAST : What choices have you made that led you to your current position?

PRESENT : Why is a Stern MBA necessary at this point in your life?

FUTURE : What is your desired position upon graduation from the Stern School?

B| Asume that you are planning to launch a new business venture. Write an executive summary of your business plan to potential investors.(분량 : 2 page, 500 words 이내)

C| Dscribe yourself to your MBA classmates. (You may use any method to convey your message : words, llustrations, etc.)

D| Optional) Please provide any additional information that you would like to bring to the attention of the Admission Committee. If you are unable to submit a recomm endation from a current employer, please give your reason here.

14

MBA Program, 440 stud. Svcs. Bldg., 1902, Berkeley, CA 94720-1902

☎ (510)642-1405

Admissions e-mail : mbaadms@haas.berkeley.edu

Web Site : http://www.haas.berkeley.edu

Electric Application : http://hass.Berkeley.edu/mba/appliconline.html

Director of Admissions : Fran Hill

98~99년 U.S. News and World Report지에서 발표한 MBA 순위 : 14위

❖ 입학데이터

원서신청 마감일 : 3/31

신청비 : $40

아래 데이터의 기준 입학 학기 : 98년 가을학기

* 총지원자 : 4,162명

* 합격자 : 459명 (합격률 : 11%)

* 최종등록자 : 240명

* 98년도 평균 GMAT 성적 : 674점

* 98년도 GMAT 성적 참고사항 (mid-80%) : 610~740점

* 요구되는 최저 TOEFL 성적 : 570점

* 98년도 평균 학부성적(4.0 기준) : 3.43/4.0

* 직장 경력 : 100% (평균 직장 경력 5년)

* 입학자 평균 연령 : 28.2세

❖ 유학비용

학비 (98~99년 풀타임 학생) : $19,792 (외국인 유학생 기준)*

기타 비용(기숙사비, 교재비, 기타 비용) : $13,300

❖ 학생구성(98~99년 풀타임 기준)

전체 학생수 : 484명

남자 : 65%

여자 : 35%

소수민족 : 21%

유학생 : 30%

❖ 입학생들의 학부전공 분포

인문사회과학 분야 : 23%

경제학 : 19%

이공계열 : 24%

경영학 : 22%

기타 : 12%

❖ **취업현황**

졸업 후 3개월 이내 취업률 : 87.4%

❖ **입학신청서류**

입학신청서(Application Form)

학업계획서, 자기소개서

추천서 2부

대학(원) 영문 성적증명서 2부

GMAT 및 TOEFL 성적증명서

에세이 작성시 필히 고려해야 할 사항

A| IN light of the above quotation, please discuss a decision you have made that, in retrospect, has had a profound influence on your present circumstances. In hindsight, would you have made a different decision? Please explain. (최소 500단어 이상, 최대수 제한 없음)

B| 1. What do you like about your job? What do you dislike? If you were promoted to senior management tomorrow, what changes, if any, would you make to your former position to address your dissatisfaction(s)? (500-750단어); or

2. Describe an ethical dilemma you have experienced and discuss how you handled the situation. (500-750 단어) * 2-A 또는 B 하나만 답하면 됨.

C| Please discuss your intermediate and long-term professional goals and why you want an MBA at this point in your career. In what ways do you think an MBA degree will help you to achieve these goals? What do you want from an MBA program and why have you chosen the Haas School? (500-750 단어)

D| OPTIONAL(REQUIRD FOR GRADUATE OPPORTUNITY FELLOWSHIP APPLICATIONS) : Pleaseprovide a statement concernng your personal history, family background, and influences on your intellectual development. This statement should include educational and cultural oppor tunities (or lack of them) social and economic disadvantages that you may have had to overcome, and the ways in which these experiences have affected you.

15

Box 208200, New Haven, CT 06520-8200 ☎ (203) 432-5932

Admissions e-mail : som.admissions@yale.edu

Web Site : http://www.yale.edu/som

Director of Admissions : Richard A. Silverman

98~99년 U.S. News and World Report지에서 발표한 MBA 순위 : 15위

❖ 입학데이터

원서신청 마감일 : 3/13

신청비 : $120

아래 데이터의 기준 입학 학기 : 98년 가을학기

* 총지원자 : 1,777명

* 합격자 : 458명 (합격률 : 25.8%)

* 최종 등록자 : 216명

* 98년도 평균 GMAT 성적 : 682점

* 98년도 GMAT 성적 참고사항 (mid-80%) : 620~750점

* 요구되는 최저 TOEFL 성적 : 600점

* 98년도 평균 학부성적(4.0 기준) : 3.4/4.0

* 직장 경력 : 100% (평균 직장 경력 5년)

* 입학자 평균 연령 : 27.7세

❖ 유학비용

학비 (98~99년 풀타임 학생) : $25,250 (외국인 유학생 기준)

학생회비 : $105

기타 비용(기숙사비, 교재비, 기타 비용) : $16,470

❖ 학생구성(98~99년 풀타임 기준)

전체 학생수 : 430명

남자 : 67%

여자 : 33%

소수민족 : 22%

유학생 : 28%

❖ 입학생들의 학부전공 분포

인문사회과학 분야 : 37%

경제학 : 16%

이공계열 : 31%

경영학 : 16%

기타 : 0%

❖ **취업현황**

졸업 후 3개월 이내 취업률 : 97.8%

❖ **입학신청서류**

입학신청서(Application Form)

학업계획서, 자기소개서

추천서 3부

대학(원) 영문 성적증명서 1부

GMAT 및 TOEFL 성적증명서

에세이 작성시 필히 고려해야 할 사항

A│ (Experience and Career Objectives)

Please write an essay in which you discuss the principal elements of your educational and work experiences to date. Relate your background to your career objectives as a professional manager. If you are applying as a joint degree candidate, please explain how the combination of degrees is consistent with your carrer objectives.(Double space 3-5 pages)

B│ (Learning Goals)

Please describe your specific learning goals at SOM. Discuss the value of management training as applied to your career plaans(1-2 pages, Double space)

C│ (Personal Contributions to Groups or Organizations)

In this essay, we would like you to address the following question : How would you characterize the effect of your contributions to the groups or organizations in which you have participated? We are interested in your perceptions of the personal impact you have made,

rather than a listing of group achievements. You may, however, wish
to cite specific examples to illustrate your meaning. (1-2 pages,
Double space)

D| (Optional)

Is there any information not presented elsewhere in the application
that might help the Admissions Committee understand your candidacy?

16

Sage Hall, Ithaca, NY 14853-6201 ☎ (607) 255-4526

Admissions e-mail : mba@cornell.edu

Web Site : http://www.johnson.cornell.edu

Electric Application : http://www.mba.collegeedge.com

Director of Admissions : Ms. Natalie Grinblatt

98~99년 U.S. News and World Report지에서 발표한 MBA 순위 : 16위

❖ **입학데이터**

원서신청 마감일 : 3/15

신청비 : $150 (외국 학생)

아래 데이터의 기준 입학 학기 : 98년 가을학기

* 총지원자 : 2,246명

* 합격자 : 637명 (합격률 : 28.4%)

* 최종 등록자 : 284명

* 98년도 평균 GMAT 성적 : 647점

* 98년도 GMAT 성적 참고사항 (mid-80%) : 570～710점

* 요구되는 최저 TOEFL 성적 : 600점

* 98년도 평균 학부성적(4.0 기준) : 3.25/4.0

* 직장 경력 : 99% (평균 직장 경력 5년)

* 입학자 평균 연령 : 29.8세

❖ 유학비용

학비 (98～99년 풀타임 학생) : $24,400 (외국인 유학생 기준)

학생회비 : $735

기타 비용(기숙사비, 교재비, 기타 비용) : $14,600

❖ 학생구성(98～99년 풀타임 기준)

전체 학생수 : 576명

남자 : 73%

여자 : 27%

소수민족 : 19%

유학생 : 19%

❖ 입학생들의 학부전공 분포

인문사회과학 분야 : 15%

경제학 : 15%

이공계열 : 35%

경영학 : 23%

기타 : 12%

❖ **취업현황**

졸업 후 3개월 이내 취업률 : 94.2%

❖ **입학신청서류**

입학신청서(Application Form)

학업계획서, 자기소개서

추천서 2부

대학(원) 영문 성적증명서 1부

GMAT 및 TOEFL 성적증명서

에세이 작성시 필히 고려해야 할 사항

A| Describe a meaningful accomplishment at work that was a struggle to achieve. What lessons did you learn?

B| Why do you want an MBA? How does the degree complement or bolster your career goals and provide a transition from the work and responsibilities that you have had to date?

C| Choose one of the scenarios below.

Scenario A :

You've just been named director of a division that is known within the company as a sleeper. Results just haven*t been meeting expectations. Product launches have been delayed or postponed and tuition and fees have skyrocketed. Six weeks ago, a number of key employees were let go. Morale is poor among the remaining key players. The senior management committee has made it clear that you are being brought in to provide a necessary change in leadership at the division. You have been given limited resources, but the necessary authority to get things done.

Scenario B :

You*ve just been named director of a division that has been consistently one of the top three performers. The division functions as a high- performance work group. Its products are known throughout the company for their innovativeness and quality as well as for the speed with which they have been brought to market . The division is also recognized as having built a costing system that has allowed for continuous improvement in lowering costs. The division is planning to expand into new domestic and international markets.

As the new director, you must draft a concise memo (최대 500 words) to the management committee outlining your plans for the future. For scenario A or B, please address the following :

- Identify your three top priorities and discuss why you select them.
- What leadership style will you use? What will be your expectations for member of
your team?
- What will you propose as your critical success measures?

Optional Essay :

If you think that the Admissions committee should know something that you have not had an opportunity to address elsewhere in this application, this is your chance. You might discuss, for example, why you believe that one or more aspects of your application(e.g., college GPA or test scores) do not accurately reflect your potential for success at the Johnson School and in your chosen career. You might also include special circumstances or background information that you would like the Admissions committee to take into consideration as it reviews your application. (Double space, 12-point font,15 pages)

16

CB 3490, McColl Building, Chapel Hill, NC 27599-3490 ☎ (919) 962-3236

Admissions e-mail : mba info@unc.edu

Web Site : http://www.bschool.unc.edu

Electric Application : http://www.mba.collegeedge.com

Director of Admissions : Sherrylyn Ford-Wallace

98~99년 U.S. News and World Report지에서 발표한 MBA 순위 : 16위

❖ **입학데이터**

원서신청 마감일 : 3/3

신청비 : $60

아래 데이터의 기준 입학 학기 : 98년 가을학기

* 총지원자 : 2,123명

* 합격자 : 480명 (합격률 : 22.6%)

* 최종 등록자 : 252명

* 98년도 평균 GMAT 성적 : 641점

* 98년도 GMAT 성적 참고사항 (mid-80%) : *

* 요구되는 최저 TOEFL 성적 : 600점

* 98년도 평균 학부성적(4.0 기준) : 3.2/4.0

* 직장 경력 : 100% (평균 직장 경력 5년)

* 입학자 평균 연령 : 27.5세

❖ 유학비용

학비 (98~99년 풀타임 학생) : $14,406 (외국인 유학생 기준)

학생회비 : $1,947

기타 비용(기숙사비, 교재비, 기타 비용) : $14,000

❖ 학생구성(98~99년 풀타임 기준)

전체 학생수 : 461명

남자 : 72%

여자 : 28%

소수민족 : 12%

유학생 : 21%

❖ 입학생들의 학부전공 분포

인문사회과학 분야 : 22%

경제학 : 16%

이공계열 : 23%

경영학 : 34%

기타 : 5%

❖ **취업현황**

졸업 후 3개월 이내 취업률 : 98.0%

❖ **입학신청서류**

입학신청서(Application Form)

학업계획서, 자기소개서

추천서 3부 (최소 2부는 Work-Related인 것이어야 함.)

대학(원) 영문 성적증명서 1부

GMAT 및 TOEFL 성적증명서

에세이 작성시 필히 고려해야 할 사항

A】 Characterize your career development to date. How will this experience, when combined with the Kenan-Flagler MBA, allow you to achieve your career goals? (Double space, 1-2 pages, 12pt. 이상)

B】 What unique, personal qualities and/or life experiences distinguish you from other applicants?
(Double space, 1-2 pages, 12pt. 이상)

C】 You have the opportunity to invite three individuals who have ever lived to help you solve a problem. What problem would you solve? What role would each person, including yourself, play on the team?
(Double space, 1-2 pages, 12pt. 이상)

D】 1. Identify the greatest challenge facing your current industry in the new millennium. As CEO of your company, how would you prepare your company to meet this challenge? (Double space, 최대 3 pages, 12pt. 이상)

2. You are the CEO of a large company in the industry of your choice. The company is currently experiencing heavy financial losses, which if

unaddressed will result in bankruptcy within five years. How do you restore your company*s profitability? State your assumptions and describe your approach. (Double space, 최대 3 pages, 12pt. 이상) *
a. 또는 b. 둘 중 하나만 답하면 됨.

E⏐ How did your first become interested in the Kenan-Flagler MBA Program? Please list specific information sources such as publications, surveys, news releases, the World Wide Web, Admissions officers, alumni, aculty, current students, MBA Forum, etc. (Double space, 1 page, 12pt. 이상)

3. Choose one of the scenarios below.

Scenario A :

You*ve just been named director of a division that is known within the company as a sleeper. Results just haven*t been meeting expectations. Product launches have been delayed or postponed and tuition and fees have skyrocketed. Six weeks ago, a number of key employees were let go. Morale is poor among the remaining key players. The senior management committee has made it clear that you are being brought in to provide a necessary change in leadership at the division. You have been given limited resources, but the necessary authority to get things done.

Scenario B :

You*ve just been named director of a division that has been consistently one of the top three performers. The division functions as a high- performance work group. Its products are known throughout the company for their innovativeness and quality as well as for the speed with which they have been brought to market . The division is also recognized as having built a costing system that has allowed for continuous improvement in lowering costs. The division is planning to expand into new domestic and international markets.

As the new director, you must draft a concise memo (최대 500 words) to the management committee outlining your plans for the future. For scenario A or B, please address the following :
- Identify your three top priorities and discuss why you select them. What leadership style will you use? What will be your expectations for member of your team?
- What will you propose as your critical success measures?

Optional Essay :
If you think that the Admissions committee should know something that you have not had an opportunity to address elsewhere in this application, this is your chance. You might discuss, for example, why you believe that one or more aspects of your application(e.g., college GPA or test scores) do not accurately reflect your potential for success at the Johnson School and in your chosen career. You might also include special circumstances or background information that you would like the Admissions committee to take into consideration as it reviews your application. (Double space, 12-point font, 300 words)

18

Tech-Frew Street, Pittsburgh,PA,15213 ☎ (412)268-2272

Admissions e-mail : gsia-admissions+@andrew.cmu.edu

Web Site : http://www.gsia.cmu.edu

Director of Admissions : Laurie Stewart

98~99년 U.S. News and World Report지에서 발표한 MBA 순위 : 18위

❖ 입학데이디

원서신청 마감일 : 3/6

신청비 : $60 (외국 학생)

아래 데이터의 기준 입학 학기 : 98년 가을학기

* 총지원자 : 1,415명

* 합격자 : 421명 (합격률 : 29.8%)

* 최종등록자 : 244명

* 98년도 평균 GMAT 성적 : 653점

*98년도 GMAT 성적 참고사항 (mid-80%) : 590~720점

* 요구되는 최저 TOEFL 성적 : 600점

*98년도 평균 학부성적(4.0 기준) : 3.2/4.0

* 직장 경력 : 99% (평균 직장 경력 5년)

*입학자 평균 연령 : 28세

❖ 유학비용

학비 (98~99년 풀타임 학생) : $24,000 (외국인 유학생 기준)

기타 비용(기숙사비, 교재비, 기타 비용) : $13,400

❖ 학생구성(98~99년 풀타임 기준)

전체 학생수 : 457명

남자 : 75%

여자 : 25%

소수민족 : 16%

유학생 : 35%

❖ 입학생들의 학부전공 분포

인문사회과학 분야 : 8%

경제학 : 10%

이공계열 : 56%

경영학 : 15%

기타 : 11%

❖ 취업현황

졸업 후 3개월 이내 취업률 : 95.3%

18

GSB 2. 104, Austin, TX, 78712 ☎ (512) 471-7612

Admissions e-mail : texasmba@bus.utexas.edu

Web Site : http://texasinfo.bus.utexas.edu

Director of Admissions : Dr. Carl H. Harris

98~99년 U.S. News and World Report지에서 발표한 MBA 순위 : 18위

❖ 입학데이디

원서신청 마감일 : 2/1

신청비 : $80

아래 데이터의 기준 입학 학기 : 98년 가을학기

* 총지원자 : 2,684명

* 합격자 : 622명 (합격률 : 23.2%)

* 최종등록자 : 347명

* 98년도 평균 GMAT 성적 : 660점

* 98년도 GMAT 성적 참고사항 (mid-80%) : 600~740점

* 요구되는 최저 TOEFL 성적 : 600점

* 98년도 평균 학부성적(4.0 기준) : 3.37/4.0

* 직장 경력 : 100% (평균 직장 경력 5년)

* 입학자 평균 연령 : 29세

❖ 유학비용

학비 (98~99년 풀타임 학생) : $12,450 (외국인 유학생 기준)

학생회비 : $2,818

기타 비용(기숙사비, 교재비, 기타 비용) : $9,450

❖ 학생구성(98~99년 풀타임 기준)

전체 학생수 : 726명

남자 : 75%

여자 : 25%

소수민족 : 12%

유학생 : 20%

❖ 입학생들의 학부전공 분포

인문사회과학 분야 : 26%

경제학 : 10%

이공계열 : 32%

경영학 : 29%

기타 : 3%

❖ **취업현황**

졸업 후 3개월 이내 취업률 : 88.7%

❖ **입학신청서류**

입학신청서(Application Form)

학업계획서, 자기소개서

추천서 2부

대학(원) 영문 성적증명서 2부

중·고등학교 영문 성적증명서 각 1부

GMAT 및 TOEFL 성적증명서

에세이 작성시 필히 고려해야 할 사항

A| Explain how obtaining a Master*s degree will assist you in further defining and achieving your primary personal and / or professional life goals. Why is now the best time for you to pursue a TEXAS degree? (This explanation should include, but not necessarily be limited to, a brief description fo both your intermediate and longer-term career goals.) (Double space 2page, 글자크기 10 pt. 이상.)

B| Identify the five(5) most significant personal and / or professional skill areas you currently possess, and explain how each will enable you to contribute to making your enrollment at TEXAS a memorable experience for both you and your fellow classmates. (Double space 3page, 글자크기 10 pt. 이상.)

C| OPTIONAL : Please discuss any unique aspects of your personal and / or professional background, including accomplishments, which may not be adequately presented elsewhere in this application, or in the essay statements above. (Double space 3page, 글자크기 10pt. 이상.)

20

1310 Krannert Building. West Lafayette.IN.47907-1310 ☎ (765)494-0773

Admissions e-mail : krannert ms@mgmt.purdue.edu

Web Site : http://www.mgmt.purdue.edu

Electric Application : http://www.collegeedge.com

Director of Admissions : Ward D. Snearly

98~99년 U.S. News and World Report지에서 발표한 MBA 순위 : 20위

❖ 입학데이터

원서신청 마감일 : 5/1

신청비 : $30

아래 데이터의 기준 입학 학기 : 98년 가을학기

* 총지원자 : 1,202명

* 합격자 : 306명 (합격률 : 25.5%)

* 최종등록자 : 127명

* 98년도 평균 GMAT 성적 : 624점

* 98년도 GMAT 성적 참고사항 (mid-80%) : 550∼700점

* 요구되는 최저 TOEFL 성적 : 575점

* 98년도 평균 학부성적(4.0 기준) : 3.26/4.0

* 직장 경력 : 99% (평균 직장 경력 4년)

* 입학자 평균 연령 : 27세

❖ 유학비용

학비 (98∼99년 풀타임 학생) : $15,424 (외국인 유학생 기준)

기타 비용(기숙사비, 교재비, 기타 비용) : $9,100

❖ 학생구성(98∼99년 풀타임 기준)

전체 학생수 : 252명

남자 : 79%

여자 : 21%

소수민족 : 15%

유학생 : 37%

❖ 입학생들의 학부전공 분포

인문사회과학 분야 : 11%

경제학 : 12%

이공계열 : 41%

경영학 : 23%

기타 : 13%

졸업 후 3개월 이내 취업률 : 99.27%

졸업 후 3개월 이내 취업률 : 99.27%

ALABAMA

University of Alabama
University of Alabama at Birmingham
University of Alabama in Huntsville
Auburn University
Auburn University at Montgomery
Jacksonville State University
University of Montevallo
University of South Alabama
Tuskegee University

ALASKA

University of Alaska Anchorage
University of Alaska Fairbanks

ARIZONA

University of Arizona
Arizona State University
Arizona State University West
Northern Arizona University
Thunderbird, American Graduate-
School of International Management

ARKANSAS

University of Arkansas, Fayetteville
University of Arkansas at Little Rock
Arkansas State University
University of Central Arkansas
Henderson State University

CALIFORNIA

University of California, Berkeley
University of California, Davis
University of California, Irvine
University of California, Los Angeles
California Polytechnic State University,-
San Luis Obispo
California State Polytechnic University,-
Pomona
California State University, Bakersfield
California State University, Chico
California State University, Fresno
California State University, Fullerton

California State University, Hayward
California State University, Long Beach
California State University, Los Angeles
California State University, Northridge
California State University, Sacramento
California State University, San-
Bernardino
Claremont Graduate School-
Loyola Marymount University
University of the Pacific
University of San Diego-
San Diego State University
University of San Francisco
San Francisco State University
San Jose State University
Santa Clara University
University of Southern California
Stanford University

COLORADO

University of Colorado-Boulder
University of Colorado at Colorado-
Springs.
University of Colorado-Denver
Colorado State University
University of Denver
Fort Lewis College
University of Northern Colorado

CONNECTICUT

University of Connecticut
Fairfield University
Yale University

DELAWARE

University of Delaware

DISTRICT OF COLUMBIA

American University
George Washington University
Georgetown University
Howard University

FLORIDA

University of Central Florida
University of Florida
Florida Atlantic University
Florida International University
Florida State University
University of Miami
University of North Florida
Rollins College
Stetson University
University of South Florida

University of West Florida

Clark Atlanta University
Emory University
University of Georgia
Georgia College & State University
Georgia Institute of Technology
Georgia Southern University
Georgia State University
Kennesaw State College
Morehouse College
Valdosta State University
West Georgia College

University of Hawaii at Manoa

Boise State University
University of Idaho
Idaho State University

Bradley University

University of Chicago
DePaul University
Eastern Illinois University
University of Illinois at Chicago
University of Illinois at -
Urbana/Champaign
Illinois State University
Loyola University, Chicago
Northern Illinois University
Northwestern University
Southern Illinois University at-
Carbondale
Southern Illinois University at-
Edwardsville
Western Illinois University

Ball State University
Butler University
Indiana State University
Indiana University
Indiana University-Northwest
Indiana University, South Bend
Indiana University Southeast
Indiana University-Purdue University,-
Fort Wayne
University of Notre Dame
Purdue University

University of Southern Indiana

Valparaiso University

IOWA

Drake University

University of Iowa

Iowa State University

University of Northern Iowa

KANSAS

University of Kansas

Kansas State University

Wichita State University

KENTUCKY

University of Kentucky

University of Louisville

Murray State University

Northern Kentucky University

Western Kentucky University

LOUISIANA

Louisiana State University

Louisiana State University in Shreveport

Louisiana Tech University

Loyola University, New Orleans

McNeese State University

University of New Orleans

Nicholls State University

Northeast Louisiana University

Northwestern State University of-
Louisiana

Southeastern Louisiana University

Southern University

University of Southwestern Louisiana

Tulane University

MAINE

University of Maine at Orono

MARYLAND

University of Baltimore

Loyola College in Maryland

University of Maryland

Morgan State University

Salisbury State University

Towson University

MASSACHUSETTS

Babson College

Bentley College

Boston College

Boston University

Clark University

Harvard University

University of Massachusetts, Amherst

University of Massachusetts, Lowell

Massachusetts Institute of Technology

Northeastern University

Suffolk University

MICHIGAN

Central Michigan University

University of Detroit Mercy

Eastern Michigan University

Grand Valley State University

University of Michigan-Ann Arbor

University of Michigan-Dearborn

University of Michigan-Flint

Michigan State University

Oakland University

Wayne State University

Western Michigan University

MINNESOTA

Mankato State University

University of Minnesota

Saint Cloud State University

MISSISSIPPI

Jackson State University

Millsaps College

University of Mississippi

Mississippi State University

University of Southern Mississippi

MISSOURI

Central Missouri State University

University of Missouri-Columbia

University of Missouri-Kansas City

University of Missouri-St. Louis

Saint Louis University

Southeast Missouri State University

Southwest Missouri State University

Washington University

MONTANA

University of Montana

Montana State University

NEBRASKA

Creighton University

University of Nebraska-Lincoln

University of Nebraska at Omaha

NEVADA

University of Nevada-Las Vegas
University of Nevada-Reno

NEW HAMPSHIRE

Dartmouth College
University of New Hampshire

NEW JERSEY

The College of New Jersey
New Jersey Institute of Technology
Rider University
Rutgers-State University of New Jersey-
Camden
Rutgers-State University of New Jersey-
Newark
Seton Hall University

NEW MEXICO

University of New Mexico
New Mexico State University

NEW YORK

University of Albany, State University-
of New York
Alfred University
Baruch College - The City University-
of New York
Binghamton University
University at Buffalo, State University-
of New York
Canisius College
Clarkson University
Columbia University
Cornell University
Fordham University
Hofstra University
New York University
Pace University
Rensselaer Polytechnic Institute
University of Rochester
Rochester Institute of Technology
St. John's University
Syracuse University

NORTH CAROLINA

Appalachian State University
Duke University
East Carolina University
University of North Carolina at Chapel-
Hill
University of North Carolina at-

Charlotte
University of North Carolina at-
Greensboro
University of North Carolina at-
Wilmington
North Carolina A & T State University
Wake Forest University, School of-
Business and Accountancy
Wake Forest University, Babcock-
School
Western Carolina University

NORTH DAKOTA

University of North Dakota

OHIO

University of Akron
Bowling Green State University
Case Western Reserve University
University of Cincinnati
Cleveland State University
University of Dayton
John Carroll University
Kent State University
Miami University
Ohio State University
Ohio University

University of Toledo
Wright State University
Xavier University

OKLAHOMA

The University of Oklahoma
Oklahoma State University
University of Tulsa

OREGON

University of Oregon
Oregon State University
University of Portland
Portland State University
Willamette University

PENNSYLVANIA

Carnegie-Mellon University
Clarion University of Pennsylvania
Drexel University
Duquesne University
La Salle University
Lehigh University
University of Pennsylvania
The Pennsylvania State University
The Pennsylvania State University at-

Harrisburg
University of Pittsburgh
University of Scranton
Shippensburg University
Susquehanna University
Temple University
Villanova University
Widener University

RHODE ISLAND

Bryant College
University of Rhode Island

SOUTH CAROLINA

Coastal Carolina University
The Citadel
Clemson University
College of Charleston
Francis Marion University
University of South Carolina
Winthrop University

SOUTH DAKOTA

University of South Dakota

TENNESSEE

East Tennessee State University
The University of Memphis
Middle Tennessee State University
The University of Tennessee–
Chattanooga
The University of Tennessee-Knoxville
The University of Tennessee at Martin
Tennessee State University
Tennessee Technological University
Vanderbilt University

TEXAS

Baylor University
East Texas State University
University of Houston-Clear Lake
University of Houston-Downtown
University of Houston-University Park
Lamar University
University of North Texas
Rice University
St. Mary's University
Sam Houston State University
Southern Methodist University
Southwest Texas State University
Stephen F. Austin State University
University of Texas at Arlington

University of Texas at Austin
University of Texas at El Paso
University of Texas, Pan American
University of Texas at San Antonio
University of Texas at Tyler
Texas A & M University
Texas Christian University
Texas Tech University
Trinity University

Brigham Young University
The University of Utah
Utah State University
Weber State University

University of Vermont

College of William and Mary
George Mason University
James Madison University
Longwood College
Norfolk State University
Old Dominion University

Radford University
University of Richmond
University of Virginia-Darden School
University of Virginia-McIntire
Virginia Commonwealth University
Virginia Polytechnic Institute & State-
University
Washington and Lee University

Eastern Washington University
Gonzaga University
Pacific Lutheran University
Seattle University
University of Washington
Washington State University
Western Washington University

Marshall University
West Virginia University

Marquette University
University of Wisconsin-Eau Claire
University of Wisconsin-La Crosse

University of Wisconsin-Madison

University of Wisconsin-Milwaukee

University of Wisconsin-Oshkosh

University of Wisconsin-Parkside

University of Wisconsin-Whitewater

University of Wyoming

제4장 톱 비즈니스 스쿨 합격 에세이

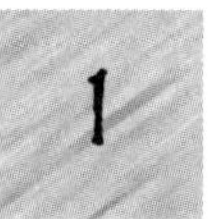

MBA 에세이 쓰는 법

1. 에세이의 중요성

MBA 스쿨을 지원할 때 직장 경력과 GMAT 못지 않게 중요한 것이 바로 에세이이다. MBA 스쿨들이 분야별로 신입생 수를 정해놓고 있는 것을 감안할 때 에세이는 직장 경력과 GMAT 성적이 비슷한 지원자 풀(예를 들어 투자 은행 출신들)에서 자신을 차별화 하는데 결정적인 영향을 미친다. 에세이는 수와 질문 내용에 있어서 학교마다 약간씩 차이가 있지만 크게 다음과 같이 5가지 부류로 나눌 수 있다.

① 향후 5~10년간의 미래 설계
② 자신의 약점과 강점
③ 가장 기억에 남는 일들(성공사례, 실패사례)
④ 진로를 결정하는데 가장 도움이 되었던 사람들
⑤ 왜 특정 학교를 선택하였는가?

에세이를 쓸 때는 하나하나의 내용에 충실을 기하는 것도 중요하지만 서로 자연스럽게 연결이 되도록 신경을 써야 한다. 즉 말하고자 하는 것과 해당 학교에서 원하는 것들을 나열해 놓고 각 에세이에서 어느 부분을 말할 것인지를 체크해 가는 것이 바람직하다. 그리고 나면 자신이 쓴 에세이에서 어떤 부분이 미비한지를 한눈에 알아볼 수 있다. 같은 에세이 질문이라도 학교에 맞춰 적합하게 작성해 나가는 것도 중요하다. MBA 스쿨들은 각기 자신들이 추구하고자 하는 비전이 있다.

예를 들어 하버드가 미래의 포츈 500대 기업 최고 경영자(CEO)를 배출하는 것을 목적으로 하는데 반해 스탠퍼드는 벤처 기업가, 워튼은 월스트리트 금융인 등을 배출하는데 초점을 맞춘다. 즉 하버드에서는 General Manger로서의 기본적인 자질을 매우 중요시하므로 에세이에 있는 내용들이 일관적으로 자신은 General Manager로서 충분한 자질을 가지고 있다는 메시지를 전달하도록 신경을 써야 한다. 반면에 스탠퍼드의 경우에는 조그맣게라도 직접 자신이 비즈니스를 운영해 본 경험 같은 것을 강조하면 후한 점수를 받을 수가 있다.

예를 들어보자. 전산업체에서 4년을 근무하고 MBA에 지원한 사람이 있었다. 이 사람은 회사에 다니면서 지방에 자주 파견을 나갔는데, 다양한 사람들의 욕구를 어떻게 하면 효과적으로 맞출 수 있을까 하는 부분에 대한 고민을 많이 했다고 한다.

이 내용을 General Manger로서의 역량을 많이 보는 데에는 "만약에 내가 CEO가 된다면 이런 부분을 바꾸고 싶다는 생각을 많이 했으며 윗사람들에게 적극적으로 의견을 개진해 일부는 실질적인 성과까지도 거두었다."라는 식으로 하고, 기업가 정신을 강조하는 데에는 "파견을 다니다보니 대기업에서 미처 커버하지 못하는 사업 기회를 발견하게 되었다. 그래서 자영업을 하는 친구와 동업으로 이를 실행하게 되었다."라는 식으로 서술하였다.

또한 금융인을 많이 배출하기로 유명한 학교에는 "기존의 투자기관들이 미처 생각하지 못했던 새로운 투자대상이라는 생각이 들었다. MBA 스쿨에서 이러한 부분에 가장 효과적으로 투자하는 방법을 배워서 이를 전문적으로 하는 곳에 진출하고 싶다."라고 썼다. 이와 같이 같은 내용이라도 학교에 따라서 약간씩 바꾸어야 하기 때문에 MBA 스쿨 에세이가 다른 에세이들에 비해서 훨씬 더 힘들다.

2. 에세이 작성시 요구하는 영어 수준

지원서를 읽어보면 에세이는 내용이 최고로 중요하다고 되어 있다. 하지만 그렇다고 해서 콩글리시로 에세이를 작성해도 된다는 얘기는 아니다. MBA 스쿨에 지원하는 학생들은 동양계를 제외하고는 대부분 외국인 수준의 영어를 구사한다. 즉 모두들 영어는 기본으로 생각하고 여기에 내용으로 승부를 거는 것이다. 에세이를 쓸 때는 초안은 직접 작성하더라도 나중에 마지막 원고를 마무리하여 만들 때에는 반드시 외국인 수준의 전문가에게 부탁을 해야 한다.

3. 작성하는데 필요한 시간

MBA 스쿨을 지원하는데 있어서 가장 큰 변수가 되는 것이 바로 에세이 작성이다. 일반 대학원이나 법대는 수십 군데를 한꺼번에 지원할 수 있어도 MBA 스쿨은 다섯 군데 이상 지원하기가 힘든 이유가 바로 여기에 있다. 에세이를 작성하는데 필요한 시간은 학교를 몇 개 지원하느냐에 따라 좌우되지만 5군데를 지원할 경우를 기준으로 최소한 2달

정도가 필요하다.

- **학교별 내용 구성** - 10일
- **초안 작성** - 20일
- **교정 및 리뷰** - 30일

물론 막판에 몰리면 1주일 만에도 에세이를 작성할 수는 있지만 그러다 보면 자신도 모르게 많은 내용을 빼 먹을 수 있으므로 처음에 계획을 세울 때부터 에세이를 작성하는데 충분한 시간을 안배하도록 한다(경우에 따라서는 새로운 각도로 글을 보기 위해 초안을 작성한 다음에 몇 주 그냥 놓아두는 경우도 있다).

4. 대필을 의뢰하는 경우

시간이 부족해서 대필을 의뢰하는 경우는 돈도 돈(에세이 대필은 상당히 비싸다. 보통 5군데를 기준으로 할 경우 80~100만원 가량을 요구함)이지만 원하는 수준의 에세이를 얻기가 쉽지 않다. 이력서만 전달해주고 몇 번의 인터뷰만 하면 알아서 다 써준다고들 하는데 이는 좀처럼 수긍하기가 힘든 부분이다. 아무리 대필해주는 사람과 자주 접촉을 한다 하더라도 자신의 머리속에 있는 것을 다 써주는 것을 바라는 것은 무리이다.

대필을 의뢰할 때에도 국문 에세이는 자기가 쓰는 것이 바람직하다. 국문 에세이를 쓰면 돈도 번역비 정도만 소요되고 나중에 수없이 교정을 해야하는 번거로움을 피할 수 있다. 사실 국문부터 대필을 해주는 곳들은 어느 수준을 넘어가면 교정도 제대로 해주지 않거나 추가비용을 요구한다.

국문 에세이를 쓰기 전에는 학교 안내책자나 다른 사람들로부터 지원하는 학교의 취향에 대한 정보를 최대한 많이 확보해야 한다. 그렇게 하면 에세이를 쓰는데 필요한 시간과 비용을 최소화할 수 있다.

5. 여러 학교를 지원하는 경우

지원서를 받아보면 학교마다 에세이들이 약간씩 차이가 나는 것을 발견할 수 있다. 하지만 많은 부분이 중복되기 때문에 대략 10가지 정도만 써 놓으면 힘들이지 않고 에세이를 쓸 수 있다. 공통되는 에세이의 경우 하나만 써 놓고 이를 그대로 가져다 쓰곤 하는데 이는 대단히 위험한 발상이다. 공통되는 에세이 중에는 학교마다 Customization을 해야 하는 것들이 있는데 자신의 포부를 밝히는 것과 지원하는 MBA 스쿨에 어떤 식으로 공헌을 할 수 있는지를 설명하는 것이 대표적이다.

일반적으로 2개 이상의 학교를 지원할 때에는 일단 에세이 질문들을 죽 나열해 놓고 완전히 공통되는 것, 약간 가공해야 하는 것, 학교마다 다른 것의 세 가지로 분류를 해 놓고 작업을 하도록 한다.

6. 쓰기 전에 꼭 참고할 것

에세이를 쓰기 전에는 안내책자(특히 추천서 양식을 눈여겨 본다. 추천서에는 해당 학교에서 지원자들에게 원하는 것들이 가장 잘 정리되어 있다)나 졸업생들의 말을 들어보는 것도 좋지만 그것보다 더 좋은 것은 다른 사람들이 쓴 에세이를 직접 읽어보는 것이다. 학교마다 2~

3개 정도를 숙독해 보면 머리속에 있는 생각들을 어떤 식으로 전개해야 하는지에 대한 감이 생긴다.

7. 에세이를 구성하는 기본 요령

MBA 스쿨에 지원할 때 보내는 서류들은 거의 대부분이 자신에 대해 소개를 하는 것들이다. 에세이는 물론이고 이력서와 추천장에도 지원자에 대한 사항들이 들어간다. 지원서류를 준비할 때는 될 수 있으면 중복을 피해야 하고 또한 내용들이 서로 거미줄처럼 연결되어 있어야 한다. 에세이에서 한 이야기를 추천장에서 또 언급하는 것보다는 각기 다른 내용을 다루는 것이 좀 더 내용을 풍부하게 만들 수 있다.

MBA 스쿨들은 지원자의 여러 면을 본다. 학업 성적과 직장 경력도 중요하지만 국제감각, 리더십, 대인 능력 등도 높이 평가하는 부분들이다. 지원서류를 작성할 때에는 이러한 내용들이 골고루 들어가도록 잘 안배를 해야 한다.

다음은 H 대학을 지원한 학생의 에세이와 추천장의 테마의 예이다.

추천장 A	엉망이었던 학점을 높인 이야기(학업 성적)
추천장 B	해외로 보낼 수 있는 유일한 사원이라는 이야기 (국제 감각)
추천장 C	고아원을 도와준 이야기(봉사 정신)
에세이 1	담당 지역의 매출을 2배로 올린 이야기 (경영 감각)
에세이 2	대학 시절 방송반 회장을 한 이야기 (리더십)
에세이 3	대학원생 논문 경진 대회에서 수상한 이야기(지적 능력)
에세이 4	아버지를 간호하기 위해 학점을 포기한 이야기(인간미)
에세이 5	회사에 들어가서 새 사람이 되었다는 이야기(장래 포부)

8. 성공적인 에세이를 위한 필수조건

에세이는 첫번째도 차별화, 두번째도 차별화, 그리고 세번째도 차별화이다. 일년에 MBA 스쿨에 지원하는 수만 명의 학생들이 다 에세이를 쓴다. 입학 사정을 하는 사람들의 기억에 남으려면 그야말로 튀기 위해서 몸부림을 쳐야 한다. 그렇다고 수단·방법을 가리지 말라는 애기는 아니다. MBA 스쿨들은 모든 지원자들이 동일한 조건하에서 경쟁을 할 수 있도록 몇 가지 규칙을 정해 놓았다.

첫째, 에세이 외의 다른 자료들은 별 도움이 되지 않는다. 연주회 등의 녹음 테이프, 미술 작품, 심지어는 비디오 테이프까지 동원하는 경우가 있는데 정성은 갸륵하지만 가산점은 전혀 없다고 보면 된다.

둘째, 에세이는 주어진 길이 안에서 써야 한다. 에세이를 쓰다 보면 자신도 모르게 넣고 싶은 것이 많아진다. 한 두개 정도는 괜찮지만 주어진 분량을 상습적(?)으로 초과하는 지원자에게는 불이익이 주어진다.

9. 에세이에 써서는 안될 내용들

에세이에는 시험 점수나 이력서 등으로는 자세히 알 수 없는 내용들을 담아야 한다. 이력서에서 이미 적은 직장 경력을 단순히 나열한다던가 또는 GMAT 점수 등을 인용한다던가 하는 것은 바람직하지가 않다. 특별한 경우가 아니라면 학업 성적이나 GMAT, TOEFL 점수 등은 에세이에 쓰지 않도록 한다. 만약 이들을 꼭 써야겠다면 조건부로 쓸 수 있는 에세이(일반적으로 자신이 부족하다고 생각되는 부분은 Conditional 에세이에 따로 쓰게 하는 것이 관례임)에 따로 적는다.

그리고 경험들을 나열할 때에도 자랑 위주의 글은 높은 점수를 받지 못한다. 꼭 자랑을 해야겠으면 "대단한 것은 아니었지만 주변에서는 저에게 이러한 악조건하에서 매출을 2배나 올린 것은 이례적인 일이라고 추켜주셨습니다." 등의 우회적인 표현을 선택한다. 에세이를 읽는 사람들은 너나없이 잘난 체 해대는 지원자들에게 이골이 난 사람들이므로 스트레스를 주는 일은 피하는 것이 현명하다.

MBA 스쿨에서 중시하는 것중의 하나가 "성실성(Sincerity)"이다. 외국 학생들, 특히 한국 학생들은 확인할 길이 없다고 생각을 하고 곧잘 과장을 하거나 거짓말을 하곤 하는데 이는 상당히 위험한 발상이다. 학교를 다니다 보면 자기도 모르게 사실이 다 드러난다. 괜히 자기 때문에 나중에 지원하는 다른 한국인들이 피해보는 일이 없도록 주의한다. 실례로 어느 한 학생이 자기가 아시안 게임 수영 부문에서 동메달을 획득(초등학교 시절 전국체전에 출전한 경력을 과장함)했다고 에세이에 썼다가 나중에 금메달을 실제로 딴 선수가 그 학교로 유학 오는 바람에 들통난 경우가 있었다.

10. 여러 학교를 지원할 때 주의할 점

"나는 그럴 리가 없어!"라고 말할지 모르지만 에세이를 재활용할 때 의외로 학교 이름조차 바꾸지 않고 보내는 사람들이 있다. 특히 막판에 시간이 없다 보면 경황이 없어서 꼼꼼하게 확인하기가 힘들어진다. 이런 에세이를 읽는 사람의 기분은 어떨까? MBA 스쿨을 2곳 이상 지원할 경우에는 보내기 전에 반드시 학교 이름을 확인한다. 실수를 예방하는 가장 좋은 방법은 에세이를 쓸 때 학교마다 따로 디렉토리를 만드는 것이다. 즉 하버드, 스탠퍼드, 시카고에 지원한다면 컴퓨터에 HBS,

Stanford, Chicago의 디렉토리를 만든 다음 작업을 진행한다.

에세이는 학교마다 요구하는 장수도 틀리고 또 내용도 틀리다. 에세이를 적게 요구하는 학교에 지원할 때에는 종종 2~3개의 에세이를 하나로 합쳐야 하는데 이때 흐름에 문제가 없는지, 일관된 주제를 가지고 있는지 확인한다. 반대로 짧은 에세이를 길게 늘일 때에는 단어를 가지고 조정하는 것보다는 내용 자체를 보강하는 것이 바람직하다.

11. 에세이 시작하기

"에세이는 정성스럽게 써야 한다. 에세이는 지원자에 대한 특이한 사항, 꿈 또는 관심 사항 같은 것을 학교에 알리는 역할을 한다. 에세이를 평가하는 기준은 내용, 문장력 그리고 효과적인 내용 구성과 전달이다." 한 학교의 안내책자에 쓰여 있는 말이다. 만약 지금 점수만을 내세워 학교에 갈 생각을 하고 있다면 무언가 중요한 것을 하나 잊어버린 것이다. 사실 순위가 높은 학교일수록 시험 점수 같은 객관적인 자료가 차지하는 비중은 적어지고 에세이가 중요한 역할을 한다.

입학 사성을 담당하는 사람들은 에세이를 통해서 문장력, 성격, 미래에 대한 확고한 비전, MBA 프로그램에 대한 이해도 등을 보고자 한다. 즉 지원자가 어떤 사람이며, 지금까지 무엇을 했고, 또한 그것을 얼마나 효과적으로 이루어왔는지가 주 관심사이다. 에세이는 내용만으로 평가되는 것이 아니라 문장력까지 함께 고려된다.

에세이를 쓰기 전에 우선 누가 읽고 또 평가는 어떻게 하는지를 먼저 생각해 본다. 에세이를 읽는 사람들은 매년 수많은 원서에 골머리를 썩는 입학 사정 담당자들이다. 그들은 MBA 스쿨 및 커리어에서 성공하는데 있어서 결정적인 요소가 되는 것들이 무엇인지를 잘 안다. 그래서 에세이에 지원자의 지적 능력, 경영 능력 및 리더십에 대한 잠재력, 개성, 장래 포부 등이 구체적으로 들어있기를 기대한다. 또한 에세이에 들어 있는 내용들이 크던 작던 간에 똑같이 중요하게 생각한다.

톱 MBA 스쿨들이 지원자들에게 공통적으로 바라는 것은 지적 능력, 경영 능력 및 리더십에 대한 잠재력, 개성, 장래포부의 4가지이다. 물론 학교에 따라 이외에 추가적인 것을 보기도 한다. 즉 국제경험을 중시하는 학교도 있고 기술적인 경험을 중시하는 학교도 있다. 만약 학교들이 중점적으로 보는 사항들을 확실히 알고 있다면 여기에 맞게 에세이를 효과적으로 쓸 수 있다.

이를 파악하려면 우선 학교에서 제공하는 각종 안내책자를 주의 깊게 읽어야 한다.

에세이는 하나하나 잘 쓰는 것도 중요하지만 전체적으로 조화를 이루어야 한다. 즉 모든 에세이에서 어느 한 면만 지나치게 강조하는 것보다는 자기가 얘기하고자 하는 것을 미리 쭉 나열해보고 이를 잘 안배하는 것도 중요하다.

12. 주제(테마) 잡기

제대로 된 에세이를 쓰려면 최소한 5번 정도는 리뷰를 해야 한다. 개인적으로 한 3번 정도 살펴보고 그 다음에는 다른 사람에게 피드백을 요청하도록 한다.

에세이를 쓸 때 전체적인 계획을 잡는 것은 매우 중요하다. 계획을 일찍 세워 놓으면 나중에 실제로 에세이를 쓸 때 시간이 모자라서 쩔쩔매지 않아도 된다. 하지만 안타깝게도 대부분의 학생들은 계획성 있게 에세이를 쓰지 못한다. 즉 적당히 쓴 다음에 나중에 하나로 합치는 것이 다반사이며 제대로 생각도 해보지 않고서 완벽한 것을 쓰려고 욕심을 부린다. 물론 이런 식으로 에세이를 쓰면 그 결과는 뻔하다. 더군다나 이런 에세이는 아무리 고친다 해도 좋아지지가 않는다. 쓰기 전에 생각하는 데에도 물론 어려움이 있다. 즉 생각을 많이 한 다음에 실제로 쓴 내용이 별로일 경우 실망을 많이 하는데 이는 자연스러운 과정이므로 크게 걱정하지 말도록 한다.

사실 대부분의 에세이들은 다 거기에서 거기이다. 그러므로 읽는 사람 입장에서 생각해 보면 엄청난 고통이다. 수천 장을 읽는데 거기에서 대부분의 내용이 비슷하다고 생각해 보자. 나중에는 진이 빠져 읽는 둥 마는 둥하게 된다. 사실 에세이를 다른 사람들과 차별화 하기 위해서 충분한 생각을 하는 지원자들은 그렇게 많지 않다. 하지만 에세이를 쓰는 이유는 자신을 남들과 차별화 하기 위한 것임을 명심해야 한다. 그러므로 어떻게 하면 차별화 할 수 있는지를 미리 충분하게 생각하지 않으면 안된다.

에세이를 쓰는데 필요한 것들을 생각하는 데에는 많은 시간이 필요하다. 특히 직장 경력이 길고 회사를 몇 번 옮긴 경우라면 더욱 더 그렇다. 하지만 테마를 잡는 것을 너무 심각하게 생각하지는 않도록 한다. 테마는 그 동안 살아오면서 자신에게 의미가 될 만한 일이면 무엇이든 괜찮기 때문이다.

대부분의 지원자들이 직장 경력이나 학업 성적을 강조하는데 이런 것 대신에 취미생활이나 사회 봉사 활동 등을 내세우는 것도 차별화 하는 한 방법이다. 남들이 안 하는 것을 시도하려고 노력을 해보자. 이러한 테마를 효과적으로 정리하는 방법은 일종의 "요약정리문"을 한번 만들어 보는 것이다. 죽 읽어 내려가면 무엇을 써야할지가 대충 감이 잡힐 것이다. 에세이는 한번에 다 쓰는 것보다는 충분한 시간을 두고 될 수 있으면 자세하게 쓰는 것이 좋다. 한 자리에서 지난 몇 년간에 있었던 일을 한번에 기억할 수 있는 사람이 몇이나 될까?

시간이 날 때마다 노트북이나 다이어리 등에 도움이 될만한 것들을 적어두는 것도 좋다. "요약정리문"이 완성되면 에세이를 반은 쓴 것이다. 여기에서 필요한 내용만 뽑아서 잘 가공하면 멋진 에세이가 나온다.

13. 윤곽 잡기

요약정리문을 만든 다음에는 이중에서 어떤 내용을 뽑을 것인가를 생각한 후 내용을 뽑을 때에는 자신만의 차별화 전략에 맞추어야 한다. "에세이를 쓰고자 하는 주제가 차별화 전략과 잘 맞아떨어지는가? 주제를 효과적으로 전달할 만한 줄거리가 있는가? 다른 자료들이 이를 신빙성 있게 뒷받침 해주고 있는가?" 등을 심사숙고 한다. 만약 하나라도 자신이 없는 부분이 있으면 처음부터 다시 시작을 해야 한다.

에세이에 쓸 내용이 정해지면 그 다음에는 이를 잘 꾸며야 한다. 내용을 구성하는 데에는 여러가지 방법이 있지만 그 중에 하나가 일단 주개념을 적고 이를 뒷받침해주는 내용들을 적어나가는 것이다.

에세이를 잘 구성하려면 세부적인 내용으로 바로 들어가기에 앞서 우선 전체적인 윤곽을 잡아보는 것이 좋다. 일단 윤곽이 있으면 무엇이 부족한지를 파악하기가 쉽고 또한 내용들을 Top-Level에서 효과적으로 구성할 수 있다. 또한 필요 없는 내용을 초기에 지워버림으로 해서 나중에 들어가는 쓸데없는 시간적인 노력을 확실히 줄일 수 있다. 윤곽을 잡는 방법에는 여러가지가 있다. 하지만 어떤 방법에 얽매일 필요는 없고 윤곽을 잡는 목적, 즉 아이디어들을 한데 모으고 전체적인 연관성을 파악하는 것만 제대로 달성할 수 있으면 된다.

14. 초안 작성

윤곽이 잡히면 바로 초안 작성에 들어간다. 처음부터 너무 완벽하게 만들려고 할 필요는 없다. 초안을 작성할 때는 느긋한 마음자세를 가지고 한다. 완벽하지 않으면 쓰지 않겠다라는 생각을 가지고 에세이를 작성하다보면 나중에 하나도 못 쓸 가능성이 높다. 즉 처음부터 완벽을 기하는 것보다는 쓰고자 하는 아이디어가 모두 들어 있는 초안을 만들어 내는데 초점을 맞추도록 한다. 윤곽에 있는 순서대로 글이 풀리지 않는다고 걱정할 필요도 없고 또한 단어 선택 등이 적절하지 않아도 상관 없다. 처음에는 그냥 합리적인 정도로 목표를 잡는다.

아래에 초안을 잡는데 사용되는 여러가지 방법을 나열해 보았다. 하지만 글을 쓰는 방법은 사람마다 모두 다르기 때문에 한 방법이 다른 방법보다 좋다고 할 수는 없다. 무슨 방법을 택하든지 간에 초안 작성에서 달성하고자 하는 것만 이루면 된다.

① 결론부터 시작하는 방법
② 서론부터 시작하는 방법
③ 본론부터 시작하는 방법
④ 결론/서론/본론 가릴 것 없이 다 조금씩 손대는 방법

이중 가장 많이 사용되는 방법이 세 번째인 본론부터 시작하는 방법이다. 이 방법을 택하는 사람들은 본론을 써 내려간 다음 순서에 맞게 내용을 재배치하고 이어 서론과 결론을 적는다. 지원자들이 이 방법을 택하는 이유는 서론과 결론이 가장 많은 시간을 요한다고 생각하기 때문이다.

글을 쓰다 보면, 특히 에세이를 처음 시작할 때 자주 막히게 된다. 하

지만 너무 지나치게 스트레스를 받지는 말자. 에세이를 쓴다는 것은 쉬운 일이 아니다. 특히 초기에 막히는 것은 자연스러운 일이다. 이럴 때에는 문체나 단어 등에는 신경을 끊고 쓰고자 하는 내용을 나열하는 데에만 초점을 맞추도록 한다.

15. 교정 받기

일단 초안이 완성되면 교정을 통해서 내용을 조금씩 다듬어 나간다. 교정을 할 때 가장 중요한 것 중의 하나가 타이밍이다. 초안을 쓰자마자 바로 교정에 들어가게 되면 고쳐야 할 부분들이 잘 보이지 않는다. 즉 교정을 효과적으로 하려면 적어도 며칠 동안의 시간적 여유를 갖는 것이 바람직하다. 잠깐 쉬고 나면 제3자의 시각에서 에세이를 볼 수 있게 된다.

말을 다듬기에 앞서 내용을 보고 너무 장황한 부분이 없는지 또는 보완해야 할 부분은 없는지를 먼저 파악한다. 내용을 먼저 보지 않으면 많은 시간을 투자한 부분이 나중에 날아가 버릴 수도 있다. 교정은 적어도 세 번은 해야 한다. 물론 글을 써 본 경험이 많다면 세 번까지 할 필요가 없을 수도 있다. 하지만 교정은 아무리 지나쳐도 부족함이 없다는 것을 명심한다.

지원자들이 교정을 할 때 가장 흔히 저지르는 오류가 너무 많이 고친다는 것이다. 교정은 말 그대로 초안을 다듬는 것이다. 즉 교정 후 초안에서 남는 것이 하나도 없다면 뭔가 잘못된 초안을 작성한 것이다.

● 첫번째 교정
첫번째 교정은 에세이 전체를 대상으로 한다. 첫번째 교정에서 해야 할 사항들은 다음과 같다.

1. 목적을 충분히 달성했는가?

질문에 맞는 답을 했는지 그리고 주제를 효과적으로 살렸는지 다시 한번 체크한다.

2. 내용 다듬기—일반적으로 초안은 내용의 분배가 제대로 되어 있지 않다.

필요 이상으로 장황하게 서술한 부분이 있는가 하면 설명이 제대로 되지 않은 부분도 있을 것이다. 좋은 에세이들은 내용들간에 균형이 잘 잡혀 있는 것이다. 전달하고자 하는 메시지와 별로 상관이 없다 싶은 부분은 과감히 잘라내고 부족한 부분은 보완을 한다. 특히 다들 아는 내용, 예를 들어 회계에서 나오는 개념 설명 등은 피하고 다소 생소한 내용, 특히 공학 쪽의 개념들은 읽는 사람이 알겠지 하는 성급한 결론을 내리지 말고 에세이를 읽는데 도움이 될 수 있도록 충분히 설명을 곁들인다.

3. 구성 다듬기—좋은 에세이들은 흐름이 매우 부드럽다.

부드러운 흐름을 만드는 가장 좋은 방법은 윤곽을 자꾸 잡아보는 것이다. 논리상 비약이 있다면 필요한 부분을 보완해서 흐름을 바로잡도록 한다.

4. 길이 조정—대부분의 에세이들은 길이에 제한이 있다.

너무 짧아서도 안되지만 너무 길어서도 안된다. 특히 지나치게 장황한 에세이는 큰 핸디캡으로 작용할 수 있다. 될 수 있으면 길이 제한에 맞추도록 노력을 한다.

첫번째 교정을 제대로 하고 나면 원하는 내용도 다 들어 있고 또 길이도 적당한 에세이가 만들어질 것이다. 그 다음에 살펴 볼 것들은 문단, 문장, 그리고 단어 선택 등이다.

일반적으로 각 문단에는 하나의 Main Idea가 들어 있어야 한다. 이런 식으로 에세이를 쓰는 가장 쉬운 방법은 Topic Sentence부터 시작하는 것이다. 그리고 나머지 이를 뒷받침하는 문장들을 써 내려가면 완벽한 문단이 만들어진다. Business Writing에서는 모든 문단들이 Topic Sentence부터 시작한다고 해도 과언이 아니다.

다음에는 문단의 길이를 본다. 처음 에세이를 쓰는 사람들은 짧은 문단 또는 긴 문단만으로 에세이를 쓰는 경향이 있다. 짧은 문단과 긴 문단을 적절히 섞어서 쓰도록 한다. 일반적으로 문단의 길이는 30~150 단어 사이로 하는 것이 바람직하다. 짧은 문단만으로 에세이를 구성하면 읽는 사람이 이 에세이를 쓴 사람은 단순한 사람이구나 하고 생각하게 되고 반대로 긴 문단만으로 에세이를 구성하면 장황한 사람으로 오해를 받을 소지가 있기 때문이다. 강조를 해야 하는 부분은 짧은 문단을, 자세한 설명을 필요로 하거나 예를 드는 경우는 긴 문단을 쓰도록 한다.

Main Idea를 구체화하는 방법에는 Examples, Explanation, Details의 세 가지 방법이 있다. 이런 것들을 무시하고 에세이를 쓰면 별로 재미도 없고 또 설득력도 없는 에세이가 나온다. 특별한 예 또는 설명 없이는 Main Idea를 효과적으로 전달할 수 없다는 것을 명심한다.

첫번째 교정에서 순서를 바로 잡으라고 했는데 이어서 해야 할 일이 연결 부분을 매끄럽게 만드는 것이다. 즉 내용에 따라서 다음과 같은 표현들을 이용해서 문맥을 부드럽게 만들도록 한다.

문단들을 부드럽게 연결하는 쉬운 방법중의 하나가 전 문단의 마지

강 조	besides, furthermore, moreover
인 과	therefore, consequently, as a result, accordingly
결 론	as a result, therefore, thus, in conclusion
대 조	although, but, despite, however, on the one hand/on the other hand
예 시	for example, for instance, specifically
순 서	first, second; former, latter; first of all

막 부분을 바로 받는 것이다. 예를 들어 "I needed the chance to show what I could do without overbearing supervision."라는 표현으로 전 문단을 마무리했다면 다음 문단은 "My opportunity to prove myself came with the founding of a new office in Toronto."와 같은 표현으로 시작을 하면 된다.

이 경우 두 문장 사이에 인과관계가 있으므로 연결이 자연스럽다.

도입 부분은 단순히 Main Idea를 시작하는 역할만 하는 것이 아니다. 도입 부분에는 읽는 사람을 빠져들어가게 할만한 무엇인가가 담겨있어야 한다. 예를 들어 7개의 에세이를 요구하는 학교의 경우 적어도 2~3개는 확실한 도입부를 가지고 있어야 한다. 도입 부분은 우선 재미있어야 하며 또한 Main Idea를 효과적으로 끌어내야 한다. 중요하거나 재미있는 사실, 최근 뉴스에 실린 내용, 개인적인 경험 등은 도입 부분에 자주 등장하는 내용들이다.

답하고자 하는 질문을 다시 한번 강조하는 방법도 효과적일 때가 있다. 하지만 이 경우에는 단순히 질문을 그대로 옮겨서는 안된다. 즉 적절한 가공을 해야 한다. 일반적으로 결론에는 다음과 같은 사항들이 하나 또는 그 이상 담겨져 있어야 한다.

결론 부분에서는 앞에서 한번도 언급된 적이 없는 새로운 내용을 제시해서는 안된다. 결론 부분은 어디까지나 결론이다. 만약 무엇인가 새로운 부분을 추가하고 싶다면 앞부분에서 하도록 한다.

에세이를 쓰다보면 자기도 모르게 긴 문장들을 계속해서 나열하게 된다. 긴 문장 중에 일부는 짧게 변화를 준다. 무엇인가를 강조할 때는 짧은 문장이 긴 문장보다 효과적이기 때문이다.

반대로 자세한 설명을 필요로 할 때는 긴 문장을 쓴다. 문장의 길이에 변화를 주어야 읽는 사람이 지루하다는 생각을 조금이라도 덜 가지게 된다.

크게 읽어봐서 좀 아니다 싶거나 길이가 너무 튀는 문장은 과감하게 손질을 가하고, 문장을 교정할 때에는 표현들을 하나하나 살펴봐야 한다. 의미 전달이 명확하지 못하거나 너무 길다 싶은 표현들은 삭제한다. 예를 들어 "despite the fact that"처럼 긴 표현은 "although"로 간단하게 줄인다. 또한 남들이 흔히 쓰는 표현을 피하고 새로운 시도를 하는 것이 좋다. 즉 될 수 있으면 형용사 대신 명사와 동사를 많이 쓰도록 하고, 수동태 표현도 최소화하는 것이 바람직하다.

에세이를 쓸 때는 톤(Tone)도 중요하다. 무엇인가 자신감에 넘치고 친근감을 주며, 또한 학구열에 불탄다는 느낌을 주도록 노력한다. 하지만 자신감이 너무 지나쳐 자만으로 비약되어서는 곤란하다. "I'd give anything if you would just let me in"이나 "I never do well on those awful standardized tests; it's so unfair that schools even look at the results"처럼 빌거나 지나치게 핑계를 대는 것도 좋지 않다.

Tone을 체크하려면 다 쓴 다음에 한 번 크게 읽어보는 것이 좋다. 만약 괜찮다 싶으면 다른 사람을 대상으로 읽어보게 하고, 에세이의 내용이 효과적으로 전달되는지를 확인한 후 부족한 부분들을 메우도록 한다. 에세이에는 지원자의 Tone이 들어가는 것이 좋지만 그렇다고 해서 "you know" 또는 "like"와 같이 지나치게 비형식적인 표현은 피하는 것이 바람직하다.

어떤 사람들은 고등학교 시절에 배운 것을 떠올려서 1인칭으로 문장을 쓰면 큰일나는 것처럼 생각하는 경우도 있는데, 에세이는 반드시 1인칭으로 써야 한다.

세번째 교정

세번째 교정에서는 문법상으로 틀린 곳은 없는지 또는 구두점을 잘못 쓴 곳은 없는지를 잘 살펴야 한다. 맨 앞부분부터 천천히 읽어 내려가면서 하나하나 확인을 하는 것이 좋은데, 크게 읽어 내려가면서 살펴보는 방법이 효과적이다. 만약 주변에 문법에 한해서는 박식한 사람이 있다면 과감하게 부탁하여 철자법을 확인하는 것도 잊어서는 안된다.

앞으로 쓰게 될 대부분의 에세이들에서 공통적으로 적용되는 사항이 MBA 스쿨들이 정해 놓은 길이 제한이다. 이를 어기면 기본적인 룰도 지키지 않는 사람으로 오해받을 수 있으므로 되도록 Limit 안에서 전체적인 길이를 조정한다. 대부분의 학교들은 한두 개 정도의 에세이가 제한 길이를 넘어가는 것은 별로 신경을 쓰지 않으나 이런 패턴이 일관적으로 보여질 경우 좋지 않는 인상을 갖는다. 즉 MBA 스쿨들은 되도록 지원자들이 똑같은 조건 내에서 경쟁하기를 바란다. 쓸데없이 길게 써서 불이익을 받지 않도록 한다.

16. 내용 검토(Review) 받기

만족스러운 수준으로 교정을 한 다음에는 다른 사람에게 검토를 받아야 한다. 검토를 받는 것은 그리 유쾌한 경험은 아니다. 꼭 학교에 다닐 때 선생님한테 숙제를 내는 기분이 들 것이다. 하지만 이것도 보다 나은 에세이를 위한 필수 과정임을 숙지하고 특히 MBA 출신에게 검토를 받으면 문장력뿐만이 아니라 학교에 대한 언급, A학교에서는 분석 능력을 중요시한다는 등의 조언을 받을 수 있다.

검토는 적어도 세 사람 이상에게 받도록 한다. 특히 쓰기 실력에 자신이 없다면 외국인을 한 사람 이상 넣어서 문장 다듬기를 포함한 세심한 검토를 부탁해야 한다. 검토를 받은 다음에는 다른 사람들의 의견을 취합해서 다시 한번 교정을 한다.

시간이 충분하다면 검토도 두 번 이상 받는 것이 좋다. 검토를 하는 사람들도 시간이 지나면 좀 더 좋은 아이디어를 제시하는 경우가 많으므로 교정을 한 다음에 검토를 다시 부탁한다.

17. 최종 점검

에세이를 쓰다 보면 나름대로 교정도 하고 검토도 받고 해도 여전히 부족한 것이 있게 마련이다. 귀찮더라도 학교에 보내기 전에 한번 더 확인을 하는데, 중점적으로 볼 부분은 막판에 수정을 한 부분들이다. 몇 번에 걸쳐서 수정을 하다보면 자신도 모르게 지쳐서 나중에는 대강

대강 검토를 하게 되는데 그러다 보면 실로 어이없는 실수들을 저지르 곤 한다. 특히 문단을 잇는 부분과 문법을 집중적으로 살펴본다.

친구들에게 최종 점검을 함께 부탁하는 것도 좋은 생각이다. 여러 사람이 에세이를 보다보면 잘못된 부분들을 좀 더 효과적으로 찾아낼 수 있다.

18. DO'S & DO NOT'S

● DO'S

1. 시간을 넉넉하게 비워두자.

일찍 시작하는 것이 좋다. 제대로 에세이를 쓰려면 적어도 2달은 걸린다. 당연한 얘기지만 막판에 시간에 몰려서 허둥지둥 에세이를 쓰는 것보다는 많은 시간을 투자하면 훨씬 좋은 결과를 얻을 수 있다. 테마를 잡는 데에만 적어도 20~40시간이 걸리며 초안을 작성하는 데에는 에세이당 10~20시간이 필요하다. 물론 질문에 따라서는 훨씬 더 걸릴 수도 있다.

2. 질문에서 요구하는 내용을 쓰자.

아무리 내용이 좋더라도 MBA 스쿨에서 요구하는 에세이를 다른 에세이로 바꿀 생각은 하지 않는다. 남들과 차별화 한답시고 그렇게 했다가는 지시사항도 제대로 읽어보지 않았다고 바로 불합격을 당한다.

3. 가능하다면 유머를 많이 사용하자.

재치 있는 글을 쓸 줄 아는 사람은 그다지 많지 않다. 아니 다른 데서 들은 얘기를 글로 옮기는 것조차 쉬운 일은 아니다. 하지만 자신이 재치 있는 글을 쓰는데 소질이 있다면 이를 최대한 활용한다. 하지만 유머를 쓸 때는 다른 사람들에게 몇 번이고 검토를 받는 것이 중요하다. 혼자만 웃는 썰렁한 얘기를 에세이에 썼다가는 오히려 감점대상이다. 유머를 섞을 때는 내용이 야하거나 좀 수준이 떨어지는 것은 절대로 피해야 한다.

4. 자기 자신을 알리는데 초점을 맞추자.

과거 경험들을 적다보면 프로젝트 등에 대한 얘기만 들어있고 자기 자신에 대한 얘기는 빠져 있는 경우가 종종 있다. 이런 것들은 어디까지나 자기 자신을 알리기 위해서 존재하는 것이므로 초점을 잃지 않도록 주의한다.

5. 가능하면 사례를 많이 들자.

자신의 경험 등을 최대한 많이 활용하면 아주 박진감 넘치는 에세이가 만들어진다.

6. 사례를 많이 들기보다는 하나라도 제대로 들자.

한 에세이에서 너무 많은 사례를 들려다 보면 죽도 밥도 아닌 에세이가 나온다. 주마간산 식으로 이것저것 조금씩 훑는 것보다는 하나라도 자세히 설명하는 것이 좋다. 즉 어떤 역할을 담당했고 이룬 것은 무엇이고 배운 것은 무엇인가 등에 대한 자세한 설명이 있어야 한다.

7. 될 수 있으면 특이하게 쓰자.

자신에게 특이하면 할수록 자기 자신을 많이 알릴 수 있고 또한 다른 사람과 차별화가 가능하다. 특이한 정보나 예가 없는 일반적인 내용은 너무 약하고 신빙성도 떨어진다. 사례를 최대한 활용하여 자신만의 에세이를 쓰도록 한다.

8. 가독성을 높이기 위해서 **Bold**체나 *Italic*체를 중간에 사용한다.

Bold체나 Italic체는 의미를 전달하는데 효과적이다. 하지만 너무 지나치게 많이 쓰면 오히려 의미전달을 반감시킬 수 있다. 특히 짧은 에세이를 쓰는 경우 제목 등에는 Bold체나 Italic체를 쓰면 좋다.

9. 될 수 있으면 길이 제한을 맞추자.

길이 제한을 약간 초과하는 것은 별 상관이 없으나 특별한 이유 없이 거의 모든 에세이를 길게 쓰면 감점을 받을 수도 있다. 그러므로 될 수 있으면 길이 제한을 맞추도록 한다.

10. 제대로 검토 해줄 사람을 찾자.

검토를 맡길 때에는 에세이에서 말하고자 하는 것이 무엇인지를 먼저 확실하게 이해시켜야 한다. 그래야만 검토하는 사람이 문법이나 단어 이외의 것을 효과적으로 도와줄 수 있다.

● DO NOT'S

1. 무턱대고 시작하지 말자.

에세이를 쓰려면 이에 앞서 지원하려는 학교에 대한 정보를 충분히 수집해야 한다.

특히 추천장에 있는 항목들은 해당 학교의 취향을 파악하는데 큰 도움이 된다. 이와 같은 기본적인 정보도 없이 무턱대고 에세이를 쓰다가는 나중에 다시 시작해야 할지도 모른다.

2. 같은 내용을 지원서류에 반복해서 적지 말자.

지원서류에는 에세이 말고도 자신에 대한 내용을 적을 수 있는 부분이 많다. 너무 같은 정보를 반복해서 적는다는 느낌을 주지 않도록 한다. 특히 GMAT 점수를 언급하거나 단순히 직장 경력을 나열하는 것은 금물이다.

3. 피상적인 답변을 하지 말자.

MBA 스쿨에서 요구하는 답변은 구체적이고 사실적인 것이다. 선문답을 하는 식으로 피상적인 내용을 적어서는 안된다.

4. 거짓이나 과장된 내용을 적지 말자.

에세이에 한 번 거짓말을 적기 시작하면 설령 입학허가를 받는다 하더라도 계속해서 거짓말을 해야 한다. 나중에 골머리 썩을 일은 아예 하지를 말자.

5. 반드시 Maximum Limit을 채울 필요는 없다.

Maximum limit을 채우지 못해서 어드미션을 받은 사람은 아무도 없다. 쓸 내용이 없으면 없는 대로 쓴다.

6. Optional Essay를 꼭 쓸 필요는 없다.

지원서를 보면 추가로 쓸 사항이 있으면 Optional Essay를 쓰라는 부분이 있는데 많은 학생들이 여기에 지나치게 강박관념을 갖는다. 하지만 Optional Essay은 어디까지나 Optional이다. 특별히 내용이 부족하다거나 반드시 짚고 넘어가야 할 것이 있지 않는 한 쓰지 않아도 상관없다.

7. 지나치게 적은 글씨를 사용해서는 안된다.

돋보기로 봐야할 정도로 적은 글씨를 사용해서 에세이를 쓰면 아무도 보려 하지 않는다. 별도의 종이에 제출해도 상관이 없으므로 읽는 사람이 힘들어하지 않는 범위 내에서 글씨를 선택한다.

8. "In this essay I will write about…"와 같은 문장은 피한다.

9. 내용을 전개하는데 꼭 필요하지 않는 한 인용은 피하자.

많은 지원자들이 에세이를 시작할 때 세익스피어, 나폴레옹, 처칠 또는 마크 트웨인 같은 사람의 글을 인용한다. 하지만 이러한 문구들은 내용을 전개하는데 꼭 필요하지 않을 경우 오히려 지나치게 상투적인 느낌을 줄 수 있다. 다른 사람의 문구를 인용할 때는 먼저 내가 쓰고자 하는 내용과 얼마나 연관성이 있는지 먼저 생각해 보고 사용한다.

10. 개념을 정의하는 것으로 에세이를 시작하지 말자.

이것도 너무 상투적인 것으로 보인다. 특별히 필요하지 않는 한 어떤 개념을 설명하는 것으로 에세이를 시작하는 것은 바람직하지 않다.

11. 에세이 문제에 대한 이의를 제기하지 말자.

에세이를 읽는 사람들은 문제를 내기 위해서 많은 시간을 투자한 사람들이다. 이런 사람들에게 문제 자체에 대한 불평을 하는 것은 예의에 어긋난다.

12. 낮은 학점이나 GMAT 점수 또는 다른 성적상의 단점을 적지 말자.

학점이나 GMAT 점수가 낮은 특별한 이유가 있지 않는 한 성적을 자주 들먹이는 것은 금기 사항이다. 사실 전에는 '하루 종일 일을 하면서 학교를 다니느라 어쩔 수 없이 학점이 나쁩니다'식의 변명이 통했지만 요즘은 그런 상황에서도 학점이 좋은 사람들이 얼마든지 있기 때문에 오히려 역효과가 날 수 있다.

13. 너무 튀는 단어를 쓰려고 노력하지 말자.

에세이에 일부러 힘든 단어를 쓸 필요는 없다. 그런 단어를 남발하면 수준이 높다고 생각하기보다는 일부러 힘든 단어를 선택하기 위해서 어지간히 시간을 허비했다는 인상을 주기 쉽다.

14. 가르치는 투로 에세이를 써서는 안된다.

에세이가 자신의 의견을 마음껏 펼치는 곳이기는 하지만 그렇다고 해서 자신의 생각을 남에게 강요하거나 또는 강의조로 글을 써서는 안된다.

15. 너무 지나치게 흑백론을 펼치지 말자.

에세이를 읽는 사람들은 어느 한 면에 지나치게 집착하는 사람들을 잘 믿지 않는 경향이 있다. 예를 들어 회사의 조직체계를 바꾸는 제안을 했다고 생각해 보자. 만약 왜 조직체계를 바꾸는 것이 좋은지에 대한 구체적인 설명이 없다면 읽는 사람들이 이 사람은 그냥 밀어붙이기만 하는 무책임한 사람이구나 하는 인상을 받을 수 있다.

Columbia Business School

Background : Job Strategy consultant

Education : Liberal arts degree from a leading school

Nationality : American (African-American)

Critical issues to address :

As a consultant, she needs to distinguish herself from the large number of candidates with a similar background.

What are your career goals? How will an MBA help you achicvc these goals? Why are you applying to Columbia Business School?

As a business Analyst in the Strategic Services Practice of Anderson Consulting, I developed a passion for the variety, challenge, and intellectual stimulation that a career in management consulting affords. I enjoyed studying the management and operations of client companies, analyzing and formulating solutions to complex business questions, presenting findings, and managing client teams. In fact, everything about management consulting seemed perfect. However, something was missing. The constant travel and long workdays were forcing me to neglect my first love : community service.

I have always been conscious of the fact that my personal success was made possible through the efforts of those who came before me. Without the sacrifices of people like Thurgood Marshall and Susan Brownell Anthony, the opportunities that I have today would be far less numerous. As such, I feel a moral obligation to assist those less fortunate than, I have fulfilled this obligation through noncommittal volunteer work. In the future, I will fulfill the obligation by embarking on a career that will allow me to utilize my consulting skills to serve the community.

My short-term career goal is to serve as a business consultant to a nongovernmental organization in a developing country or as a business consultant to a nonprofit agency in the United States. This will allow me to further hone my management skills while serving the community. Also, it will prepare me to realize my long-term goal of starting a business in an area of high unemployment. The most effective form of community service helps others to help themselves. By creating jobs, I would help people to become self-sufficient and to support their families.

A Columbia Business School MBA would provide me with an internationally focused management education, which would better prepare me to plan and act strategically and to predict and manage

change as a consultant and as an entrepreneur. Studying
entrepreneurial management and assisting minority entrepreneurs
with their business issues would provide me with a theoretical and
practical entrepreneurial education. In brief, a Columbia Business
School MBA would help me to achieve my career goals by helping
me to a develop the skills that are necessary to succeed in today's
global economy.

2 In reviewing the last five years, describe the one or two
accomplishments of which you are most proud.

The two recent accomplishments of which I am most proud are
related to my position as a Rotary Ambassador to Zimbabwe. The
first started with a dream. For as long as I can remember, my
fondest dream was of visiting Africa. Much as the adopted child who
loves and cherishes her adoptive family, but still wonders who her
biological parents are, I am a patriotic African-American who dreamt
of sojourning in the land of my forefathers. So deep and strong was
my desire to set foot on African shores that, in 1993, I dedicated
myself to the fulfillment of the dream until I could visualize the sun
rising above the veld, smell and taste the air after an ephemeral
rain, and hear the wind thrusting through the leaves of the Baobab
trees. I spent hours researching scholarships that would sponsor my
trip to the continent and days completing scholarship applications
and preparing for scholarship interviews. Hence, when I was
awarded a 1994-1995 Rotary Ambassadorial Scholarship to

Zimbabwe, a long-awaited dream born of diligence and desire had come true.

The second accomplishment of which I am quite proud was realized through my service as a Rotary Ambassador of Goodwill. Although I am not quite sure of when my fear of public speaking developed, my first efforts to combat the fear were made at the Bronx High School of Science when I enrolled in a forensics class and joined the debate team for a year. These steps were the beginning of a long and difficult battle to vanquish my fear of public speaking and to become an effective and persuasive orator.

Throughout college I continued the struggle by actively taking on positions of leadership(such as the presidency of Onyx Senior Honor Society and the vice-presidency of the Bi-Cultural Inter-Greek Council), which required me to address large audiences, and by taking courses for which oral presentations were mandatory. As a result of these efforts, my oratory skills improved greatly. I learned to write persuasively and to communicate clearly and concisely. However, I still lacked the confidence that all good public speakers possess and this diminished the effectiveness of my orations. As a Business Analyst for Anderson Consulting, my skills continued to improve, but it wasn't until I began my service as a Rotary Ambassador that I noticed that my stiff, closed oratorical style had been replaced by a confident and open one. As a Rotary Ambassador, I give luncheon talks to Rotary Clubs upon request.

Through these speaking engagements, I was able to triumph over my fears of public speaking by becoming a versatile and persuasive speaker. Both of these accomplishments stand as testaments to the value of hard work and perseverance.

3 Discuss a nonacademic personal failure. In what way were you disappointed in yourself? What did you learn from experience?

Throughout my years at Our Saviour Lutheran School (grades K-8), I was lauded for my athletic and scholastic abilities. I was the captain and highest scorer of the women's basketball team and was graduated valedictorian of my junior high school class. As a result, I became very customed to being the big fish in a little pond. So, in 1988 as I prepared to begin my first year of study at the Bronx High School of Scene (a highly competitive specialized school), feelings of self-doubt consumed me. I was plagued by the irrational idea that Bronx Science academics and athletics were fundamentally different and more difficult than the Our Saviour variety. This belief set the stage for my worst failure.

When I began classes at Bronx Science, I quickly realized that the material was no more difficult than that which I had tackled at Our Saviour. Having made this discovery, I began to excel in the classroom. However, I continued to doubt my aptitude for basketball. Was I really a good player or were my peers at Our Saviour and at the other Lutheran schools in that league substandard players? The opportunity soon arose for me to answer this question. Women's varsity basketball try-outs were held. When the 1988 team roster was posted, my name was not on the list. I had failed, but the competition had not beaten me. I had defeated myself. So sure was I that I would not make the team that I had not entered the trials. With this failure I lost my self-respect. In my eyes, I had done something unbelievably dishonorable. I had bowed to an irrational fear and called it master.

To restore my self-sovereignty, I tried out for the varsity team during my sophomore year. Although I hoped to make the team, doing so was not my primary concern. Through the act of competing, I was restoring my self-respect. When the 1989 roster was posted, my name was on the list. That year, I played more minutes than any other nonstarter. From 1990 to 1992, I was a starter and the highest point scorer on the team. I had succeeded on two levels.

From this experience, I learned the meaning of true failure. Failure only occurs when you do not try at all. If you make an effort, but do not succeed, there is honor and wisdom to be gained through the loss. Hence, you are better off than when you began. After all, success is not a destination—it is a journey.

4 Columbia Business School is a diverse environment. How will your experiences contribute to this?

Scientists have pondered the question of nature versus nurture for a long time. I believe that it is the combination of these two forces which molds an individual and shapes the contribution which she will make to society. As such, I hold that the contribution that my presence would make to the diversity at Columbia Business School is defined by my beliefs and values, which have been shaped by life experiences and heredity. That said, the adult experience that has had the most profound effect on my belief system and world vision has been my trip to and study of Africa.

Thus far, the most valuable lesson that I have learned on this trip is that everyone and everything in the universe is interdependent. This verity, which guided the lives of aboriginal men, was all but forgotten by many of those who advanced through the Iron Age. Men renounced their humanity by enslaving and subjugating fellow human beings and plundering the earth, thus disregarding the chains which link the fates of the planet and its people. However, our oneness cannot be ignored. The African continent abounds with testaments to our unity. In South Africa, time revealed that the fate of the Boers is inextricably linked with that of the Black South Africans whom the Boers once abhorred. In Angola and Mozambique, the lives of millions were permanently altered when a coup was staged five thousand miles away in Portugal. In other African countries, people starve as tribalism destroys their economies and dissolves their national unity. And nowhere on earth is man's dependence on his environment more apparent than in Africa, where water is such an important commodity that the strongest currency on the continent, the Pula, is named after it. All of this points to the conclusion that, for better or worse, humans must learn to coexist with the planet and with each other. This belief, and the others which comprise my world vision, would allow me to contribute to the diversity of thought at Columbia.

COMMENTS

1. American schools, Columbia in particular, emphasize community service in a way that some European (and Asian) schools do not. Melissa's first essay therefore is ideally pitched for Columbia; it would be very good, but perhaps not perfect, for a school that focuses less on the question of what applicants will do for their communities' benefit.

2. One suggestion for improvement; to discuss something from her consulting work, because she includes virtually nothing from her professional life. Thus she gets relatively little mileage from her strong professional credentials, although she has other experiences that are interesting enough to talk about, so her presentation does not suffer greatly. This is due in part to her being quite different from what one would expect from a strategy consultant-more lyrical, less "data-driven".

University of Pennsylvania
(Wharton School)

Background : Job Engineer and, latterly, Short-Range Planning Analyst for a major oil company

Education : Bachelor's degree in chemical engineering

Nationality : American

Critical issues to address

As an engineer, she needs to distinguish herself from the large number of candidates with a similar background.

I Please discuss your future career progression to date and your professional goals for the future. How will the MBA influence your ability to achieve your goals?

I have been working for Chevron at the Richmond Refinery since graduating from college five years ago. I have held six different positions in the engineering and planning departments. As a result of this mobility, I have been exposed to several different areas of the refinery and have acquired a broad manufacturing background.

The first three years of my career, I focused on developing my problem-solving and interpersonal skills. My engineering experience taught me to identify the root causes of problems and develop permanent solutions to them. Because many of the problems I was required to solve were too large for me to address alone, I learned to delegate and manage my time effectively. I also learned the importance of selling my ideas in order to get them implemented.

My forth year at Chevron, I was assigned to the position of start-up engineer for a project to rebuild a processing unit that had been badly damaged by fire. The unit had been down for two years and was being rebuilt at a cost of $125 million. This unit was a major contributor to refinery profitability and I was instrumental in helping to bring it on-line safely and ahead of schedule. This experience was a major success for me and I began to advance quickly. I learned to see the problems I was solving in the context of the entire refinery rather than as isolated problems. I was able to identify business opportunities on my own and took the initiative to convince management to implement them. I was able to assimilate all the knowledge I had accumulated over the previous three years and my value to the organization increased rapidly.

Next, I was assigned to the position of process representative in charge of coordinating the process definition and process design of two major ($84 million and $20 million) retrofit projects. I worked with the engineering contractor to ensure project objectives were approved. I was assigned to my present position as Short-Range Planning Analyst. In this assignment, I develop the short-range refinery operating plan focusing on maximization of refinery profit in a dynamic market-driven environment. I also work with Supply and Distribution to develop these plans and cordinate the efforts of the refinery operating divisions as needed to ensure smooth implementation of new processing schedules. This position has increased my involvement in the financial aspects of our business.

I am applying to the Wharton MBA program at this time because I have come to a crossroads in my career. As I have gained experience and received increased exposure to the business side of the oil industry, I have become aware that my engineering training has not prepared me adequately to deal with the broad strategic questions faced by senior level managers. I am seeking an MBA to supplement my work experience and gain high intensity exposure to the other business functions which are important to running a successful business. In addition, I am applying to the Lauder Institute to further develop my French language skills and improve my cultural understanding of France and the rest of Western Europe. I am interested in the joint degree program because it will allow me to shift from an engineering to a management career and will allow me to incorporate my interests in language and cultural into my work.

My future career goal is to advance to a senior-level management position dealing with international management strategy for multinational corporation. I am interested in strategy because I feel my strongest skills are in identifying the root cause of problems and developing and implementing lasting solutions to them. Because I am able to see problems in the context of the big picture, I am able to identify opportunities which will not result in profits today, but will also increase flexibility and adaptability which will result in increased profitability tomorrow. I am especially interested in international corporate strategy, because of my strong interest in working overseas.

In addition to my personal interest in working in a language and culture other than my own, I have been influenced by the international aspect of my current position. During my tenure at the Richmond Refinery, products sold into the export market have become increasingly important to our refinery's profitability. Chevron's planners and oil traders typically come from the engineering ranks and often lack the business skills necessary to analyze the refinery's competition in these markets. As a result, the export market is viewed not as a viable market worthy of cultivation, but as a dumping ground for products, which allows the refinery to operate at capacity.

Wharton's emphasis on international business and its joint degree program with the Lauder Institute fit well with my future career goals. I am not pursuing an MBA degree with an emphasis in operations expressly because my experience is in this area. I am interested in gaining a well-rounded understanding of each functional area of business with an emphasis in multinational management so I will be able to deal with broad strategic issues in an international environment.

2 Describe a situation in your life when you actively challenged the traditional thought of a group. What level of impact did you have on the group?

One situation where I actively challenged the traditional thought of refinery operations management took place last year when I was the process engineer assigned to two heavy of processing units. One of these units provided feed pretreatment for the other. I was approached by Operations Coordination and was asked if Widun resid, a low value fuel oil stream, could be fed to the upstream of the two units. This would allow a portion of the resid stream to be upgraded to gasoil, a high value intermediate product. I agreed to address the technical aspects of the problem and asked Operations Coordination to deal with the logistics.

When we reconvened to finalize the plan, it became apparent that the logistical constraints would render the project uneconomical. Having gathered the physical property data, I realized that the Widuri resid could be fed directly to the downstream unit. I suggested we bypass the feed pretreatment step entirely. This would allow us to upgrade the entire stream rather than only a small portion of it as the original plan would have required. In addition, it would avoid some of the operating costs.

Operations Coordination was enthusiastic, but I knew it would be difficult to sell the idea to Operations. A resid stream had never been fed directly to the downstream unit and I knew Operations would be concerned about damaging the catalyst in that unit. This was a major operational change, but I was confident it would work. I gathered the necessary data and developed a plan which included a good monitoring program and contingency plan. This would allow us to identify and respond to any unexpected problems if necessary. Two weeks later I organized a meeting for all the interested parties and presented my plan which anticipated and addressed management's concerns. The following day the resid was being fed to the downstream unit. This project resulted in profits to the refinery of $8million over a five-month period.

This project marked a change in my career in terms of maturity and initiative. Prior to this, my efforts were focused primarily on my own sphere of operation. The success of this project gave me the self-confidence to assert my leadership skills. I began to approach problems from a refinerywide perspective. In addition, I began to challenge traditional approaches and offer more innovative solutions.

3   In your opinion, what is the world's greatest problem? Why?

I believe the world's greatest problem is the disparity of wealth between the developed and underdeveloped nations of the world. While the plight of the poor in Third World countries is relatively unchanged from ancient times, the standard of living in the Western World has increased dramatically sine the Industrial Revolution. This disparity of wealth is a problem because in modern times the world has become increasingly interdependent. The spread as Western ideas throughout the rest of the world began with the discovery of the New World and accelerated as a result of European political supremacy in the eighteenth and nineteenth centuries and improvements in communication in the twentieth. As a result, more people than ever before share Western ideas and strive for Western success.

While this is in many respects a positive aspect of European colonialism, it also has a negative side. Third World nations often try to industrialize their countries overnight. This often leads to disastrous political and social policies which attempt to duplicate Western success without taking into account the cultural and environmental constraints of the country in question. While the Western experience an serve as a model for Third World countries, it is by no means a blueprint. The West owes much of its success to the virtues of capitalism, but the West did not get rich by the sweat of its own people alone. Exploitation of natural and human resources in colonial possessions was also a major contributor to Western success. As the West increased its wealth, it learned to value the environment and was able to afford to enact strict environmental laws. In addition, as life expectancy increased and cultural attitudes toward women in the workplace hanged, populations growth in the West stabilized. These changes took nearly a century in the West. In underdeveloped countries today, rapid industrialization causes extreme cultural and environmental pressures. These special circumstances must be considered when helping Third World countries to develop.

Population pressure is a major aggravation in the attempts of underdeveloped countries to industrialize quickly. While a large population should equate to signifiant global power, it seldom does in Third World countries. The most obvious influence preventing many highly populated countries from becoming very powerful is poverty. While in some cases this is due to genuine lak of resources, in others it is caused by rapid increases in population which quickly overcome successes in improved technology and planned investment. In other cases, the pressure to feed a growing population results in shortsighted policies which often lead to environmental degradation. For example, in Brazil, the Amazon Forest is being cleared at an alarming rate to provide land for grazing cattle. Unfortunately, the top soil in this area of the world is only inches deep and quickly erodes away. As a result, additional forest must be cleared. Clearly this is not a sustainable policy and ould eventually lead to widespread famine. Experience in developed nations has shown that population growth slows considerably with an increase in standard of living. When parents are confident that their children will live to be adults, they tend to have fewer children. Helping the Third World to increase its wealth through industrialization should help to slow the exponential population growth in these countries.

As appalling as many of us find large-sale environmental destruction, it is not enough for the West to simply require that the Third World stop these practices. After all, in many respects these countries are only doing what the West did during its colonial era. If the West wishes to protect the environment in the Third World, it must provide technological assistance. This is not only our responsibility, but will also benefit us in the long run. The rain forest is just one example of the biodiversity which exists on our planet. Many of the species which inhabit the rain forests may be of use to us in the future as technological advances are made. In addition, maintaining biodiversity is important to life on Earth. It is advantageous to have a wide variety of plant and animal species in order to survive climatic changes. (I am referring to the inevitable climatic changes which ours naturally as a result of continental shift. I am still not convinced that the Greenhouse Effect exists.) Standardization of plant and animal life to those species which are superior today could be disastrous as these species may not be able to adapt to and survive in the climate of tomorrow.

Finally, the West must show a sincere commitment to helping underdeveloped nations industrialize while preserving their environments. This applies not only to our governments, but to individuals as well. I have moral and ethical difficulty with our approach to solving environmental problems here at home. For example, as a people we Americans lobby to prevent oil drilling off the coast of california and in the Alaskan National Wildlife Refuge. However, we do not make any substantial effort to reduce our consumption of petroleum products. Instead, we drill for oil in Third World countries where we an exploit heap labor and avoid many of the costly environmental regulations imposed on industry in the United States. Is it right to prevent drilling in our own country which has the strictest environmental controls in the world only to turn around and develop oil fields in Third World countries? Is this what we all preserving the environment? Are the rain forests in Papua New Guinea any less beautiful than the coast of California? Who are we trying to fool?

Clearly the West must move to help underdeveloped nations industrialize. This should help to stabilize their populations and slow environmental degradation. It will allow the people of these countries to live the healthy and comfortable lives that those in the West enjoy. An additional benefit is that it may help to stabilize the governments in Third World countries, which ould reduce the

number of people killed needlessly in revolutions and civil wars.
However, it is imperative that we consider cultural differences in the
countries we try to help before attempting to prescribe a solution.
Only then do we have a chance of elevating the rest of the world
to our standard of living while preserving the environment for future
generations.

4

What nonprofessional activities do you inspirational? At what level
do you participate in these activities?

Travelling is my principal interest outside of work. I spend all of
my vacation time visiting foreign countries because I enjoy
experiencing different cultures. Travelling has forced me to remove
my small town blinders and open my mind to other ways of doing
things. Travelling has shown me that the American way of doing
things is not the only way and that flexibility and sensitivity are
absolutely necessary to get along with others. I have found that this
applics not only to people of different nationalities but also to fellow
Americans whose views may be different from my own. These
experiences have benefited me both in my personal life on the job
and I believe they will be an asset for me at Wharton.

I also study French in my free time. I studied French in high
school but was unable to do so in college due to the large number
of courses required in the engineering curriculum. I recently
resumed my studies because I was planning a trip to France. While

in France, I became even more communicating with the French in their own language. I have even found it to be useful here in the United States. While I was doing volunteer work for the Mill Valley Film Festival, I met many interesting people of various nationalities. All of these people spoke French in addition to their native language and I was excited to be able to participate in their conversations. I found that my ability to speak a language other than English increased the respect these people had for me. I believe it went a long way to dispel their beliefs that Americans are culturally insensitive and egocentric.

Literature, especially nineteenth century European literature, is another of my primary interests. My final semester, I took a literature courses which was the most enjoyable class I had while in college. I have found reading to be an easy and inexpensive way to increase my exposure to the world. Because an author portrays the world through his or her eyes, reading has exposed me to many different philosophies of life and has helped me to better define my own. Reading books from many time periods with many different types of characters has taught me that people are people and the pursuit of happiness is a universal goal. While this seems to be an obvious point, I believe of happiness is a universal goal. While this seems to be an obvious point, I believe this realization has made me more sensitive to other people's needs and concerns.

I should note that not all of my leisure activities are cerebral in nature. I love to scuba dive for the sheer pleasure of it. Diving makes the mysteries of the undersea world accessible. The ocean is a whole new world full of strange and exiting plants and animals and is the only place where you can feel as if you are floating in space. Nowhere on land can you find the magnificent colors and variety that make up the underwater landscape.

University of California-Los Angeles

Nationality : Korea

Please provide us with a one-page summary of your personal and family background. Include information on where you grew up, parent's occupations, any siblings, and perhaps a highlight or special memory of your youth.

I was born on April 20, 1970 in Pyungtaek, educational and inland traffic-centered city. My family consists of my parents, three brothers. Since my high school days, I have been interested in running a business of my own, influenced by my father who has been running a general construction company by himself and transportation company along with his brother more than 20 years. My mother used to teach children at elementary schools. After she got merried, she ran Arts Institute. My mother has devoted herself to her tasks and has given an effort in teaching her children morality such as sincerity, honesty and integrity.

And I spent my childhood under my parent's warm care and passionate love as well as the adequate moral discipline of my mother. When I was 3th grade of elememtary school, my family moved to Yoido, Seoul, like Wall Street in the United States. Those days, I learned Piano, Violin, Swimming, Tennis, Ski and English conversation and so on thanks to my mother's educational enthusiasm and my strong intention to learn.

Also, I would like to introduce my brothers. My elder brother has graduated from University of Iowa with a good marks and his major was Economics, now he is studying at Yale university, one of the best MBA school in the United States, and my younger brother, Seung-Ho is presently studying communication at Indiana university, too. Under my father's active supports and my mother's educational enthusiasm, we have devoted ourselves in studying as we have wanted and liked.

I was elected the president of student council while I was at the 3rd grade at Yoido High School. The memory which I like to keep for long during my high school days was an official meeting of the Student Council under my chairmanship. The topic at the meeting was "the school's supporting facilities" Of course, there were many different opinions. At that time, the principal suddenly told us that there was no possibility to improve the facilities in our own power becouse this school was a public one. At the moment, most of members was likely to agree with his opinion. But I opposed them, and I asked the principal and the members to join in together and persuade the government for the necessity of the improvement. Then, they all followed my proposal and finally we succeeded to improve the facilities and it was fortunate for all of us to study in a more cleaned and better circumstance.

Through this experience, I learned how to handle difficult situations and how to come to an agreement among people who have different backgrounds and different opinions.

2

Respond to 2 of the 3 following questions. Limit your response to one page for each question :

a. Please discuss abilities and attributes that you believe are your strength as well as some areas that you would like to develop more fully. What do you consider most unique or distinctive about yourself?

I think I have various abilities not only Music, Arts, Sports and Culture, but also my major. Because I am very careful, analytical and positive and sociable, I can get to aquainted with any kinds of people easily, and I can keep up my personal relation. My most distictiveness about myself are self-confidence and strong intention. Whenever I push forward everything which I select seriously, I try to do my best with self-confidence and strong will until I complete it satisfactorily.

b. How have you challenged yourself recently? What were you able to accomplish and/or learn?

I have been saving money in order to change a car for the two years. Recently I found new model which I wanted to have. I tried to contract as soon as possible, because the new model car which I wanted to buy was very popular and I have to wait to buy a car two months after agreement. At the moment, one of my beloved friends asked me to lend a money cordially. I thought whether I lend money to him or not for several days, and I decided to lend money which I have been saved to him. After I lent the money to him, I felt greatly angor because I could not contract a car more earlier. After one month,

he expressed his thanks and he invited me his dinner. Where I went to meet him, I saw my friend and new car which I wanted to have. He told me again his thanks with smile. He perhaps knew somthing which I wanted, so he askcd his well-known car-dealer to deliver the car for me soonest possible. Therefore, I could have new model car more ealier than other people thanks to my friend.

Instead I didn't seek my immediate advantage and joy, I considered his situation first of all. Although I had to give up my new car right now, I promoted friendly relation with him. Through this experience, if I pay due regard to their convenience, I will gain greater joy later.

<table><tr><td>**3**</td><td>Discuss two or three situation in the past three years where you have taken a leadership role. How do these events demonstrate</td></tr></table>

your managerial potential? Limit your response to no more than two pages.

In senior year I was elected the president in an association called the Economics and Finance Society". We discussed the topic comparing Keynesian and Monetarist financial policy. Before the discussion was began, opionions were divided into two side. Keynesian side strongly emphasized on the stability of interst rate, the other side insisted upon

stability of inflation. With the lapse of time, there were diversities of opinions more and more, it seemed there was no room for compromise. At the moment, I asserted my opinions as presidential proposal. Keynesian and Monetorist looks like the opposed target and result externally, but we have to harmonize their financial policy because of trade off between inflation and interest rate. That day's discussion reached a conclusion as my proposal, the debators of both side were relaxed.

During I was working at International Business Department in Shinhan Securities Co., Ltd, we planned to ask for a loan of Yen 10,000,000 from Japan. We had a meeting about the method of loaning, because we had different opinions. The conclusion liked to select "Forward Contract". I was sure that the fluctuational stream of

Foreign Exchange Rate will be continued. That is, the value of Yen will rise continueosly. At the time the meeting was over, I insisted on my opinion as follows; as recent international situation, the value of Yen is on the upswing. If we select 'Forward Contract', it will be a great loss to us because of the fluctuation of foreign exchange rate. Therefore, to loan money in the present state of foreign exchange rate will profit us greatly. After finishing my address, my opinions were accepted. After six months, the value of Yen arose higher than six months ago. Therefore, our company could prevent our loss by the fluctuation of foreign exchange rate.

Yale University
(Yale School of Management)

Nationality : Korea

Please write an essay in which you discuss the principal elements of your educational and work experience to date. Relate your background to your career objectives as a professional manager. If you are applying as a joint degree candidate, please include some discussion of how the combination of degree is consistent with your career objectives. (Recommend length : three to five pages.)

I was born on April 20, 1970 in Pyungtaek, educational and inland traffic-centered city. My family consists of my parents, three brothers. Since my high school days, I have been interested in running a business of my own, influenced by my father who has been running a general construction company by himself and transportation company along with his brother more than 20 years. My mother used to teach children at elementary schools. After she got married, she ran Arts Institute. My mother has devoted herself to her tasks and has given an effort in teaching her children morality such as sincerity, honesty and integrity.

And I spent my childhood under my parent's warm care and passionate love as well as the adequate moral discipline of my mother. When I was 3th grade of elememtary school, my family moved to Yoido, Seoul, like Wall Street in the United States. Those days, I learned Piano, Violin, Swimming, Tennis, Ski and English conversation and so on thanks to my mother's educational enthusiasm and my strong intention to learn.

Also, I would like to introduce my brothers. My elder brother has graduated from University of Iowa with a good marks and his major was Economics, now he is studying at Stanford university, one of the best MBA school in the United States, and my younger brother, Seung-Ho is presently studying communication at Indiana university, too. Under my father's active supports and my mother's educational enthusiasm, we have devoted ourselves in studying as we have wanted and liked.

As I was faithful in my studies, I spent my elementary and high school years as an honor student. I had won the "Best Honor Student" and "Perpect Attendance" during 12 years. And I showed strong leadership as a leader of my class during twelve-year. I was also involved in extracurricular activities and served the president of the Student Council while 12 years grade. Also, I was elected as the Boy Scouts Leader while 12 years grade. I had learned drawing, piano, violin thanks to my mother's educational enthusiasm.

In high school days, I was strongly encouraged by my enthusiastic teachers to do many significant things in both my academic works and extracurricular activites. Thus, I tried to extend a range of my knowledge through reading wisely and various physical activities, such as ski, golf, bowling, tennis, and swimming. I was also popular among my fellows owing to my full humor and generosity. Thanks to these activities, I made many friends. More importantly, I also learned leadership, a sense of responsibility, self-control, and the ability to adjust myself to unfamiliar situations.

Upon graduation with a good marks, I was admitted to Korea University which is one of the best university in Korea. And I selected the Dept. of Economics as my major. As I trusted that the academic ability of any individual cannot be only trustly represented as credit documented in scholastic records and also many types of potentiality must be evaluted as an academic ability, I participated in various kinds of extracurricular activites, such as Ski Club, UNIT (Sports & Leisure Club), Economics & Finance Club. Thanks to these club, I became to have many friends. Also I learned such virtues as patience, sincerity and the ability to adjust myself to any unfamiliar meetings.

When I was junior, I devoted myself to my major. To ascertain my potential academic ability, I studied very hard. As a result of my effort, I was awarded General Fellowship which is given to those who gain an excellent grade in August 1991. The fact gave me self-confidence. In January 1992, I participated in "Samsung Intern Program" and joined the "Winter English Study Program" held by Samsung Company which is the oldest and biggest company in Korea. Five classes consited each 10 persons and my class belonged to the advanced class, and I was selected "The Best Student" recommended by the professors of each class. This prize was awarded a student which gains an excellent grade after professors gave the same project students, and the project I took was the "the Effect upon Import and Export caused by the Foreign Exchange Rate". During college, I studied a wide spectrum of economic subjects, including international finance. I was immersed in Finance more and more and served as president in an association called the "Economics & Finance Society". Finally, my research paper was selected as the best thesis.

After graduation from university, I made up my mind to work at Securities company prior to advanced study and I entered at Shin Han Securities Co., Ltd in Dec. 1992 with my superior scholastic records and my professor's recommendation. I dealt with foreign investors participating at the domestic bourse, and issued of overseas bonds, such as LBS and DRS. Through my social career, I could develop analytical abilities and insights into current economics and business environment.

2

Please deccribe your learning goals in the MPPM program. Discuss the value of MPPM training as applied to your career plans. (Recommended length : one to two pages, typewritten and double spaced)

I plan to get an MPPM degree at your school. My special interest is in the International Finance and the Financial Management in the Interanational Corporation, and your MPPM curricular providing a fine program which can be of great help to my academic advancement. The development of leadership ability is another short-term goal of mine The positiveness and callenging attitude toward a complicated business problems are needed in the professional management. Also an analytical and strategic way of thinking is essential for a competent manager. I am sure that these can be attained from your MPPM program. Through a lot of case studies and seminars, your MPPM offers the opportunity to make the most reasonable decision-making by sharing various managerial problems and facts that are occuring today with other students.

Your MPPM Program has a great reputation for its excellent faculty members and distintive study methods of practical approach. I wish to learn from such exposure and, thus, am very interested in becoming a student there.

Especially, your stock (Futures, Option, Swaps) program will help me doing my duties very well. After graduation MPPM, I'll enter the financial company which'll give me a good chance that I can adapt my financial knowledge from the MPPM to the real job. In 3 years,

I plan to enter the YALE Law School to study Financial & Trade
Law. The knowledge that I learned from the MPPM school will be
very useful to me. To be an excellent financial lawyer, I have to
study finance at MPPM at first and then study law.

I'm sure that I'll be perfectly excellent financial lawyer if I study
Finance at MPPM and enter the Financial company and experience
the actual financial acts and study financial law which is the basis
for solving actual financial problems.

3 In this essay, we would like you to address the following question
: How would you characterize the effect of your perceptions to
the groups or organizations in which you have participated? We are
interested in your perceptions of the personal impact you have made,
rather than a listing of group achievements. You may, however, wish to
cite specific examples to illustrate your meaning. (Recommended length
: one to two pages)

I was elected the president of student council while I was at the
3rd grade at Yoido High School. The memory which I like to keep
for long during my high school days was an official meeting of the
Student Council under my chairmanship. The topic at the meeting
was "the school's supporting facilities" Of course, there were many
different opinions. At that time, the principal suddenly told us that
there was no possibility to improve the facilities in our own power
becouse this school was a public one. At the moment, most of

members was likely to agree with his opinion. But I opposed them, and I asked the principal and the members to join in together and persuade the government for the necessity of the improvement. Then, they all followed my proposal and finally we succeeded to improve the facilities and it was fortunate for all of us to study in a more cleaned and better circumstance.

Through this experience, I learned how to handle difficult situations and how to come to an agreement among people who have different backgrounds and different opinions.

Due to the change from the false name financial system to the real name financial transaction system, most of false-named accounter increased to drew their deposit from our company. Therefore, our company expected that the loaned interest rate of bank will increase, and we planned to increase a loaned money from bank in large quantities. But I thought that the above phenomena is tentative by shock of the real name financial transaction system. After real name financial system is stabilized, the loaned interest rate will be decreased. At the time, our company asked our opinions. I insisted on my opinions : it is true that drawing money of the false-named customer is increased. But, after the real name financial transaction system is stabilized, savings deposits for keeping accounter of bank will increase. Therefore, the loaned interest rate due to the effect of the real name finanical transaction system will be stabilized. If we will apply for a loan with the current interest rate influenced the real name finaical transaction system, we will suffer a loss greatly. My proposal was accepted at the meeting of directors, our company gave up this plan. After 3 months, the loaned interest rate was decreased thanks to the finanical stability. Our company got out of a great loss, and I was awarded bonus.

주 UCLA와 예일 대학의 에세이는 한 사람이 작성하여 제출한 것으로 두 가지 다 어드미션을 받은 내용들이므로 참고하시기 바랍니다.

제 5 장 Comparative GMAT Seminar Sentence Correction Vocabulary

abandon 버리다, 단념하다

aborigines 원주민 토착 동식물

abstinence 절제, 금욕 명 ① 자제 ② 금식 ③ 금주

abuse 남용하다 명 ① 욕설, 독설, ② 악폐, 폐해, 악습

access 접근, 면접, 출입 명 ① (자료 등의) 입수 ② 진입로, 입구, 통로

accumulation 누적 명 ① 축재 ② 축적물, 모인 돈

accurate 정확한 형 정밀한, 용의주도한

acid 신 형 ① 신맛 나는 ② 산(성)의 ③ 〈기질, 표정, 말 등이〉 까다로운

acknowledge 인정하다 타 ① 《法》 (증서 등을 정식으로) 승인하다 ② 사례하다, 감사하다

acknowledgement 승인 명 ① 받았다는 통지 ② 사례, 감사

acquisitive 탐욕한 형 ① 탐내다 ② 획득하려고 하는

adapt 적응시키다, 순응하다 동 개조하다, 각색하다

additive 부가물/더한 형 가법의 명 첨가물, 첨가제

adequate 어울리는, 적당한 형 ① 어떤 목적에 족한, 부족하지 않은 ② 알맞은

adhere 부착히디, 집칙하다 자 들러붙다

adhesive 점착성의 형 끈끈한 명 점착성이 있는 것, 접착제, 접착테이프

adjudicate 판결하다 동 판결을 내리다.

adjudication 판결 명 재결, 선고, 재정

adolescent 청년 명 형 ① 청년기의 ② 한창 젊은, 미숙한

adopt 채용하다, 양자로 삼다 타 (의회 등에서 의안 보고 등을) 채택하다, 승인하다

adverse 역의, 반대의 형 ① 거스르는 ② 불리한, 불운한

advocate 옹호하다/옹호자, 변호사 명 ① 대변자, ② 주창자

afford 제공하다, ~할 여유가 있다 타 ① 공급하다, 산출하다 ② 주
다, 제공하다

agrarian 농민의, 토지의 명 ① 농업의 ② 토지 균분

aggregation 집합 명 집합체, 집단

aggression 공격, 침략 명 호전성

alga(e) 조류 명 말류(민물, 바닷물의)

amass 모으다 동 ① 쌓다, 축적하다 ② 대량으로 수집하다

amendment 수정, 수정안 명 ① 개정 ② 개심

ample 광대한, 충분한 형 넓은

anatomy 해부 명 ① 해부학적 구조 ② 해골, 미이라

antibiotic 항생의/항생물질 형 명 항생물질학

anticipate 예기하다 타 ① 앞질러 하다 ② (상대편을) 앞서다, 〈파멸
등을〉 재촉하다

antifreeze 부동액 명 헤로인 (미 俗)

antipode 정반대의 것 명

antique 구식의, 고대의/고물, 고기 형 골동품의 명 고대양식

appare 의복 명 복장 / 타 옷을 입히다

apparent 또렷한 형 ① 명백한, 분명한 ② 겉모양만의

appetite 식욕, 욕구 명 성욕

appliance 기구, 기계, 장치 명 설비, 전기제품

apprentice 견습(공), 도제, 명 초심자 / 타 도제로 보내다

aquatic 수생의 형 물의, 물속(위)의

arable 경작에 알맞은 형 경작할 수 있는 명 경지

archaeology 고고학

archenemy 적, 원수 명 인류의 대적

architect 건축가 몡 설계자, 기획자, 창조자

arctic 북극권/북극의 몡 북극(지방)/ 혱 극한의, 한대의

ardent 열심인, 불타는 듯한 혱 타오르는 듯한, 열렬한

aristocracy 귀족(정치) 몡 ① 귀족사회 ② 〈집합적〉일류의 사람들

array 정렬 몡 ① 군대 ② 옷, 의상 탸 ① 정렬시키다 ② 성장시키다

arthritis 관절염 몡 통풍

assess 사정하다, 과세하다 탸 ① (세금, 기부금 등을) 할당하다, 과하
다 ② 가치를 평가하다

assignment 할당, 담당 몡 ① 임명 ② 〈미〉(학생의) 숙제 ③ (시일 등
의) 지시, 지정

assumption 가정 몡 ① 인수, 취임 ② (권리, 권력) 등을 장악함 ③
거만, 외람됨

asteroid 소행성 몡 불가사리 혱 별모양의

asthma 천식

astronomical 천문학(상)의 혱 ① 천문(학상)의 ② 〈숫자, 거리등이〉
천문학적인

atmospheric 대기중의 혱 분위기의(를 내는)

attorney 변호사 몡 대리인

auction 경매 몡 공매

auditor 방청자, 회계감사원 몡 듣는 사람, 청취자

authentic 믿을 만한, 확실한 혱 진정한, 진짜의

authority 권위, 당국 몡 ① 권능, 권한 ② 관헌, 관계자 ③ 권위자, 대
가

awe 경외, 두려움 몡 / 탸 ① 두렵게 하다 ② ~을 위압하여 ~시키다

B

ballistic 탄도(학)의, 발사(학)의 형 비행물체의

bare 벌거벗은, 부족한 형 ① 꾸밈없는, 있는 그대로 ② 속이 빈 ③ 닳아빠진

bark 나무껍질 명 타 소리지르며 말하다

barrier 울타리, 장벽 명 장애, 방해 형 불투과성의

basin 물동이, 분지 명 ① 대야 세면기 ② 웅덩이, 괸 물 ③ 분지 유역

beneficiary 수취인, 장학생 명 수익자, 신탁수익자

bestow 주다, 수여하다 타 (시간, 생각 등을) 사용하다, 바치다.

birch 자작나무 명 ① 자작나무재목 ② (아동을 벌하는) 자작나무 회초리 형 자작나무의 타 (자작나무) 회초리로 때리다

bisate 두 나라간의 형 2주간의

blackout 정전 명 ① 무대 암전 ② 일시적 시각〈의식, 기억〉상실 ③ 보도관제

blot 얼룩, 더럽히다 명 ① 흠, 오점, 오명 ② 얼룩지게 하다 ③ 번지다

boreal 북녘의, 북풍의 형 (동식물의) 아한대의

borer 송곳, 구멍 뚫는 사람 명 천공충, 나무좀

boundary 경계선 명 한계, 한도

breed 기르다, 양육하다 타 ① 번식시키다 ② 〈불화 등을〉 일으키다 자 ① 새끼를 낳다 ② 가르치다

brink 고비, 가장자리 명 물가

broaden 넓히다 동 넓어지다. 벌어지다

brochure 소책자 명 (업무, 안내 등의) 팜플렛

bull 황소 명 ① (물소, 코끼리, 고래 등의) 수컷 ② 황소자리 타 ① 〈증권시세를 올리려고〉 자꾸 사들이다 ② 밀고 나아가다 자 ① (미俗) 허풍떨다 ② 암소가 발정하다

burglar 강도 명

cannon 규범/기준 명 ① 카논-교회의 법규 ② 정전(正典)

canoe 카누 명 마상이, 통나무 배 / 동 카누를 젓다, 카누로 가다

canopy 덮개, 닫집 명 천개

carbohydrate 탄수화물 명 함수탄소

carbon 탄소 명 ① 탄소봉 ② 카본지

carbon dioxide 이산화탄소, 탄산가스

cargo 적하, 뱃짐 명

carve 새기다, 파다 타 ① 베다, 베어 내다 ② (운명 등을) 개척하다

catastrophic 격변의, 대단원의, 파국의 형 대변동, 파멸적인

caterpillar 모충, 풀쐐기 명 ① 무한궤도 ② 욕심꾸러기, 착취자

cedar 삼목 명 히말리야 삼목

census (통계, 인구) 조사 명 국세조사 타 ~의 인구를 조사하다

certification 증명, 보증 명 ① 증명서 ② 증명서 교부, 상장수여

chaise 이륜 마차 명 역마차

cheetah 치타 명

chilling 냉담한, 냉랭한 형 한기가 스미는, 으슬으슬한

chromosome 생물염색체

chronic 만성의, 고질의 형 ① 장기간에 걸친, 오래 계속하는 ② 버릇
　　　　이 된 명 만성병 환자

citrus 밀감 명 형 감귤류의

claim 요구, 청구 타 주장하다, 승인을 구하다 명 ① 주장, 단언 ② 지
　　　　불청구

claw 발톱, 집게발 명 ① 갈고리발톱 ② (게, 새우 등의) 집게발 ③ 못
　　　　뽑이 타 ① 손톱으로 할퀴다 ② 〈돈 등을〉 긁어모으다

cleanup 일소, 청소 명 ① 재고 정리 ② 〈야구〉 (타순의) 4번: 강타자

clinical 진료상의, 임상의 형 ① 병상의, 병실용의 ② 분석적인, 객관

적인

clipping 가위질, 가위로 깎아낸 털 명 (신문, 잡지 등의) 오려낸 것

cluster 송이, 집단 명 ① 떼, 무리 / 자 ① 송이를 이루다 ② 밀집하
다 타 ① ~을 송이지게 하다 ② 떼를 짓게 하다

comet 혜성 명

communal 자치제의, 공공의 형 공동의, 공용의, 공유의

commission 임무, 수수료/ ~에 위임하다 명 ① 위임, 위탁 ② 위원
회 ③ 위탁 타 ① 권한을 주다 ② (군함을)취역시키다

compassion 동정 명 측은히 여김

compensate ~에게 보상하다 타 ① 갚다, 보상하다 ② 《미》 보수를
치르다

compound 합성하다 형 ① 혼성의, 복합의 ② 화합한, 집합의 ③ (문
장이) 중문의

compress 압축하다, 축소하다 타 요약하다

comprise 포함하다, ~으로 이루어져 있다 타 구성되다

compromise 타협안, 절충안 명 화해, 양보 타 〈분쟁 등을〉 타협시키다

conceal 숨기다, 비밀로 하다 타 내색하지 않다.

concession 양보, 용인 명 ① 양여된 것 ② 거류지, 조차지

conclude 결론하다 타 ① 끝내다 ② 체결하다, 맺다 ③ 결정하다 자
(~으로써) 말을 맺다

confer 수여하다 동 ① 주다 ② 협의하다

confidential 은밀한 ① 심복의 ② 신임이 두터운 ③ 속 이야기를 털어
놓은 사이가 되다

confinement 제한, 국한 명 ① 감금 ② 틀에 박힘

connotation 함축 명 言外의 의미, 내포

conscience 양심 명 도의심

consensus 일치, 합의 **명** 교감

consequence 결과 **명** ① 귀결, 결론 ② 중대성, 중요성

consistent 일관된 **형** ① 견실한, 지조 있는 ② 철저한

consistently 일관되게 **형**

console 위로하다 **동** 위문하다

constitute 구성하다, 만들어내다 **타** ① 임명하다 ② 제정하다

constituent 요소, 성분/구성하는 **명** ① 선거권자, 선거인 ② 대리지정
인 **형** ① 대의원 선출의 ② 헌법제정의 권한이 있는

consumption 소비 **명** ① 소모 ② 폐병

contend 주장하다 **자** 다투다, 싸우다, 항쟁하다

content 만족하여 **형** 찬성하여 **명** 만족, 찬성 투표자

contestant 경쟁자 **명** 경기자, 논쟁자, 경쟁상대

contiguous 접촉하는, 인접한

convention 집회, 관례 **명** ① 약정, 약조 (사회의)관습, 풍습

conversion 변환, 전환 **명** ① 변설, 전향 ②《금융》(부채의) 치환

copious 많은, 풍부한 **형** 내용이 풍부한

core 응어리, 핵심 **명** ① 고갱이 ② 자기 코어 ③ (지구의) 중심핵

cornstalk 옥수숫대 **명** 보릿짚

coronary 관 (모양)의 **형** 심장의

corporate 단체의 공동의 **형** ① 법인의 ② 통합된

corpulence 비만, 비대

corridor 복도, 화랑 **명** 회랑지대

corrosion 부식 **명** ① 침식, 소모 ② 〈근심이〉마음을 좀먹기

corrosive 부식하는 **형** ① 좀먹는 ② 신랄한

corrupt 부정한, 타락한 **형** ① 순수성을 잃은 ② 오염된

covenant 계약 **명** 날인증서, 계약조항

coverage 적용 범위 명 ① 보상 ② 정화(正貨) 준비금 ③ 보도범위

coyote (북미 서부 대초원의) 늑대 명 악당, 망나니

crab 게 명 게자리, 비스듬히 날기 동 〈매가〉발톱으로 할퀴다 ② 흠잡
다

cramp 제한하다 동 꺽쇠등으로 바짝 죄다 명 꺽쇠, 구속물

crash 붕괴, 파산 명 ① (천둥, 대포의)굉음 ② (비행기의) 추락, 파괴
동 와지끈 부서지다

cripple 불구자 명 ① 절름발이, 앉은뱅이 ② 소택지 ③ (야구)위력 없
는 투구

crucial 결정적인, 중대한 형 〈시련, 문제 등이〉 어려운, 혹독한

crypt 토굴, 지하실 명

cult 예배 명 ① 숭배, 존경, 동경 ② 예찬, 유행 ③ 숭배자 집단

culminate 정점에 이르다 자 최고도에 달하다, 드디어 ~이 되다.

cure 치료/치료하다 명 ① 영혼의 구제 ② (육류, 어류의)보전 처리
(법) 동 ① 치료하다 ② 〈나쁜 버릇을〉 고치다

current 흐름, 조류/현행의, 지금의 명 ① 경향 ② 전류 형 ① 통용하
는 ② 흘림글씨의

cutback 삭감, 축소 명 ① 장면전환 ② 가지치기

cynical 냉소적인 형 ① 빈정대는, 세상을 백안시하는

d

debt 사채 명 ① (관공서 발행의) 채무증서 ② (세관의) 관세 환불 증명

decade 10년간 명 로사리오 염주

deck 갑판 명 ① 《미》 〈철도의〉 객차지붕 타 ① 장식하다 ② 갑판을
깔다

deem 생각하다, 타 ~로 간주하다 자 생각하다

define 규정짓다, 정의를 내리다 동 ① 〈진의, 본질, 입장 등을〉 밝히다
② 〈사물이〉 특징짓다

deformation 기형, 불구 명 ① 모양을 망침 ② 흉한 모습

degrade ~지위를 내리다 타 ① 품위를 떨어뜨리다, 면목을 잃게 하다
② 퇴화시키다

deliberate 계획적인, 신중한 형 ① 찬찬한 ② 고의의 타 숙고하다

delinquent 태만한 형 ① 직무태만의, 비행을 저지른

demonstrate 증명하다 타 ① 설명하다 ② 표시하다, 내색하다

denote 나타내다, 표시하다 동 외연을 나타내다

density 밀집 상태 명 ① 밀도, 농도 ② 우둔함

depict 묘사하다 타 (그림, 조각으로) 그리다. 서술하다.

derive 끌어내다, 추론하다 타 (단어, 관습 등의)유래를 더듬다 / 자 ~
유래하다

descend 내리다, 계통을 잇다 자 ① 내리받이가 되다 ② 전해지다 ③
(~할만큼) 타락하다

descendant 자손, 후예 명

detect 발견하다 타 검파하다, 검출하다

detention 구류, 유치 명 붙잡아둠

deteriorate 나쁘게 하다, 타락하다 타 저하시키다 자 〈질이〉 나빠지다.

devout 독실한 형 ① 마음에서 우러나오는, 열렬한 ② 충심으로, 절실
히

dictate 구술하다, 지시하다 타 (사물이) ~을 규정하다, 명하다 자 글
을 받아쓰게 하다

differ 다르다 자 ① 의견을 달리하다 ② 논쟁하다, 다투다

differentiate 차별하다 타 ① 구별짓다 ② 변이 시키다 ③ 미분하다 자
구별이 생기다

dinosaur 공룡 몡 거대하여, 다루기 힘든 것, 시대에 뒤떨어진 것

dioxide 이산화물 몡

directive 지시하는/지시 혱 지도적인

disability 무력, 무능 몡 (신체의)불리한 조건, 장애, 핸디캡

disastrous 비참한, 재난의 혱 피해가 막심한, 불길한

disclose 나타내다, 드러내다 동 밝히다, 발표하다

discretionary 임의의, 자유계약의 혱

disdain 경멸/경멸하다 몡 모멸, 거드름 타 ~할 가치가 없다고 생각하다

disincline ~할 마음이 내키지 않다 동 싫증이 나게 하다

disposal 처리 몡 ① 처분의 자유 ② 배치, 배열

dispute 토론, 논의 몡 ① 분쟁 자 ① 논쟁하다. ② 반문하다.

disruption 붕괴, 와해 몡 파열

distill 증류하다 타 ① 추출하다 ② 증류하여 (불순물을) 제거하다

distribution 분배 몡 ① 구분 ② 〈동식물 등의〉 분포 ③ 배열

diva 프리마돈나 몡

diversify 다양하게 하다 타 분산시키다, (사업을) 다각화하다. 자

    divest 벗기다, 빼앗다 타

dominate 지배적인, 유력한 타 ① 〈격정 등을〉억누르다 ② 우위를 차지하다. 자 ① 지배력을 발휘하다 ② 우뚝 솟다

doom 운명 몡 ① 재판, 판결 ② 최후의 심판 ③ 법령

duplicate 이중의, 중복의 혱 ① 똑같은, 꼭닮은 ② 복제의 ③ 다른 사람과 같은 때

duty 의무, 임무 몡 ① 존경, 경의 ② 세금, 관세

dwarf 난쟁이, 왜소한 몡 ① 보통보다 작은

dwelling 집, 주거 몡 ① 주소, 사는 집

E

dwindle　줄다, 야위다, 축소되다 통 ① 점차 감소하다 ② 저하하다, 타락하다

elaborate　정성을 들여 만들다, 잘 다듬다 타 / 자 ① 갈고 닦다 ② 정교해지다. 형 고심하여 만들어 낸, 공들인

electrify　~에 전기를 통하게 하다 타 ① 감전시키다 ② 깜짝 놀라게 하다

elude　회피하다 통 ① 몸을 돌려 피하다 ② (사물이 이해, 기억 등에서) 빠져나가다

embellish　아름답게 하다 타 ① 장식하다 ② (문장을) 꾸미다, 윤색하다

emerge　출현, 탈출 자 ① (물속어둠 속 등에서) 나오다 ② (빈곤, 낮은 신분 등에서) 벗어나다

emission　방사, 방출 명 ① 발행 ② 배출, 배출물, 배기

emperor　황제 명 제왕

enormous　거대한 형 《古》악독한, 극악한

equation　평형 명 ① 동등하게 함 ② 방성식

equilibrium　평형상태, 균형 명 평안, 안정

equity　공평, 정당 명 ① 형평법 ② (미)재산물건의 순가 ③ 보통주주권

erupt　분출하다 자 ① 폭발하다, 분화하다 ② 발진하다 ③ (이가) 나다

eruption　폭발 명 ① 〈화산의〉 폭발, 분화 ② 분출

espionage　스파이를 씀, 간첩 행위 명 정탐; 간첩망〔조직〕

ethno　~인종, 민족(연결형)

evaluate　평가하다 타 어림하다, 사정하다

evolution 진화 명 ① 전개, 발전, 진전 ② 방출 ③ (육해군의) 기동연
　　습

excavation 유적 명 ① 굴, 구덩이 ② 발굴

executive 행정부, 간부 명 ① 행정관 ② 실행위원회 형 ① 관리직의,
　　중역의 ② 집행력 있는

exoneration 용서, 면제 명 구하기, 면죄

expectancy 기다림, 예기, 예측 수령 명 확신

expenditure 지출, 경비 명 소비

explicit 명백한 형 명시된, 뚜렷한

explosion 폭발 명 ① 폭음, 폭성 ② (폐쇄음)의 파열

expose 노출하다 타 ① 쐬다, 드러내다 ② 접하게 하다 ③ 진열하게
　　하다

exposure 발각, 폭로 명 ① 드러내 놓음 ② (집, 방이 위치한) 방위

extinction 소멸, 폐지 명 소화, 진화, 종식, 사멸

F

facial 얼굴의, 안면의 형 얼굴에 사용하는

faction 도당, 당파 명 실록소설, 실화소설

fake 위조품 명 사기꾼 / 동 ① (되는대로) 꾸며내다, 날조하다 ② 속
　　이다

fatigue 피로 명 ① 노동 ② 약화 ③ 《軍》 사역, 작업

fault 결점, 단층 명 ① 과실, 잘못 ② (과실의) 책임 타 ① 단층이 생
　　기게 하다 ② 잘못을 저지르다

federal 연방제의 형 ① 단합의, 동맹의 ② 연방정부의 명 연방주의자

fetal/foetal 태아의 형

fetch 가져오다, 자아내다 타 ① 〈사람의〉의식을 회복시키다 ② 〈숨을〉

내쉬다

fiscal 국고의, 회계의 형 재정상의 명 ① 수입인지 ② (이탈리아, 스페인 등의) 검찰관, 검사

fjord/fiord 협강 명 피오르드(높은 절벽 사이에 깊숙이 들어간 협만)

flavo(u)r 맛 명 ① 운치, 풍치, 아치 ② 신랄한 맛 타 ① 맛을 내다 ② 풍치를 더하다

fluctuation 파동, 동요 명 ① 물결과 같은 움직임, ② 방황 변이

fold 주름/접다 명 층 / 타 ① 접다, ② 〈단 등을〉접어 넣다 자 포개지다, 접히다

forage 꼴, 마초 명 마초징발, 약탈, 습격 자 ① 마초를 찾아다니다, 식량을 징발하다. ② 침입하다 타 ① ~에게서 마초를 징발하다 ② (마소 등에) 마초를 주다

forger 위조품 명 위조자, 날조자, 거짓말쟁이

fortress 요새, 성채 명 견고한 장소

foster 기르다 타 돌보다, 사랑하여 아끼다 형 애정을 주는 (받는)

fragile 망가지기 쉬운, 허약한 형 덧없는

frame 함정에 빠트리다 타 ① 틀을 잡다. ② (어떤 목적에)적합하게 하나 자 ① 신행하다, (일이) 됨직하다/ 형 ① (건물의) 뼈대, 체격, 차체 ② 구조, ③ 창틀

G

galaxy 은하수 명 ① 은하 ② 화려한 모임

garlic 마늘 명 (넓은 의미로) 파

garment 의복 명 외피, 외관

gene 유전자 명 유전인자

geometrid 자벌레과(의) 형 명 자벌레나방

geometrical 기하학상의 형 기하학적인, 기하학적 도형의

goddess 여신 명 숭배의 대상인 여신

grave 자갈 명 요결석 타 ① 자갈로 덮다 ② 어리둥절케 하다 ③ 모래
톱에 얹히게 하다. 형 〈주로 목소리가〉 귀에 거슬리는

gregarious 군생하는 형 ① 떼지어 사는 ② (사람이) 사교적인

gymnast 체육 교사 명 체육가

gyration 선회, 회전 명

H

habitat 서식지, 산지 명 ① 거주지, 주소; 소재지 ② (해저실험용)수
중 거주실

hallmark 검증서/~을 보증하다 명 ① (금은의) 순분 인증각인 ② (사
람, 사물의)성질 우량 증명 타 각인을 찍다,〈품질 등을〉 보증
하다

handiwork 수공품 제작 명 ① 손 세공, 수공 ② (특정인의 특징이 나
타나 있는)제작물

harass 괴롭히다 타 귀찮게 굴다

harsh 거친, 사나운 형 ① 귀에 거슬리는 ② 깔깔한, 가혹한

haven 항구, 피난처 명 타 〈배를〉 피난시키다

heavy metals 중금속 ① 중포(탄) ② 유력자, 강적

hem (천, 모자 따위의 가장자리) 명 ① (천, 옷의)가두리 ② 가장자리
타 ① 가장자리를 감치다 ② 둘러싸다

herbicide 제초제 명

hive 꿀벌통, 꿀벌떼 명 타 〈꿀벌을〉 통에 몰아 넣다 자 〈꿀벌이〉 통에
자리잡다

hostility 적의, 적개심 ① 적대 행위, 전쟁행위

household 가족, 세대 **명** **형** ① 가족의, 일가의 ② 비근한

hydrate 수화물 **명** 함수화합물, 수산화물

I

iconography 도해(법) **명** 초상 연구, 도상학

ignition 점화장치, 정화, 연소 **명** 발화

illiteracy 무식, 문맹 **명** (무식해서)잘못 말하기

illiterate 무식자/무식한, 문맹의 **명** anydbr자 **형** 글자를 모르는

impact 충돌, 영향 **명** 충격, 충격력, 감화, 효과 **자** ① 강한 충격을 주다 ② 강한 영향을 주다

impair 해치다, 손상하다 **타** 감하다

impairment 손상 **명** 감손

impede 방해하다 **타** 저해하다

implement 도구/~에 도구를 공급하다 **명** 용구, 수단 / **타** ~에게 도구(수단)를 주다

impoverish 가난하게 하다 **타** ① 〈토지 등을〉 메마르게 하다 ② 약하게 하다

inadequate 부적당한, 불충분한 **형** 〈사람이 사회석으로〉 적성이 없는, 사회 부적격의

inalienable 양도할 수 없는 **형** 빼앗을 수 없는

inbreed 동종번식을 시키다 **타** (어떤 감정 등을) 내부에 생기게 하다

inbreeding 동종번식, 근친교배 **명**

incarceration 투옥, 감금 **명** 유폐

incentive 격려하는/유인 **형** 자극적인 **명** ① 자극 ② 의욕

incidence 범위, 빈도 **명** ① 떨어짐 ② 부담

incinerate 태워 없애다 **타** 소각하다

indefinitely 막연히 혱 ① 불명확하게 ② 무기한으로

idiosyncrasy 개성, 특징

inevitable 피할 수 없는 혱 ① 면하기 어려운 ② 어김없는, 판에 박은

infectious 전염성의 혱 전염되기 쉬운

infer 추리하다 동 ① 추론하다. ② 의미하다, 암시하다

infrared 적외선의 혱 적외선에 민감한 명 적외선

ingest (음식물을)섭취하다 타

innovation 혁신 명 ① 신기축, 새제도 ② 쇄신, 일신, 기술혁신

inoculate 접종하다 타 접붙이다. 접목하다 자 접종하다. 우두를 놓다

insatiable 만족할 줄 모르는 혱 탐욕스러운

inscription 비문 명 ① 비명(碑銘) ② (책의) 제명

instill 주입시키다, 스며들게 하다 타 한 방울씩 떨어뜨리다

integral 완전한 혱 ① 없어서는 안 될 ② 정수의 명 ① 전체 ② 정수;
        적분

integrate 통합하다 동 ① 전체로 합치다 ② 〈부분 요소가 모여서〉 구
        성하다 ③ ~의 통계를 나타내다

integration 통합, 완성 명 〈미〉 인종차별의 폐지

intense 격렬한, 심한 혱 ① 긴장된 ② 〈성격이〉 감정적인

interrogate 질문하다, 심문하다 동

inventory 재고품, 물품명세서 명 ① 목록 ② 〈미〉재고조사 타 〈비품,
        상품 등의〉 목록을 만들다

invertebrate 무척추 동물 명 줏대 없는 사람 혱 척추가 없는, 우유부단
        한

invest 투자하다 타 ① 착용시키다 ② 뒤덮다 ③ 포위하다

investigate 조사하다, 연구하다 동 수사하다

inveterate 뿌리 깊은, 완고한 혱 만성의, 상습적인

irritant 자극물 명 자극물 / 형 자극성의, 자극하는
irritate 초조하게 하다, 자극하다 동 짜증나게 하다, 안달하게 하다

J

jawbone 턱뼈 명 / 동 《俗》 (정부 등이)설득 공작을 하다
judicial 사법의, 재판상의 형 ① 법관 같은 ② 판단력 있는, 비판적인
　　　　③ 천벌의

K

kinship 혈족관계 명 친척관계

L

lapse 착오 명 ① (자신 등의) 상실 ② (시간의) 경과 ③ (권리, 특권
　　　의) 소멸
latch 걸쇠, 빗장 명 타 걸쇠를 걸다
lawsuit 소송, 고소 명 (민사)소송
leafy 잎이 우거진 형 ① 잎으로 된, 잎이 이루는 ② 잎 모양의
lease 임대하다 타 명 ① 차시 ① 임자선
legacy 유산 명 물려받은 것
legal 법률상의 형 ① 법률이 요구하는 ② 합법의
legislation 입법, 법률 명 법률제정, 법령
legislative 입법권/입법상의 명 형 법률을 제정하는, 입법권을 가진
legislature 입법부, 주의회 명
legitimacy 합법, 적법 명 ① 합법성, 적법 ② 정통,
legitimate 합법의, 적법의 형 ① 본격적인, 진정한 ② 적출의
lesser 작은 편의 형 더욱 작은, 더 못한, 시시한

likelihood 가능성, 있음직한 일 **명** 가망

liquidation 청산, 정리 **명** 일소, 타파, 제거

listless 무관심한, **형** ① 마음내키지 않는, 개의치 않는 ② 생기 없는

lizard 도마뱀 **명**

loan 대부 **명** ① 대부금 ② 대차물

lore 지식, 전승, 학습 **명**

lounge 로비, 휴게실 **명** ① 어슬렁어슬렁 거닒 ② 사교실 ③ 긴 의자, 안락 의자 **자** ① 어슬렁어슬렁 거닐다 ② 축 늘어져서 기대다

low-frequency (전기) 저주파의

M

malpractice 부당한 치료법 **명** ① 의료 과오, 오진 ② 배임 행위

manic-depressive psychosis 조울병(환자) **명**

manifestation 표현, 표시 **명** 정견 발표, 시위운동

matriarchy 여가장제의 **명** ① 여족장제 ② 모권사회

medieval/mediaeval 중세의 **형** 매우 오래된, 고풍의

mediterranean 지중해, 지중해의 **형** ① 지중해 연안주민의 ② 유지에 둘러싸인

mentalistic (유사 이전의) 거석의 **형** 거석 문화 시대의

membrane 막 **형** ① 막조직 ② 양피지의

meridian 자오선, 절정 **명** ① 정오 ② 극점, 한창

metabolize 변형시키다, 신진대사 시키다 **타**

metal 금속 **명** ① (용해 중의) 주철 ② (군함의) 총장비 포수

metalwork 금속 세공품 **명** (특히 학과로서의)금속 가공

meteorite 운석 **명** 유성체

migrant 이주자 **명** ① 계절 노동자 ② 철새, 후조 **형** 이주하는

mill   맷돌, 공장 명 ① 제분기 ② 분쇄기 ③ 제조공장 타 ① 맷돌로 갈
다. ② (~을) 기계로 만들다

millennial   천년의 형 지복 천년의

millwork   목공제품 명 물방아의 기계

missile   미사일 명 날아가는 무기 형 발사할 수 있는

modify   수정하다 타 ① 변경하다 ② 완화하다, 조절하다

monetary   화폐의, 금융의 형

monument   기념물, 기념비 명 불후의 업적

mortgage   (양도) 저장 명 ① 담보 저당권 ② 저당권 설정의 대부

mosquito   모기 명

mosque   회교 사원 명

moth   나방 명 ① 반대좀 ② 경비행기의 일종

mournful   슬픔에 잠긴, 애처로운 형 슬퍼하는, 음침한

mural   벽화, 벽장식 형 깎아지른 듯한

mustang   야생마 명

N

needy   가난한 형 매우 가난한,

neutron   중성자 형

nitrogen   질소 형

nova   신성 명

O

obesity   비만, 비대 명

obscure   어두운 형 ① 분명치 않은 ② 눈에 띄지 않는 ③ 거무튀튀한

obligation   의무 명 ① 채무증서 ② 채권 ③ 은혜, 혜택

odor/odour 냄새, 향기 명 ① 기미, 티 ② 평판, 인기, 명성

offset 메우다, 차감계산을 하다 타 벽면에 단(段)을 짓다 명 ① 상쇄
        하는 것 ② 갈라짐 ③ 출발

onset 진격, 시작 명 징후, 개시

ore 광석 명 금속

outcry 야유, 항의 명 ① 부르짖음 ② (대중의) 항의

outright 철저하게, 충분히 형 ① 공공연히, 내놓고 ② 노골적인, 솔직
        한

overstuff ~에 지나치게 치워 넣다 타 (의자 등에) 두툼하게 속을 채
        워 넣다.

oxide 산화물 명

P

pang 번민 명 ① (육체상의) 격통 ② 마음의 고통

parasitic 기생하는 형 ① 기식을 하는 ② 아첨하는

parliament 의회 명 ① 국회, 하원 ② (프랑스 혁명전의) 고등법원

patron 보호자, 후견인 명 단골 손님

passbook (은행) 통장 명 신분 증명서

penalty 형, 벌금 명 응보, 죄값

pension 연금, 장려금 명 (고용인 등에게 주는 임시) 수당 동 연금(등)
        을 주다

perennial 연중 끊이지 않는/다년생 식물 명 형 ① 사철을 통한 ② 장
        기간 계속하는 ③ 다년생의

perpetrator 범죄자 명 가해자, 범인, 하수인

persistent 완고한 형 ① 고집센 ② 영속하는 ③ 〈잎이〉 지지 않는

pesticide 살충제 명 구충제

petroleum 석유 명

phobia 공포병, 공포증 명 병적인 공포(혐오)

phonograph 축음기 명 레코드플레이어

pigeon 비둘기 명 ① (俗) 잘 속는 사람 ② 젊은 처녀

pilgrim 순례자 명 ① 성지 참배인 ② 나그네 ③ 처음 간 사람

pioneer 개척자/개척하다 명 주창자, 선봉 타 ① 개설하다 ② 솔선하다, 지도하다

pledge 서약/서약하다 명 ① 담보, 저당 ② 보증, 표시 ③ 〈미〉입회 서약자 타 ① 전당포에 넣다 ② ~을 위해 축배를 들다

plunge 던져 넣다, 돌입하다 타 ① 〈화분 등을〉 테두리까지 땅에 파묻다 명 ① 뛰어듦 ② 돌진, 돌입

poke 찌르다 타 ① (찌르거나 하여 구멍을) 내다. ② 들이대다, 쑤셔 넣다 명 ① 찌름, 쑤심 ② 게으름뱅이, 굼벵이

pole 막대기, 버팀목 명 (이발소의) 간판대 타 ① 막대기로 받치다 ② 막대기를 비치하다

poll 투표 명 ① 투표결과 ② 선거인 명부 ③ 여론조사

portion 조각, 몫/나누다 명 ① 일부, 부분 ② (음식의) 1인분

precaution 조심, 예방책 명 경계

predator 약탈자, 육식동물 명 포식동물, 육식동물

predecessor 전임자, 선조 명 ① 앞선 것 ② 조상

predisposition 경향, 소질 명 (병 등에 걸리기 쉬운) 소질

predominate 뛰어나다, 지배하다 동 ① 주권을 장악하다 ② 두드러지다

preferential 선취의, 우선의 형 ① 선택적인 ② 〈관세법 등〉 특혜의

preoccupied 선취된, 몰두한 형 여념이 없는

prey 먹이 명 포획 자 ① 〈동물이〉먹이를 찾다 ② 잡아먹다

priest 성직자 명 봉사자 타 신부에 임명하다, 성직자로 만들다

priority 우선(권) 명 〈시간, 순서가〉앞[먼저]임

procedure 순서, 절차 명 진행, 경과

prodigy 경이, 비범 명 천재, 신동

professed 공언한, 전문적인 형 외양만의, 거짓의, 자칭(自稱)

profound 깊은, 심원한 형 ① 마음에서 우러나오는 ② (절이) 깊이 숙
인, 고온한 명 심연, 심해

progressive 전진하는, 진행성의 형 ① 진보하는, 진보적인 ② 〈병이〉
진행하는

promote 진전시키다, 장려하다 타 ① 승진(진급)시키다 ② (법안의)통
과에 노력하다

property 재산 명 ① 소유 ② 소유지, 토지

prosecution 실행, 기소 명 ① 수행, 종사 ② 기소

protest 항의/항의하다 명 단언, 주장 타 ① 단언하다 ② 거절 증서를
작성하다

provision 예비, 준비 명 식량, 양식

psychiatry 정신병학, 정신의학 명 정신병 치료법

psychopath 정신병자 명

Q

quarry 채석장/파내다 명 원천 동 ① 돌을 쪼아내다 ② 〈사실 등을〉찾
아내다

R

rabies 광견병 명 공수병

radiant 빛나는 형 ① 찬란한 ② 즐거운 듯한

radiation 방사, 발산 명 방사물

radius 반경 명 ① 반경범위, 활동범위 ② 바퀴의 살 ③ 요골

raid 급습, 단속 명 ① 습격 ② (약탈 목적의) 침입

ratio 비율 명

ration 정량, 배급(량) 명 일정한 배급량 타 〈하루 분의 양식·연로 등
　　　을〉 배급하다

reactor 반응기, 원자로 명 ① 반응을 나타내는 사람 (동물) ② 화학반
　　　응기

rear 기르다 타 ① 건립하다, ② 똑바로 세우다 ③ 높이다, 솟게 하다
　　　명 ① 뒤, 배후 ② 후위, 후미

rebut 반박하다, 항변하다 동 ① 물리치다, 거절하다 ② 논박(반박)하다

recession (경기)후퇴 명 ① 쑥 들어간 곳, 우묵한 곳 ② (점령지 등
　　　의) 반환

regard 주목해서 보다 동 ① ～으로 여기다, ② 주의하다 ③ 존중하
　　　다, 중요시하다 명 ① 관심, 염려 ② 주시, 주목 ③ 존중, 존경

regimen 섭생, 식이요법 명 지배, 통치, 관리

relevance 관련 명 (표현 등의) 적절, 적당, 타당성

remote 먼, 외딴 형 ① 원격의 ② (가능성이)희박한, 서의 없는 명 (라
　　　디오, TV) 스튜디오 밖에서의 방송 프로그램

render ～로 하다, 제출하다 타 ① ～을 ～하게 하다 ② 〈봉사, 원조를〉
　　　하다, 해주다

repudiate 거부하다 동 ① 거절하다 ② 〈채무 등의〉 이행을 거절하다

rescind 폐지하다 타 무효로 하다, 철폐하다

resident 거주자/거주하는 명 ① 외국주재 사무관 ② 텃새 형 ① 주재
　　　하는 ② 내재하는 ③ 이주하지 않는

restriction 제한, 한계 명 ① 구속, 속박 ② 사양

restrictive 제한하는, 구속하는 형 한정적인, 제한적인

retail 소매(의) 명 산매 자 〈상품이〉 ~에 소매되다

retention 보유, 보존 명 유치, 구치, 감금

returnee 귀환자 명 복귀자, 복학자

revenue 소득 명 ① 세입 ② 수익, 수입 ③ 국세청, 세무서

reversal 반전 명 ① 전도, 역전, 되돌아옴 ② 〈法〉 취소, 파기

revitalize 부활(부흥)시키다 동 생기를 회복시키다

revoke 폐지하다 동 폐지하다, 무효로 하다, 해약하다

rheumatoid 류머티스성의 형 류머티즘에 걸린

rib 늑골, 갈빗대 명 ① 갈빗대 모양의 것:늑재 ② 두렁 ③ (요리)갈비

ripen 익다 자 기회가 무르익다, 원숙해지다 타 익히다, 원숙하게 하다

roost 휴식처/숙박하다 명 ① (새들의)잠자리; 닭장 ② 쉬는 곳; 침실,
침상 동 ① 홰에 앉다, 잠자리에 들다 ② 자리에 눕다

rudimentary 원형의, 미발달의 형 ① 기본의, 초보의 ② 형성기의, 발
육부진의

S

sanction 재가, 인가/재가하다, 규정을 설정하다 명 ① 제재 ② 도덕적
구속력

sceptic/skeptic 회의론자 명 무신론자

scour 샅샅이 뒤지다, 일소하다 타 ① 문질러 닦다 ② 세탁하다 ③ 바
쁘게 찾아다니다

scout 정찰하다 동 ① 찾아다니다 ② 스카우트하다 명 ① 정찰병 ②
스카우트

scrap 작은 조각 명 ① 한 조각, 소량 ② 오려낸 것 ③ 쓰레기, 폐물

sculpture 조각/조각하다 명 ① 조각(물) ② 무늬 타 ① 조각하다 ② 조

각물로 장식하다

sedentary 앉은 채 있는 형 이주하지 않는 명 앉기 잘하는 사람

sediment 앙금 명 ① 침전물 ② 퇴적물

segregation 분리, 격리 명 ① 문정 (작용) ② 인종(성별)적 분리주의자

seismic 지진성의 형 지진의

sentinel 보초, 파수 명 동 보초를 서다, 파수 보다

sever 자르다 타 ① 절단하다 ② 떼어놓다 ③ (인연, 관계 등을)끊다

severe 엄한, 간소한 형 ① 엄격한 ② 피도 눈물도 없는 ③ 간소한, 수
     수한

shatter 부수다, 부서지다 타 ① 분쇄하다 ② 파괴하다, 좌절시키다 ③
     약화하다 자 ① 산산조각이 나다 ② 손상시키다, 못쓰게 되다

shun 피하다 타 멀리하다

sickle 낫 모양의/낫 명 수탉 고리가운데의 낫 모양의 깃

signify 의미하다 동 ~의 전조가 되다

sluggish 게으른, 완만한 형 기능이 둔한, 활발하지 못한, 부진한, 불경
     기의

sniper 저격병 명 도요새 사냥꾼

soar 급등하다, 치솟다 자 ① 높이 치솟다 ② 〈산둥이〉높이 솟다 명 날
     기, 비상

solvency 지불능력 명 자력(資力), 용해력

span 재다, 걸치다, ~에 미치다 타 ① 뼘으로 치수를 재다 ② 다리를
     놓다 자 〈자벌레가〉 조금씩 기어가다 명 ① 한 뼘, ② 기간 ③ 전
     폭, ④ 날개 길이

spear 창 명 ① 작살 ② 창병 ③ 싹, 어린 가지

spectator 구경꾼, 관찰자 명 관객

speculator 투자업자, 사색가 명 ① 투기꾼, 투기업자 ② 암표상인

spice 양념, 향로 명 기미, 기색 타 ① 향신료를 넣다. ② 흥취를 더하
    다

split 쪼개다 타 ① 분열시키다 ② 나누다, 분배하다 자 (세로로) 쪼개
    지다

spouse 배우자 명 타 ~와 결혼하다

spur 박차 명 ① 자극, 격려 ② 박차모양의 것

starch 전분, 풀 명 거북스러움, 고지식함, 형식에 치우침

statistic 통계량 명 통계치

stave 통, 디딤대 명 ① 살: 막대기, 빗장 ② 보표

stem 저지하다 동 ① 막다 ② 저항하다 ③ (스키)제어 회전하다 명 ①
    (초목의) 줄기, 대 ② 꽃자루, 열매꼭지 ③ 잔의 굽

stipulate 규정하다 타 ① 약정하다 ② 명기하다, 명문화하다

stir 분발시키다, 움직이다 타 ① 휘젓다, 뒤섞다 ② 감동시키다 자 ①
    움직이다. ② 움직이기 시작하다 ③ 일어나 있다

stonemason 석수, 석공 명 채석공

strain 긴장, 변형 명 ① 팽팽함 ② (무리한 사용으로 발 등등을)걸리
    게 함 타 ① 잡아당기다 ② 긴장시키다 ③ (너무 써서) 상하게
    하다

stringent 핍박한, 절박한 형 (규칙 등이) 엄중한

stitch 바늘땀 명 ① 한 바늘, 한 땀 ② 바늘 자리, 꿰매는 법 ③ 헝겊
    타 꿰매다, 감치다

stock 줄기, 주식 명 ① 저장 ② 가축 ③ 공채증서 형 ① 수중에 있는
    ② 표준의

strategy 전략 명 전술, 병법

strain 기질 명 ① 종족, 혈통 ② 어조, 어투, 말투 ③ 선율, 시 타 ①
    잡아당기다 ② 긴장시키다 ② 변형시키다

stunt 방해하다 통 명 발육저지, 묘기, 이목을 끄는 행동

substance 물질 명 ① 실체, 본체 ② 요지 ③ 실질, 내용

subscription 기부신청, 기부금 명 ① 예약구독 ② 예약 출판

subsidize 보조금을 주다, 매수하다 통 보수를 주고 〈용병 등의〉 도움
　　　　　을 얻다

submarine 바다 속의 형 해저의, 바다 속에서 쓰는 명 ① 해저식물 ②
　　　　　잠수함

sugarcane 사탕수수

sulphate/sulfate 황산염 명 황산칼슘

sulphur/sulfur 유황 명 ① 유황색, 황록색

suppress 억압하다 타 ① 억제하다,(이름을) 발표하지 않다 ② (책 등
　　　　　을) 발매 금지하다

surge 큰 파도, 파동, 격동 명 ① (물가 등의)급상승 자 ① (군중 등
　　　　이) 파도처럼 밀려오다 ② (배가 파도에) 흔들거리다

suspect 용의자 명 요주의 인물 타 ① 알아채다, 짐작하다 ② ~이 아
　　　　닌가 하고 생각하다

sultan 회교 군주 명 ① 뜸부기의 일종 ② 터키 종의 (흰) 닭

survey 조사, 측량 명 ① 바라다봄 ② 개관 ③ 측량도 타 ① 조사하다
　　　　② 측량하다 ③ 둘러 보다

swell 부풀게 하다 타 ① 증가시키다 ② (가슴을) 벅차게 하다 ③ 북
　　　　받쳐 오르다 명 ① 팽창, 증대 ② 굽이침 ③ (소리의) 높아짐

symmetry 좌우균형, 균형 명 ① 대칭 ② 조화

symptom 징후, 조짐 명 증후, 증상

synthesize 합성하다 통 종합하다, 종합적으로 다루다

tactile 촉각의 혱① 촉각으로 알 수 있는 ② 실체의 질감을 나타내는

takeover 인계, 접수 명① 탈취 ② 경영권 획득

temperance 절제 명 절주, 금주

tenant 소작인 명① 차용자 ② 거주자

tentative 시험적인, 임시의 혱 주저하는, 불확실한 명 시험, 시도, 시안

terrestrial 지구상의 혱① 육지의, 육상의 ② 지상의, 현세의

territory 영토 명① 지방, 지역 ② (외판원 등의) 판매 구역

testimony 증언, 증거 명① 증명 ② (신앙 등의) 고백, 선언

throughout 시종일관

tilt 기울다/경사지다 동① (창을) 겨누다 ② 싸우다 명① 경사, 기울기 ② 시합, 논쟁

toxic 독의, 유독한

toxin 독소 명

trait 특징 명① 특색, 특징 ② 〈펜, 연필 등의〉 일필

traitorous 배반하는 혱 반역의, 반역죄의

trajectory 궤도, 탄도 명

treaty 조약, 협정 명① 약정 ② 담판, 합의

trench 도랑, 참호/베다, 파다 명 해자 동① 도랑을 파다 ② 참호를 파다

trend 방향/향하다 명① 경향 ② 유행(의 스타일) 동① ~의 방향으로 가다

tribute 공물, 찬사 명① 증정물

troopship (군대) 수송선 명 군대수송선

underlying 기초가 되는 혱① 밑에 있는 ② 뒤에 숨은, 잠재적인

unobtrusive 주제넘지 않은 형 조심성 있는, 겸손한

unprecedented 전례 없는 형 새로운, 신기한

unwarranted 보증되지 않은 형 정당하다고 인정할 수 없는

V

vacancy 공허, 빈자리, 공석, 방심 명 ① 빈터 ② 틈, 간극 ③ 방심

vaccine 우두의 명 우두창, 백신

vapour/vapor 증기 명 ① 부질없는 공상 ② 침울, 우울증

verge 한계 명 가장자리 자 ① 기울다, (해가) 지다 ② (어떤 방향으로) 향하다

viable 생존할 수 있는 형 (계획 등이) 존립[존속]할 수 있는

vicinity 가까운 곳 명 ① 근접 ② 근처, 부근

victim 희생(자) 명 피해자, 조난자

vigor/vigour 활기, 힘 명 ① 정력 ② 정신력, 기력

vigorous 박력 있는, 활달한 형 정력적인, 원기 왕성한

vindicate 입증하다, 변호하다 동 (권리, 주의 등을) 주장 (지지, 옹호) 하다

viol 중세의 현악기 명

violation 위반 명 방해, 침해

volcanic 화산의 형 폭발성의

voluminous 다작의 형 ① 권수가 많은 ② (의복 등이) 넉넉한 ③ 음량(성량)이 풍부한

vulnerable 상처받기 쉬운 형 공격받기 쉬운

W

weld 용접하다 동 결합하다 명 용접점, 접합점

whim 변덕, 일시적인 생각 명 잘 변하는 마음

width 폭, 나비 명 도량이 큼, 관대함

wig 가발, 머리장식 명 판사, 재판관: 높은 양반

wingspan 날개 길이 명

withhold 보류하다, 억누르다 타 (세금 등을) 임금에서 공제하다, 원천
　　　　징수하다

womb 자궁 명 사물이 발생하는

y

yield 산출하다, 양보하다 동 (권리, 지위 등을) 포기하다 명 생산량, 수
　　　확

z

zoning 지대제, 구역제 명 (도시계획의) 지대 설정

부 록

미국 대학 E-Mail 주소록

❖ Alabama주 대학 E-Mail 주소

Auburn University   admissions@mail.auburn.edu

Birmingham Southern College   admissions@bsc.edu

Faulkner University   kmock@church-of-christ.org

Huntingdon College   admiss@huntingdon.edu

Judson College   admissions@future.judson.edu

Samford University   seberry@vm.samford.edu

Spring Hill College   admit@azalea.shc.edu

University of Alabama   uaadmit@enroll.ua.edu

University of Alabama/Huntsville   Williamss@Email.uah.edu

University of Alabama/Tuscaloosa   uaadmit@ua1vm.ua.edu

University of Mobile   103132.656@compuserve.com

University of North Alabama   admis1@unanov.una.edu

University of South Alabama   admiss@usamail.usouthal.edu

❖ Arizona주 대학 E-Mail 주소

Arizona State University   ugradadm@asuvm.inre.asu.edu

Embry Riddle University   admit@pr.erau.edu

Grand Canyon University   admiss@grand-canyon.edu

Northern Arizona University Undergraduate.Admissions@nau.edu

University of Arizona appinfo@arizona.edu

Arkansas State University admissions@chickasaw.astate.edu

Arkansas Tech University adhc@atuvm.atu.edu

Harding University admissions@harding.edu

Henderson State University hardwrv@oaks.hsu.edu

Hendrix College adm@alpha.hendrix.edu

John Brown University jbuinfo@acc.jbu.edu

Lyon College admissions@lyon.edu

Philander Smith College admvonda@philander.edu

University of Arkansas uafadmis@comp.uark.edu

University of Central Arkansas admission@ecom.uca.edu

University of the Ozarks Admiss@Dobson.Ozarks.edu

Biola University admissions@biola.edu

California Institute of Arts admiss@muse.calarts.edu

California Institute of Technology ugadmissions@caltech.edu

California Lutheran University cluadm@callutheran.edu

Chapman University low@chapman.edu

Claremont McKenna College admission@mckenna.edu

Concordia University admission@cci.christ.edu

Dominican College   enroll@dominican.edu

Harvey Mudd College   admission@hmc.edu

Holy Names College   ammoore@scuacc.scu.ed

Humboldt State University   Hsuinfo@laurel.humboldt.edu

Loyola Marymount University   Admissns@lmumail.lmu.edu

Menlo College   admissions@menlo.edu

Mills College   admission@mills.edu

Mount St. Mary's College   admissions@msmc.la.edu

Occidental College   admission@oxy.edu

Pacific Union College   enrollment@puc.edu

Pepperdine University   admission-seaver@pepperdine.edu

Pomona College   admissions@pomona.edu

St. Mary's College   smcadmit@stmarys-ca.edu

Santa Clara University   ugadmissions@scuacc.scu.edu

Scripps College   admofc@ad.scrippscol.edu

Stanford University   undergrad.admissions@forsythe.stanford.edu

United States International University   usiu_adm@sanac.usiu.edu

University of California/Los Angeles   ugadm@saonet.ucla.edu

University of the Pacific   admissions@uop.edu

University of Redlands   admit@uor.edu

University of San Diego   admissions@acusd.edu

University of San Francisco   admissions@usfca.edu

West Coast University   info@katz.wcula.edu

Whittier College   admission@whittier.edu

Woodbury University   admissions@vaxb.woodbury.edu

Colorado College   admission@cc.colorado.edu
Colorado School of Mines   admit@mines.colorado.edu
Colorado State University   Trujillo@vines.ColoState.edu
Fort Lewis College   steinle_h@fortlewis.edu
Fort Lewis State College   garland_d@flc.colorado.edu
Mesa State College   bunte@mesadm.mesa.colorado.edu
Regis University   regisadm@regis.edu
University of Colorado   apply@Colorado.edu
University of Denver   admission@du.edu
University of Northern Colorado   vhernand@admissions.univnorthco.edu
University of Southern Colorado   kidd@starburst.uscolo.edu
Western State College   adm_sara@western.edu

❖ Connecticut주 대학 E-Mail 주소

Central Connecticut State University   bisson@ccsua.ctstateu.edu
Connecticut College   admit@conncoll.edu
Eastern Connecticut State University   Admissions@ecsuc.ctstateu.edu
Fairfield University   ascott@fair1.fairfield.edu
Quinnipiac College   admissions@quinnipiac.edu
University of Connecticut   beahusky@uconnvm.uconn.edu
University of Hartford   admission@uhavax.hartford.edu
University of New Haven   westshor@charger.newhaven.edu
Wesleyan University   admiss@wesleyan.edu

Western Connecticut State University wwwadmission@wcsu.ctstateu.edu
Yale University undergraduate.admissions@yale.edu

❖ Delaware주 대학 E-Mail 주소

University of Delaware admissions@udel.edu

❖ District of Columbia주 대학 E-Mail 주소

American University afa@american.edu
Catholic University cua-admissions@cua.edu
Gallaudet University admissio@gallux.gallaudet.edu
George Washington University gwadm@gwis2.circ.gwu.edu
Georgetown University guadmiss@gunet.georgetown.edu
Howard University admission@howard.edu
Trinity College Admissions@Trinitydc.edu

❖ Florida주 대학 E-Mail 주소

Barry University admissions@pcsa01.barry.edu
Eckerd College admissions@eckerd.edu
Embry Riddle University admit@db.erau.edu
Flagler College admiss@aug.com
Florida Institute of Technology marino@roo.fit.edu
Florida Southern College fscadm@cris.com
Florida State University admissions@admin.fsu.edu

Jacksonville University   admiss@junix.ju.edu

Lynn University   admission@lynn.edu

Rollins College   admission@rollins.edu

St. Thomas University   psmith@stu.edu

Stetson University   admissions@stetson.edu

University of Central Florida   kcornett@ucflvm.cc.ucf.edu

University of Miami   admission@admiss.msmail.miami.edu

University of West Florida   aturner@uwf.edu

❖ Georgia주 대학 E-Mail 주소

Agnes Scott College   stephanie.balmer@asc.scottlan.edu

Armstrong State College   melanie_mirande@mailgate.armstrong.edu

Brenau College   upchurch@lib.brenau.edu

Clayton College/State University   csu-info@ce.clayton.edu

Emory University   admiss@unix.cc.emory.edu

Georgia College   gc-admit@mail.gac.peachnet.edu

Georgia Military College   dbill@gmc.cc.ga.us

Georgia Southwestern University   gswadm@gsw1500.peachnet.edu

Kennesaw State College   kscadmit@kscmail.kennesaw.edu

LaGrange College   ageeter@mentor.lgc.peachnet.edu

Mercer University   emig_jt@mercer.edu

Oglethorpe University   ouadmis@aol.com

Piedmont College   linda.bridges@gateway.piedmont.edu

Spelman College   admiss@spelman.edu

University of Georgia   undergrad@admissions.uga.edu

Wesleyan College   admissions@post.wesleyan.peachnet.edu

Chaminade University   cuhadm@hawaii.edu
Hawaii Pacific University   admissions@hpu.edu
University of Hawaii/Hilo   uhhadm@hawaii.edu

Albertson College   admissio@acofi.edu
Boise State University   bsuinfo@bsu.idbsu.edu
Idaho State University   info@isu.edu
Ricks College   birchm@ricks.edu
University of Idaho   nss@uidaho.edu

Augustana College   admissions@augustana.edu
Aurora University   admissions@aurora.edu
Benedictine University   admit@eagle.ibc.edu
Bradley University   admissions@bradley.edu
College of St. Francis   csfinfo@vax.colsf.edu
Concordia University   crfadmis@crf.cuis.edu
Depaul University   admitdpu@wppost.depaul.edu
Eastern Illinois University   admissns@eiu.edu

Elmhurst College admit@elmhurst.edu

Eureka College admissions@Eureka.edu

Greenville College admissions@greenville.edu

Illinois Benedictine College admit@eagle.ibc.edu

Illinois Institute of Technology admission@vax1.ais.iit.edu

Illinois State University ugradadm@ilstu.edu

Illinois Wesleyan University iwuadmit@titan.iwu.edu

Knox College adm@knox.edu

Lake Forest College volpe@lfmail.lfc.edu

Monmouth College admit@wpoff.monm.edu

North Central College ncadm@noctrl.edu

Northern Illinois University admissions-info@niu.edu

Northwestern University ug-admission@nwu.edu

Olivet Nazarene University admissions@olivet.edu

Rockford College admission@rockford.edu

Roosevelt University dessimm@admrs6k.roosevelt.edu

Saint Xavier University admissions@sxu.edu

University of Chicago College admissions@uchicago.edu

Western Illinois University ls-alander@wiu.edu

❖ Indiana주 대학 E-Mail 주소

Ball State University askus@wp.bsu.edu

Boise State University bsuinfo@bsu.idbsu.edu

Butler University admission@butler.edu

DePauw University admission@depauw.edu

Earlham College admission@earlham.edu

Evansville University admission@evansville.edu

Franklin College admissions@franklincoll.edu

Hanover College admissions@hanover.edu

Holy Cross College vduke@hcc-nd.edu

Huntington College admissions@huntington.edu

Indiana Institute of Technology hardy@indtech.edu

Indiana State University admisu@amber.indstate.edu

Indiana University East eeadmit@indiana.edu

Manchester College admitinfo@Manchester.edu

Purdue University admissions@adms.purdue.edu

Rose Hulman Inst. of Technology admis.ofc@rose-hulman.edu

St. Josephs College admissions@saintjoe.edu

St. Marys College admission@saintmarys.edu

Tri State University admit@tristate.edu

University of Indianapolis burchfield@gandfl.uindy.edu

University of Notre Dame admissio.1@nd.edu

University of Southern Indiana enroll.ucs@smtp.usi.edu

Wabash College admissions@wabash.edu

❖ Iowa주 대학 E-Mail 주소

Briar Cliff College admissions@briar-cliff.edu

Buena Vista University admws2@bvc.edu

Central College admissions@central.edu

Clarke College admissions@keller.clarke.edu

Coe College admission@coe.edu

Cornell College admissions@cornell-iowa.edu

Drake University admitinfo@acad.drake.edu

Graceland College admissions@graceland.edu

Grinnell College askgrin@admin.grin.edu

Iowa State University admissions@iastate.edu

Loras College adms@lcac1.loras.edu

Luther College admissions@luther.edu

Morningside College mscadm@chief.morningside.edu

St. Ambrose University admit@sau.edu

University of Dubuque admssns@univ.dbq.edu

University of Iowa admissions@uiowa.edu

University of Northern Iowa admission@uni.edu

Upper Iowa University admission@uiu.edu

Wartburg College admissions@wartburg.edu

William Penn College admissions@pennunix.wmpenn.edu

❖ Kansas주 대학 E-Mail 주소

Emporia University go2ESU@emporia.edu

Emporia State University Ugadmiss@esumail.emporia.edu

Fort Hays State University tigers@fhsuvm.fhsu.edu

Kansas State University kstate@ksu.edu

Pittsburg State University PSUadmit@pittstate.edu

Southwestern College scadmit@jinx.sckans.edu

University of Kansas be.a.jayhawk@st37.eds.ukans.edu

Washburn University zzpadm@acc.wuacc.edu

Wichita State University demars@twsuvm.uc.twsu.edu

❖ Kentucky주 대학 E-Mail 주소

Asbury College admissions@asbury.edu

Centre College admissions@centre.edu

Cumberland College admiss@cc.cumber.edu

Eastern Kentucky University admgrisby@acs.eku.edu

Georgetown College admissions@gtc.georgetown.ky.us

Kentucky Wesleyan College admitkwc@aol.com

Thomas More College corrigb@thomasmore.edu

Transylvania University admsapp@music.transy.edu

Union College enroll@unionky.edu

University of Kentucky admissio@pop.uky.edu

University of Louisville admitme@ulkyvm.louisville.edu

Western Kentucky University Admissions@wku.edu

❖ Louisiana주 대학 E-Mail 주소

Louisiana State University mmore2@lsumvs.sncc.lsu.edu

Louisiana Tech University usjba@vm.cc.latech.edu

Loyola University admit@loyno.edu

Northeast Louisiana University reweems@alpha.nlu.edu

Southeast Louisiana University shsr1175@selu.edu

Tulane University undergrad.admission@tulane.edu

University of New Orleans admissions@uno.edu

❖ Maine주 대학 E-Mail 주소

Bates College admissions@bates.edu
Bowdoin College admissions-lit@polar.bowdoin.edu
Colby College admissions@colby.edu
College of the Atlantic inquiry@ecology.coa.edu
Husson College admit@husson.husson.edu
Thomas College admiss@host2.thomas.edu
University of Maine um-admit@maine.maine.edu
University of New England pcribby@mailbox.une.edu
University of Southern Maine usmadm@maine.maine.edu

❖ Maryland주 대학 E-Mail 주소

Bowie State University Admissions-hransom@bowiestate.edu
Capitol College admissions@capitol-college.edu
Goucher College admission@goucher.edu
Hood College gillece@nimue.hood.edu
Mt. St. Mary's College admissions@msmary.edu
St. John's College admissions@sjca.edu
St. Mary's University admissions@honors.smcm.edu
Towson State University jackson-a@toa.towson.edu
University of Maryland um.admit@uga.umd.edu
University of Maryland/Baltimore admissions@umbc.edu

Villa Julie College admissions@vjc.edu

Washington College adm_off@washcoll.edu

Western Maryland College admissio@ns1.wmc.car.md.us

American International College inquiry@www.aic.edu

Amherst College admissio@amhux4.amherst.edu

Assumption College admiss@assumption.edu

Babson College ugradadmission@babson.edu

Bentley College moreinfo@bentley.edu

Boston College admissions@bc.edu

Boston University admissions@bu.edu

Bradford College bradcoll@aol.com

Brandeis University admitme@brandeis.edu

Clark University admissions@admissions.clarku.edu

College of the Holy Cross admissions@holycross.edu

Emerson College admission@cmcrson.cdu

Endicott College admissio@endicott.edu

Hampshire College admissions@hamp.hampshire.edu

Harvard University college@harvard.edu

Lesley College ugadm@mail.lesley.edu

Massachusetts Institute of Technology admissions@mit.edu

Merrimack College admissions@merrimack.edu

Mount Holyoke College admissions@mtholyoke.edu

Nichols College admissions@nichols.edu

Pine Manor College admissio@pmc.edu

Simmons College ugadm@vmsvax.simmons.edu

Simon's Rock College admit@plato.simons-rock.edu

Smith College admission@smith.edu

Springfield College admissions@spfldcol.edu

Wellesley College admission@wellesley.edu

Wentworth Institute of Technology admissions@wit.edu

Western New England College ugradmis@wnec.edu

Wheaton College admission@wheatonma.edu

Williams College admission@williams.edu

Worcester Polytechnic Institute admissions@wpi.edu

Worcester State College admissions@worc.mass.edu

❖ Michigan주 대학 E-Mail 주소

Adrian College Admissions@Adrian.adrian.edu

Albion College admissions@albion.edu

Alma College admissions@alma.edu

Aquinas College admissions@aquinas.edu

Calvin College admissions@calvin.edu

Central Michigan University cmuadmit@cmich.edu

Eastern Michigan University undergraduate.admissions@emich.edu

Ferris State University admissio@titan.ferris.edu

Grand Valley State University go2gvsu@gvsu.edu

Hillsdale College Admissions@ac.hillsdale.edu

Hope College admissions@hope.edu

Kalamazoo College admissions@kzoo.edu
Michigan State University admis@msu.edu
Michigan Technical University mtu4u@mtu.edu
Northern Michigan University admiss@nmu.edu
Northwood University admissions@northwood.edu
Oakland University penkala@oakland.edu
University of Michigan ugadmiss@umich.edu
Western Michigan University ask-wmu@wmich.edu

❖ Minnesota주 대학 E-Mail 주소

Augsburg College admissions@augsburg.edu
Carleton College admissions@acs.carleton.edu
College of St. Benedict mruble@cbsju.edu
College of St. Scholastica admissions@css1.css.edu
Concordia College admiss@luther.csp.edu
Crown College info@gw.crown.edu
Gustavus Adolphus College admission@gac.edu
Hamline University cla-admis@gw.hamline.edu
Macalester College admissions@macalstr.edu
St. Cloud State University scsu4u@stcloudstate.edu
St. John's University admissions@csbsju.edu
St. Mary's College admission@smumn.edu
Saint Olaf College admiss@stolaf.edu
University of Minnesota admissions@tc.umn.edu
University of St. Thomas admissions@stthomas.edu

Millsaps College admissions@millsaps.edu
Mississippi State University sharron@admissions.msstate.edu
University of Mississippi info@www.olemiss.edu

Avila College Admissions@mail.Avila.edu
Culver-Stockton College admissions@culver.edu
Drury ·College druryad@lib.drury.edu
Fontbonne College pmusen@fontbonne.edu
Maryville University admissions@maryville.edu
Missouri Western State College admissn@griffon.mwsc.edu
Northwest Missouri State University admissions@acad.nwmissouri.edu
Rockhurst College reichmeier@vax2.rockhurst.edu
St. Louis University admitme@sluvca.slu.edu
University of Missouri/Kansas City tburns@cctr.umkc.edu
University of Missouri/Rolla egghead@umr.edu
Washington University admission@wustl.edu
Webster University request@webster2.websteruniv.edu
Westminster College admissions@micro.wcmo.edu
William Jewell College admission@william.jewell.edu
William Woods College mhawk@iris.wmwoods.edu

❖ Montana주 대학 E-Mail 주소

Carroll College   enroll@saints.carroll.edu
Montana State University   zam1202@msu.oscs.montana.edu
Rocky Mountain College   ckarns@rocky.edu
University of Montana   admiss@selway.umt.edu

❖ Nebraska주 대학 E-Mail 주소

Creighton University   admissions@creighton.edu
Dana College   admissions@dana.edu
Doane College   admissions@doane.edu
Hastings College   admissions@hastings.edu
Nebraska Wesleyan University   webmaster@NebrWesleyan.edu
Peru State University   admissions@pscvax.peru.edu
University of Nebraska   nuhusker@unl.edu

❖ Nevada주 대학 E-Mail 주소

University of Nevada/Las Vegas   witter@ccmail.nevada.edu
University of Nevada/Reno   unrug@unr.edu

❖ New Hampshire주 대학 E-Mail 주소

Colby-Sawyer College   csadmiss@colby-sawyer.edu
Daniel Webster College   admissions@disney.dwc.edu

Dartmouth College admissions.office@dartmouth.edu
Franklin Pierce College admissions@rindge.fpc.edu
Keene State College Admissions@keene.edu
New England College admis@nec1.nec.edu
Plymouth State College pscadmit@psc.plymouth.edu
Rivier College rivadmit@rivier.edu
St. Anselm College admissions@anselm.edu
University of New Hampshire admissions@unh.edu

❖ New Jersey주 대학 E-Mail 주소

Caldwell College sheenan@pilot.njin.net.edu
College of St. Elizabeth yamanis@liza.st-elizabeth.edu
Drew University cadm@drew.edu
Monmouth University barson@mondec.monmouth.edu
New Jersey Institute of Technology admissions@njit.edu
Rider University admissions@rider1.rider.edu
Seton Hall University thehall@lanmail.shu.edu

❖ New Mexico주 대학 E-Mail 주소

College of Santa Fe admissio@fogelson.csf.edu
Eastern New Mexico State University austinr@email.enmu.edu
New Mexico Highlands University johncoca@merlin.nmhu.edu
New Mexico Inst. of Mining Tech. admission@admin.nmt.edu
New Mexico State University admissions@nmsu.edu

University of New Mexico unmlobos@unm.edu
Western New Mexico University admstudnt@iron.wnmu.edu

❖ New York주 대학 E-Mail 주소

Adelphi University admissions@adelphi.edu
Alfred University admssn@bigvax.alfred.edu
Bard College admission@bard.edu
Canisius College inquiry@canisius.edu
Clarkson University admission@clarkson.edu
Columbia University ugrad-admiss@columbia.edu
Cornell University admissions@cornell.edu
C.W. Post College/LIU admissions@collegehall.liunet.edu
Fordham University ad_buckley@lars.fordham.edu
Hartwick College clemensk@hartwick.edu
Hobart College hoadm@hws.edu
Hofstra University hofstra@vaxc.hofstra.edu
Ithaca College admission@ithaca.edu
Lemoyne College admissions@maple.lemoyne.edu
Marist College hmmalsl@musica.marist.edu
Marymount College admiss@mmc.marymt.edu
Nazareth College admissions@naz.edu
New York Institute of Technology admissions@acl.nyit.edu
Niagara University admissions@niagara.edu
Pace University costello@ny027.wan.pace.edu
Paul Smiths College adamsod@paulsmiths.edu

Polytechnic University admitme@poly.edu

Rensselaer Polytechnic Institute admissions@rpi.edu

Roberts Wesleyan College rudds@roberts.edu

Rochester Institute of Technology admissions@rit.edu

St. Bonaventure University admissions@sbu.edu

St. John Fisher College admissions@fisher.sjfc.edu

St. Lawrence University admiss@music.stlawu.edu

Sarah Lawrence College slcadmit@mail.slc.edu

Skidmore College admissions@scott.skidmore.edu

Southampton College/LIU admissions@sand.liunet.edu

State University College/Buffalo admissio@buffalostate.edu

State University of NY/Fredonia admissionsinq@fredonia.edu

State University of NY/Oswego admiss@oswego.edu

SUNY Albany ugadmit@safnet.albany.edu

SUNY Brockport admit@po.brockport.edu

SUNY Buffalo ubadmit@acsu.buffalo.edu

SUNY Geneseo admissions@sgenna.cc.geneseo.edu

SUNY Stony Brook admiss@mail.vpsa.sunysb.edu

Syracuse University orange@suadmin.syr.edu

Union College admission@union.edu

University of Rochester admit@macmail.cc.rochester.edu

Vassar College admissions@vassar.edu

Wagner College adm@wagner.edu

Wells College admissions@wells.edu

William Smith College wsadm@hws.edu

Yeshiva University yuadmit@ymail.yu.edu

Catawba College   admission@catawba.edu

Davidson College   admissions@davidson.edu

Elon College   admissns@numen.elon.edu

Gardner-Webb University   admissions@gardner-webb.edu

Greensboro College   admissions@admin.gborocollege.edu

Guilford College   admissions@rascal.guilford.edu

High Point University   admiss@acme.highpoint.edu

Mars Hill College   admissions@mhc.edu

Meredith College   admissions@meredith.edu

North Carolina Central University   ebridges@wpo.nccu.edu

North Carolina State University   undergrad_admissions@ncsu.edu

North Carolina Wesleyan College   adm@ncwc.edu

Queens College   cas@rex.queens.edu

St. Andrews Presbyterian College   admissions@sapc.edu

Salem College   admissions@salem.edu

University of North Carolina/Chapel Hill   uadm@email.unc.edu

Wake Forest University   wakeinfo@wfu.edu

Warren Wilson College   admission@warren-wilson.edu

❖ North Dakota주 대학 E-Mail 주소

Dickinson State University   dsuhawks@eagle.dsu.nodak.edu

Mayville State College   rabrown@vm1.nodak.edu

University of North Dakota   carolin@badlands.nodak.edu

Antioch College   admissions@antioch-college.edu

Ashland University   auadmsn@ashland.edu

Bowling Green State University   admissions@bgnet.bgsu.edu

Capital University   admissions@capital.edu

Case Western Reserve University   xx329@po.cwru.edu

Cedarville College   admiss@cedarville.edu

Central State University   admissions@cesvxa.ces.edu

Cleveland Institute of Music   cimadmission@po.cwru.edu

College of Wooster   admissions@acs.wooster.edu

Denison University   Admissions@Denison.edu

Franciscan University of Steubenville   Admissions@FranUniv.edu

Heidelberg College   adminfo@mail.heidelberg.edu

Hiram College   admission@hiram.edu

John Carroll University   admission@jcvaxa.jcu.edu

Kent State University   kentadm@Admissions.Kent.Edu

Kenyon College   admissions@kenyon.edu

Marietta College   admit@mcnet.marietta.edu

Miami University   admission@muohio.edu

Mount Union College   admissn@muc.edu

Oberlin College   ad_mail@ocvaxc.cc.oberlin.edu

Ohio Dominican College   admissions@odc.edu

Ohio Northern University   kcondeni@henry.onu.edu

Ohio State University   admissions@osu.edu

Ohio University   uadmiss1@ohiou.edu

Ohio Wesleyan University owuadmit@cc.owu.edu

Otterbein College uobtterb@otterbein.edu

University of Akron admissions@uakron.edu

University of Dayton admission@udayton.edu

University of Findlay admissions@findlay.edu

Wittenberg University admission@wittenberg.edu

Xavier University xuadmit@admin.xu.edu

❖ Oklahoma주 대학 E-Mail 주소

East Central University pamstro@mauclerk.ecok.edu

Oklahoma City University uadmissions@frodo.okcu.edu

University of Oklahoma ou-pss@ou.edu

University of Tulsa admission@utulsa.edu

❖ Oregon주 대학 E-Mail 주소

Eastern Oregon State College admissions@eosc.osshe.edu

Lewis & Clark College admissions@lclark.edu

Linfield College admissions@linfield.edu

Marylhurst College admissions@marylhurst.edu

Oregon Institute of Technology oitinfo@oit.osshe.edu

Oregon State University osuadmit@ccmail.orst.edu

Pacific University admissions@pacificu.edu

Reed College admission@reed.edu

University of Oregon uoadmit@oregon.uoregon.edu

University of Portland admissions@uofport.edu

Western Oregon State College wolfgram@fsa.wosc.osshe.edu

Willamette University undergrad-admission@willamette.edu

❖ Pennsylvania주 대학 E-Mail 주소

Albright College albright@joe.alb.edu

Allegheny College admiss@admin.alleg.edu

Beaver College admiss@beaver.edu

Bryn Mawr College admissions@brynmawr.edu

California University of Pa. inquiry@cup.edu

Cedar Crest College ccadmis@cedarcrest.edu

Chatham College admissions@chatham.edu

Dickinson College admit@dickinson.edu

Drexel University undergrad-admissions@post.drexel.edu

Duquesne University admissions@duq2.cc.duq.edu

Elizabethtown College admissions@vax.etown.edu

Franklin & Marshall College admission@fandm.edu

Gannon University admissions@gannon.edu

Geneva College admissions@geneva.edu

Gettysburg College admissions@gettysburg.edu

Haverford College admitme@haverford.edu

Indiana University of Pa. admissions-inquiry@grove.iup.edu

Juniata College info@juncol.juniata.edu

King's College admssns@leo.kings.edu

Kutztown University of Pa. mckinley@kutztown.edu

Lafayette College rippleg@lafayette.edu

Lebanon Valley College admiss@lvc.edu

Lehigh University inado@lehigh.edu

Lock Haven University of Pa. admissions@eagle.lhup.edu

Pennsylvania State University Admissions@psu.edu

St. Josephs University lgiello@sju.edu

St. Vincent College admission@stvincent.edu

Shippensburg University of Pa. jgcret@wharf.ship.edu

Susquehanna University suadmiss@einstein.susqu.edu

University of Pennsylvania info@admissions.ugao.upenn.edu

University of Scranton admissions@uofs.edu

Ursinus College admissions@ursinus.edu

Widener University Admissions.office@widener.edu

Villanova University admission@email.vill.edu

❖ Rhode Island 주 대학 E-Mail 주소

Brown University Admission_Undergraduate@brown.edu

Bryant College admissions@bryant.edu

Johnson and Wales University admission@jwu.edu

Providence College pcadmiss@providence.edu

Rhode Island School of Design admissions@risd.edu

Salve Regina University sruadmis@salve3.salve.edu

University of Rhode Island uriadmit@uriacc.uri.edu

❖ South Carolina주 대학 E-Mail 주소

College of Charleston admissions@cofc.edu
Columbia College admissions@colacoll.edu
Converse College info@converse.edu
Furman University Admissions/furman@furman.edu
Newberry College admit@newberry.edu
Presbyterian College admissions@presby.edu
University of South Carolina Admissions-ugrad@sc.edu
Winthrop University admissions@winthrop.edu
Wofford College admissions@winthrop.edu

❖ South Dakota주 대학 E-Mail 주소

Augustana College info@inst.augie.edu
South Dakota State University sdsuadms@adm.sdstate.edu
University of South Dakota admissions@sundance.usd.edu

❖ Tennessee주 대학 E-Mail 주소

Carson Newman College cnadmiss@cncacc.cn.edu
Christian Brothers University admissions@bucs.cbu.edu
David Lipscomb University admissions@dlu.edu
Freed-Hardeman University admissions@fhu.edu
King College admissions@king2.king.bristol.tn.us
Maryville College admissions@maryville.edu

Rhodes College adminfo@rhodes.edu

Tusculum College admissions@tusculum.edu

Union University info@buster.uu.edu

University of Memphis recruitment@cc.memphis.edu

University of the South admiss@sewanee.edu

Univ. of Tenn./Martin admitme@utm.edu

Vanderbilt University admissions@vanderbilt.edu

❖ Texas주 대학 E-Mail 주소

Abilene Christian University info@admissions.acu.edu

Baylor University recruitment-office@baylor.edu

McMurry University admissions@mcm.edu

Ouachita Baptist University admissions@sigma.obu.edu

Our Lady of the Lake University hamid@lake.ollusa.edu

Rice University admi@rice.edu

St. Edward's University seu.admit@admin.stedwards.edu

Southern Methodist University ugadmission@smu.edu

Southwest Texas State University admissions@swt.edu

Southwestern University admission@southwestern.edu

TCU frogmail@tcu.edu

Trinity University admissions@trinity.edu

University of Houston Admissions@uh.edu

University of Texas/Austin adfre@utxdp.dp.utexas.edu

Brigham Young University admissions@byu.edu
Dixie College Admissions@cc.dixie.edu
Southern Utah University adminfo@suu.edu
University of Utah cmahone@ssb1.saff.utah.edu
Utah State University Admit@usu.edu
Weber State University Admissions@weber.edu

❖ Vermont주 대학 E-Mail 주소

Bennington College admissions@bennington.edu
Castleton State College castleton@cscacs.csc.vsc.edu
Goddard College admissions@earth.goddard.edu
Green Mountain College admiss@greenmtn.edu
Johnson State College jscapply@badger.jsc.vsc.edu
Marlboro College admissions@marlboro.edu
Mary Baldwin College pledonne@mbc.edu
Middlebury College admissions@middlebury.edu
Norwich University nuadm@norwich.edu
St. Michael's College admission@smcvt.edu
Southern Vermont College svcpr@sover.net
University of Vermont admissions@uvm.edu
Vermont Technical College admissions@vtc.vsc.edu

Bridgewater College   bsadmit@bscvax.wvnet.edu

College of William and Mary   admiss@facstaff.wm.edu

Emory and Henry College   ehadmiss@emory-henry.emory.va.us

George Mason University   admissions@gmu.edu

Hollins College   hcadm@hollins.edu

James Madison University   gotojmu@jmu.edu

Longwood College   lcadmit@longwood.lwc.edu

Lynchburg College   admissions@lynchburg.edu

Mary Baldwin College   pledonne@mbc.edu

Mary Washington College   admit@mwc.edu

Marymount University   admissions@marymount.edu

Norfolk State University   admissions@vger.nsu.edu

Radford University   ruadmiss@runet.edu

Randolph Macon College   admissions_office@rmc.edu

Randolph Macon Woman's College   admissions@main.rmwc.cdu

Roanoke College   admissions@acc.roanoke.edu

Shenandoah University   admit@su.edu

Sweet Briar College   admissions@sbc.edu

University of Richmond   admissions@richmond.edu

University of Virginia   undergrad-admission@virignia.edu

Virginia Polytechnic Institute   vtadmiss@vt.edu

Virginia Wesleyan College   admissions@vwc.edu

Washington and Lee University   admissions@wlu.edu

Antioch University dawn_Rhodes@mist.seattleantioch.edu
Central Washington University cwuadmis@cwu.edu
Eastern Washington University admissions@ewu.edu
Evergreen State College admissions@elwha.evergreen.edu
Gonzaga University burns@gu.gonzaga.edu
Pacific Lutheran University hawsey_d@salt.plu.edu
Seattle Pacific University admissions@spu.edu
Seattle University admissions@seattleu.edu
University of Puget Sound admission@ups.edu
University of Washington askuwadm@u.washington.edu
Washington State University admiss@wsu.edu
Western Washington University admit@cc.wwu.edu
Whitman College admission@whitman.edu

❖ West Virginia주 대학 E-Mail 주소

Alderson Broaddus College admissions@ab.wvnet.edu
Bluefield State College jcardwell@bscvax.wvnet.edu
Concord College admissions@ccvms.concord.wvnet.edu
Davis and Elkins College admiss@dne.wvnet.edu
Marshall University admissions@marshall.edu
University of Charleston gouc@citynet.net
West Virginia Univ. Inst. of Technology admissions@wvtvax.wvnet.edu
West Virginia Wesleyan College admissions@admin.wvwc.edu

Alverno College   admissions@alverno.edu

Beloit College   invent@beloit.edu

Carthage College   admissions@cns.carthage.edu

Concordia University   kgaschk@bach.cuw.edu

Edgewood College   admissions@edgewood.edu

Lawrence University   excel@Lawrence.edu

Marquette University   go2marquette@vms.csd.mu.edu

Milwaukee School of Engineering   explore@msoe.edu

Northland College   Admit@wakefield.northland.edu

Ripon College   AdmInfo@Mac.Ripon.edu

University of Wisconsin-Eau Claire   ask-uwec@uwec.edu

University of Wisconsin/Green Bay   uwgb@uwgb.edu

University of Wisconsin/Stevens Point   admiss@uwsp.edu

University of Wisconsin/Stout   admissions@uwstout.edu

❖ Wyoming주 대학 E-Mail 주소

University of Wyoming   admissions@uwyo.edu

MBA Admissions Office
Stanford University Graduate School of Business
350 Memorial Way
Stanford, California 94305-5015
(650) 723-2766; fax: (650) 725-7831

□ 탑 비즈니스 스쿨 입학원서

DATA FORM

Master of Business Administration Program, Autumn 1999

1. Name: ____
   Last   First   Middle   Name you prefer to be called

   Title __________________ Name before marriage (if applicable) _______________________
   (Mr., Miss, Ms., Mrs.)

2. Six-digit code from label on application envelope (if applicable): ______________

3. Birthday (in numbers): Mo. ___ Day ___ Yr. ___

4. □ = Female   □ = Male

5. U.S. Social Security Number: _____ - __ - _______

6. Country of citizenship (or home state if you are a U.S. citizen): ________________
   (If you are a dual citizen, please indicate your primary citizenship)

7. Country where you are currently residing: ________________________________
   If you are NOT a U.S. citizen, do you have a U.S. permanent resident visa (green card)? . . . . Yes □ No □

8. Address for admission decision:
   STREET ADDRESS & APT. NO.
   CITY, STATE, ZIP (OR COUNTRY)

   Date after which decision address should not be used: Mo. __ Day __ Yr. __

   Phone: Area code (Please provide foreign country code if applicable.)
   Home:
   Work:
   Fax:

9. Permanent address:
   STREET ADDRESS & APT. NO.
   CITY, STATE, ZIP (OR COUNTRY)

   E-mail:
   Phone: Area code (Please provide foreign country code it applicable.)

   May we contact you at work?
   Yes ____ No ____

10. Name and location (include city) of university granting bachelor's degree: _________________ (OFFICE USE ONLY)

    ____
    Date you began your undergraduate studies (month / year): ___/________________
    Date you finished your undergraduate studies (month / year): ___/_______________

11. Year of undergraduate (bachelor's degree) graduation: . . . . □

12. Please state your 4-year undergraduate grade-point average (**U.S. schools only**), using a 4-point system:
    (A = 4.0, B = 3.0, C = 2.0, D = 1.0) . . . . □

13. Please state your grade-point average for each year, using a 4-point system:
    (**U.S. schools only**) . . . . □ □ □ □

    □

14. Please indicate undergraduate major field: . . . .
    01 - Economics
    02 - Engineering / Computer Science
    03 - Behavioral / Social Sciences
    04 - Humanities
    05 - Applied / Natural Sciences
    06 - Mathematics
    07 - Business / Accounting
    08 - Other (specify) ___________________

15. Graduate work (please place appropriate number in box):
    1—Graduate work with no degree   2—Advanced degree   3—None . . . . □ (OFFICE USE ONLY)
    Name of graduate degree (e.g., PhD, MSEE): _______________________

(continued on other side)

16. Please indicate the number of months of **full-time** work experience since high school graduation
that you will have as of September 1, 1999. (Please include business, military, teaching, government,
and nonprofit experience. Do **not** include internships, summer jobs, or part-time jobs.) . . . .   Months

17. Current / most recent full-time employer and your job title: ____

18. From the list on page 8, please choose one designation that most closely describes the industry in which
you are currently employed (college seniors should select "100") . . . .

19. Have you previously submitted a Stanford MBA application? . . . .   ☐ Yes, for Fall 19 ____   ☐ No
If you applied under a different name, name used: ____

20. Please indicate your GMAT test score (do not mix scores from different test dates):   Verbal   Quant.   Writing   Total

21. Please indicate GMAT test date:. . . . .   Mo. Day Yr. / /

22. Have you taken the GMAT more than once since January 1994? . . . .   Yes   No

23. Highest TOEFL score if applicable (do not mix scores from different test dates):. . . . .   Sections 1 2 3   Total

24. Please indicate the TOEFL test date we should consider for processing your application: Month Year . . . . . . /

25. Please indicate the appropriate letter regarding your interest in the
Public Management Program (PMP), if applicable: . . . .
P — I am applying to the PMP and have included my PMP essay with my application
I — I am not applying to the PMP, but am otherwise interested in PMP activities

26. Please indicate the appropriate letter regarding your interest in the
Global Management Program (GMP), if applicable: . . . .
G — I am applying to the GMP and have included my GMP essay with my application
I — I am not applying to the GMP, but am otherwise interested in GMP activities

27. Are you applying to the: Yes   No
1. Partnership for Diversity Fellowship Program? . . . .
(First and second application rounds only)
2. Law School for the JD/MBA joint degree? . . . .   Yes   No

3. MBA/MSE Dual Degree Program? . . . .   Yes   No
(First and second application rounds only)

28. Ethnic background **(U.S. citizens and permanent residents only)**: The U.S. government requires
Stanford University to report on the racial composition of its student enrollment. To assist us,
please indicate in the box one of the numbers below. Self-identification by race is entirely voluntary . . . .

1. African American
2. Pacific Islander or Asian American
(national origin: _______________)
3. Native American
(tribal affiliation: _______________)
(tribal membership no.: _______________)

4C. Chicano or Mexican American
4P. Puerto Rican
4X. Other Hispanic American
(national origin: _______________)
5. Caucasian
6. Other (please specify: _______________)
0. Do not wish to be identified

 MBA Admissions Office
Stanford University Graduate School of Business
350 Memorial Way
Stanford, California 94305-5015
(650) 723-2766; fax: (650)725-7831

FORM #2

APPLICATION FOR ADMISSION

Master of Business Administration Program, Autumn 1999

Name: Last	First	Middle	Name you prefer to be called

DATE OF BIRTH (month / day / year) / /	AGE (as of Sept. 1, 1999)		PLACE OF BIRTH (include city)
U.S. CITIZENS: State of residence	NON-U.S. CITIZENS: Country of citizenship	Number of years, if any, you have resided in U.S.	Type of U.S. visa held

Stanford's Honor Code has been fundamental in fostering an atmosphere of trust and respect among students and faculty. It provides for a standard of honesty and integrity in all aspects of academic life. Your signature below embraces the spirit of the Honor Code and signifies that ALL of the information you have provided in your application is your own work and, to the best of your knowledge, complete and accurate. (We reserve the right to withdraw an offer of admission from anyone who falsifies information on his or her application.)

Signature   **Date**

If you anticipate needing someone to make inquiries on your behalf for the purpose of completing your application (this includes spouses and parents), please provide his or her name and Social Security number or birthdate below. *Because of our commitment to respecting the confidentiality of your application, we will be unable to provide any information to anyone other than the representative you designate here:*

Representative's Name   **U.S. Social Security Number**
                                                        or Birthdate

PLEASE LIST THE FULL NAME, POSITION, AND ADDRESS OF YOUR RECOMMENDERS.

Name
Position
Organization
Address

Name
Position
Organization
Address

Name
Position
Organization
Address

MBA Applica

EXTRACURRICULAR ACTIVITIES IN COLLEGE (Please use additional sheets if necessary.)

ACTIVITY (indicate varsity sports)	INVOLVEMENT (mo. / yr.) FROM	TO	POSITIONS Specify elected (E) or appointed (A) status	Hrs. per Week
	/	/		
	/	/		
	/	/		
	/	/		

COMMUNITY / CIVIC / CHARITABLE ACTIVITIES SINCE COLLEGE (Please use additional sheets if necessary.)

ACTIVITY	INVOLVEMENT (mo. / yr.) FROM	TO	POSITIONS Specify elected (E) or appointed (A) status	Hrs. per Week
	/	/		
	/	/		
	/	/		
	/	/		

EMPLOYMENT HISTORY (Please use additional sheets.)

Noting your most recent job first, use the following format to list (a) each full-time position you have held, (b) summer jobs while in college, and (c) part-time jobs requiring more than 10 hours per week held during college. Please indicate the reasons for position / job changes. Explain any time since high school for which you do not account in a, b, or c.

You may submit a resume in lieu of this employment history format. Please make sure that the resume includes **all** of the information requested here (e.g., description of organization, salary, reasons for leaving, etc.)

DATES (month/day/year)	(month/day/year)
From / /	To / /
FIRM/EMPLOYER	LOCATION
NATURE OF FIRM'S / EMPLOYER'S ACTIVITIES	JOB TITLE
STARTING SALARY (U.S. $) When converting non-U.S. currencies, use the same exchange rate for starting and ending salary figures.	CURRENT/ENDING SALARY (U.S. $)

RESPONSIBILITIES, particularly as defined by (a) number of professional and clerical staff supervised; (b) policy and planning nature of your position; and (c) reasons for position / job changes.

MBA Applic

TO THE APPLICANT:

In other parts of the application we learn about your academic and professional accomplishments (i.e., *what you* have done). It is through your essays that we learn more about the person behind the grades, test scores, job titles, and leadership positions (i.e., *who you* are). Our goal is to gain insight into the person behind the resume. Because we are unable to meet with you individually, we encourage you to share with us — through your essays — your passions, values, interests, and goals. While there are no "right" answers here, we have found that the most effective essays emphasize the "who" as well as the "what."

Each candidate for admission has a set of unique experiences and perspectives to bring to the GSB community. This is your opportunity to "talk" to us and to emphasize what you consider to be most important. Tell us your story, and tell it in a natural and honest way. We consider it a privilege to read your essays, and we respect their confidentiality as we do that of the other parts of your application.

ESSAYS — Please answer question A and question B.

Please **double-space** your essays and make sure that they are easy to read. (We suggest at least a 10-point font.) The length of your responses is up to you. While you should feel free to take the space you need to answer the questions fully, most applicants find that 3 to 7 pages per essay is appropriate.

A. Each of us has been influenced by the people, events, and situations in our lives. How have these influences shaped who you are today? (Our goal is to get a sense of who you are, rather than what you've done.)

B. Based on your professional experiences to date, what are your short- and long-term goals? Why do you now wish to earn an MBA? What specific aspects of theStanford MBA Program make it attractive to you? How will this experience help you to achieve your short- and long-term goals?

If there is any other information that is critical for us to know and is not captured elsewhere (e.g., extenuating circumstances affecting academic or work performance), please feel free to attach a separate statement of explanation.

PUBLIC MANAGEMENT PROGRAM (PMP)/GLOBAL MANAGEMENT PROGRAM (GMP) ESSAYS

Both the PMP and GMP are largely student-driven programs at Stanford. Many students elect to apply for the programs and the certificates after they enroll in the MBA Program. Some students, however, wish to express an interest in one or both of these programs as part of their application. Should you wish to apply to the PMP and/or GMP, please answer the following essay(s).

PMP (suggested length: 500 words)
Describe your interest in public service and how you intend to use your GSB/PMP experience to help prepare you for a leadership role in public service, whether in business, government, or the nonprofit sector.

GMP (suggested length: 500 words)
Describe your interest in global management and how you intend to use your GSB/GMP experience to help prepare you for an international career.

PARTNERSHIP FOR DIVERSITY FELLOWSHIP PROGRAM ESSAY

The Stanford GSB Partnership for Diversity Fellowship is specifically for students who are members of targeted minority groups. Those groups include African Americans, Native Americans, Chicanas/os/Mexican Americans, and students of Puerto Rican descent. (U.S. citizens only; permanent residents are not eligible.) Partnership for Diversity applicants must complete their applications by January 13, 1999.

Along with the essay, please include a copy of your resume and another list of extracurricular activities. (Your "Employment History" section from the MBA Application will not suffice as a resume).

ESSAY (suggested length: 500 words)
The GSB Partnership for Diversity benefits the educational experience of our minority and non-minority students alike by enriching the diverse culture of the School. How will your background and experiences contribute to that diversity? In addition, how will these experiences help you to be a better manager?

LETTER OF REFERENCE

Master of Business Administration Program, Autumn 1999

To the applicant: Please type or print your name in ink.

NAME: Last	First	Middle	Name you prefer to be called

I understand that federal law provides me, after enrollment, with a right of access to this Letter of Reference and that no school may require me to waive this right.

☐ I DO WAIVE my right to inspect the contents of the following recommendation. I understand that if I am admitted, Stanford University reserves the right to use the recommendation as part of any selection process for a different graduate program or for financial support derived from any source available to the University.

☐ I DO NOT WAIVE my right to inspect the contents of the following recommendation.

____
Signature

If this section is

TO THE RECOMMENDER:

Thank you for taking the time to write on behalf of this candidate, who is applying to the Master of Business Administration Program at the Graduate School of Business at Stanford University. We have found that the most useful recommendations provide detailed descriptions and specific anecdotes of the candidate's intellectual abilities and personal qualities as they relate to his or her potential for senior-level management. This kind of information helps us to distinguish the very best candidates from among a pool of many well-qualified ones.

We would appreciate your answering the questions listed on the back of this sheet. Please return this form and your recommendation to the applicant in a sealed envelope, with your signature across the seal. (Please retain a copy of this form and your letter for your files.)

The applicant will submit the sealed, signed envelope to us as part of the completed application package. If you prefer, you may submit the form directly to our office. We will send you a postcard to let you know that your recommendation has arrived in our office.

We appreciate your efforts on behalf of the candidate and look forward to hearing from you. Your perspective is important to us, as is the degree of enthusiasm and confidence with which you support the candidate's application to the Graduate School of Business.

Marie M. Mookini
Assistant Dean and
Director of MBA Admissions

NAME OF RECOMMENDER	TITLE

ORGANIZATION	ADDRESS

MAY WE CONTACT YOU AT WORK REGARDING THIS APPLICANT?   Yes ___   No ___   Telephone:_______________   Fax:_______________

HOW LONG HAVE YOU KNOWN THE APPLICANT? _____ years _____ months	DURING WHICH PERIOD OF TIME HAVE YOU HAD THE MOST FREQUENT CONTACT WITH THE APPLICANT? from (month/year) to (month/year)

This recommendation will remain confidential during the admission process. If the applicant is admitted, this recommendation will be used only as part of any subsequent selection process for a different graduate program or for financial support derived from any source available to the University.

_______________________   _______________________
Signature   Date

(continued on other side)

1. Define your relationship to the applicant and describe the circumstances under which you have known him or her.

2. What are the applicant's greatest strengths? In what ways might you distinguish the applicant from other able individuals at his or her professional level?

3. What are the applicant's weaknesses or developmental needs? How has the applicant addressed these needs?

4. Describe the applicant's interpersonal skills (effectiveness in establishing and maintaining relationships, working with supervisors, peers, and subordinates; sensitivity to those less competent; willingness to work in a team environment, etc.).

5. Discuss the applicant's performance in leadership roles, including specific strengths and weaknesses. If you have not had the opportunity to observe the applicant in a leadership role, please comment on his or her potential for senior-level management.

6. Is there anything else about this applicant that you feel is relevant to our assessment of his or her candidacy (e.g., personal integrity, maturity, demonstrated commitment to improving the lives of others, impact and unusual accomplishments in the workplace)?

The following checklist provides a convenient method to describe the candidate in summary fashion, using the applicant's peer group as your reference group. Please tell us what peer group you have chosen to use, and feel free to explain any of your ratings in your recommendation.

NO BASIS FOR JUDGEMENT		BELOW AVERAGE	AVERAGE (TOP 50%)	GOOD (TOP 25%)	VERY GOOD (TOP 10%)	OUTSTANDING (TOP 5%)	TRULY EXCEPTIONAL (TOP 2%)
	Analytical/quantitative skills						
	Initiative/motivation						
	Intellectual curiosity						
	Creativity						
	Energy						
	Demonstrated leadership potential						
	Ability to work as a team member						
	Sensitivity to others						
	Respect accorded by management						
	Respect accorded by peers						
	Overall rating						

MBA Admissions Office
Stanford University Graduate School of Business
350 Memorial Way
Stanford, California 94305-5015
(650) 723-2766; fax: (650) 725-7831

INTERNATIONAL TRANSCRIPT REQUEST FORM
for Degrees Earned Outside the U.S.

Master of Business Administration Program, Autumn 1999

TO THE APPLICANT:

Be sure to read thoroughly the Information for "International Applicants" section on pp. 5 and 6. Processing of your application may be delayed if supporting credentials are sent separately. Your application cannot be reviewed until all credentials and official copies of test results and official diplomas and conferrals of degrees have been received. Applicants are responsible for ensuring that all required credentials are filed on time.

Please complete the information requested below. Send this form to your school early enough so that it will be returned to you in time to submit with your application. If you have attended more than one university, please photocopy this form for use by the additional school(s).

TO BE COMPLETED BY THE APPLICANT:

Name of Applicant ____

Citizenship ____

University or Institution ____
(Please include address)

Field of Study ____

Dates of Enrollment: From __________ / __________   To __________ / __________
                                    (month / year)   (month / year)

Title of Degree and Date of Conferral ______________________________ / __________

I hereby authorize the registrar of the school named above to forward my academic records and any related comments to the Stanford Graduate School of Business.

______________________________   ______________________________
Signature   Date

TO THE SCHOOL REGISTRAR:

The person above is applying for admission to a two-year program at Stanford University leading to the Master of Business Administration degree. The applicant cannot be considered without a complete academic record submitted by the registrar of your institution. **Verification of date of conferral and title of degree must be documented by certified copies of diplomas, dated entries on transcripts, or statements signed by an authorized representative of the institution granting the degree.** If the educational system measures performance by comprehensive examinations at yearly or other intervals, we require records of all such examinations with ratings or class achieved. If available, give the applicant's rank in class. Please include an English translation of the document.

Please complete this form and enclose it in an envelope with two (2) copies of the applicant's academic transcript (one original language and one English translation). The envelope must be signed across the seal and returned to the applicant so that it can be submitted with his / her application. If it is against your policy to give the sealed and signed envelope to the applicant, you may return the envelope directly to: MBA Admissions Office, Graduate School of Business, 350 Memorial Way, Stanford University, Stanford, California 94305-5015 USA.

To help us fairly evaluate the student's academic ability, please answer these questions in English:

1. If a copy of the student's academic record cannot be forwarded, please indicate the reasons.

____

____

2. Please indicate the marking or grading distribution (from high to low) used at your academic institution.

____

What is the highest mark usually obtained? _______________________________________

What is the lowest passing / satisfactory mark given? _______________________________

Class rank of applicant (indicate class size) _____________________________________

3. If the student has failed or repeated a course, is it indicated on the academic record? Yes _______ No _______________

4. Please verify the student's field of study:

Title of degree granted in original language: ______________________________________

English translation: ______________________________________

Year of graduation: _____________________________ Date degree conferred: ______________________________

5. Additional comments you may wish to make about this student.

____

____

OFFICIAL SCHOOL SEAL OR STAMP

Authorized signature ____

Name of Registrar or official completing this form (please print) ______________________________

Position or title ____

Application Checklist

Application materials include:

- ☐ **1 Application Data Form**

- ☐ **2 Personal History and Statement Form**

- ☐ **3, 4 and 5 Evaluation Forms**
  These forms, together with the evaluation envelopes provided, should be sent to three individuals whom you feel can supply supporting evidence of your academic and/or work experience. Academic references are preferred but not required. Read and complete the first section of each form before forwarding them to your evaluators. These evaluations must be in English, or be notarized translations. It is not necessary to request additional forms and return envelopes.

- ☐ **6 College/University Information and Transcript Form**
  A transcript form, together with the appropriate envelope provided, should be sent to the registrar of each university or college you have attended (full- time or part-time). If more than one set of transcripts is needed, please photocopy this form as required. Read and complete the first section of the form before forwarding. Students with academic records from colleges and universities outside the U.S. must provide a clear and thorough explanation in English of the programs' degree requirements and grading systems. Transcripts must be in English or notarized translations.

Envelopes

- ☐ Three recommendation form envelopes

- ☐ Two transcript form envelopes

- ☐ One Doctoral Programs Office envelope, to be used for returning completed application

- ☐ **Application Acknowledgment Card**

- ☐ **Student Data Card**
  for students with disabilities who wish to self-identify. Return this directly to the Director of Affirmative Action in the Office of Affirmative Action.

Doctoral Programs Office
The Wharton School
University of Pennsylvania
1150 Steinberg Hall-Dietrich Hall
3620 Locust Walk
Philadelphia, PA 19104-6302
215.898.4877 phone
215.898.0581 fax

Your application should include:

- ☐ **Completed forms 1 and 2** (with essay attached on separate pages)

- ☐ **Sealed recommendation envelopes** (three)

- ☐ **Sealed transcript envelopes** (one or more)

- ☐ **Application fee check**
  The non-refundable application fee is $65.00. Checks or money orders should be for U.S. currency only, made payable to the University of Pennsylvania, and must accompany the application when it is submitted. International applicants must submit International Postal Money Orders. Personal checks will not be accepted.

- ☐ **Application acknowledgment card**
  Please write your name and address on the attached postcard. It will be sent to you upon receipt of your application.

- ☐ **Graduate Management Admissions Test (GMAT) or Graduate Record Exam (GRE) Score**

  Test of English as a Foreign Language (TOEFL), TWE, and TSE Scores, if applicable

The application process will be significantly expedited if those having U.S. Social Security numbers use them when registering for the GMAT or GRE. To minimize delays in processing your application, a photocopy of the official GMAT or GRE and TOEFL, TWE, and TSE scores may be enclosed with your application. However, you must also have a copy of these scores sent directly to Wharton by ETS. (School code: 2954)

Please note:

Deadlines. Application deadline is **February 1** for entry in **September** of the same year. We recommend that you return your application as early as possible before the deadline.

Incomplete Applications
Submitting an incomplete application will delay its processing and may lead to its not being considered. This should be avoided.

Optional Information. The University of Pennsylvania seeks to draw students from all racial and ethnic groups. The information requested in this section will be used to evaluate the effectiveness of our efforts to recruit and select a diverse student body. This information is confidential and completely voluntary.

Return All Materials to the Doctoral Programs Office in the Envelope Provided. If you have any questions about the application procedure, please call or write the Office for information.

1 Application Data
The Wharton Doctoral Programs

Wharton

Personal

Last (Family) Name

First (Given) Name and Middle Name

Other family names used: _______________________________

U.S. Social Security No.:

Application Status

Please specify the entering class for which you are applying.　Sept. 19______

Have you previously applied for admission to the Wharton Doctoral Programs? ☐ Yes ☐ No
(Reapplicants previously denied admission must wait one full year before applying.)

Sept. 19______

Financial Assistance

Do you wish to be considered for fellowship and other forms of financial aid? ☐ Yes ☐ No

Intended Program of Study

Wharton offers PhD degrees in the following ten fields. Please check one.

☐ Accounting
☐ Finance
☐ Health Care Systems
☐ Insurance and Risk Management
☐ Management
☐ Marketing
☐ Operations and Information Management
☐ Operations Research
☐ Public Policy and Management
☐ Statistics

In addition to these PhD concentrations, Wharton offers master's degrees in Operations Research and Operations and Information Management.

Degree Sought:
☐ PhD　☐ Terminal MA/MS

☐ Check here if you would be interested in involvement in the Wharton Interdisciplinary Program in Decision Processes.

Application Credentials

Listed below is each item which must accompany this form. To ensure prompt and accurate processing of your application, **check each item you are enclosing** with the application at this time.
☐ Application Data Form (Form 1)
☐ Application Fee ($65)
☐ Personal History and Statement (Form 2)
☐ Recommendation Form (Form 3)
☐ Recommendation Form (Form 4)
☐ Recommendation Form (Form 5)
☐ College/University Transcript (Form 6)

Each applicant for admission must request ETS to submit GRE or GMAT scores to Wharton before the application can be evaluated. Each applicant whose native language is not English must submit the results of the TOEFL, TWE, and TSE.

GRE Scores:*　Verbal_______ Quantitative_______ Analytic_______ Date taken_______

GMAT Scores:*　Verbal_______ Quantitative_______ Overall_______ Date taken_______

TOEFL Scores:*　TOEFL_______ TWE_______ TSE_______ Dates taken_______

*Proof to substantiate scores must be submitted by the testing service. However, to expedite the processing of your application, a photocopy of your score report should be sent as soon as available.

Undergraduate Education

College or university from which you have or will graduate from

Degree

Grad Date　Month　Year　Undergraduate Major

GPA　______ on a scale of ______

Graduate/ Professional Education

University from which you have or will graduate from

Concentration

Grad Date　Month　Year　Degree
☐ Master's ☐ Doctorate ☐ Other______________

GPA　______ on a scale of ______

Telephone and Fax Numbers

For your permanent (home) address:
Country　Area Code/
Tel. Code　City Code

For your current (mailing) address:
Country　Area Code/
Tel. Code　City Code

For your place of full-time employment:
Country　Area Code/
Tel. Code　City Code

For your FAX machine:
Country　Area Code/
Tel. Code　City Code

Email address

The Wharton School
University of Pennsylvania

Notification Address

Please use the spaces below to enter the address to which you want all correspondence, including the decision letter, mailed. Use abbreviations only when necessary to make your address conform to the available spaces. Do not include your name in these spaces.

Current address:
Please enter at the right the date after which you will not receive mail at this address.
If you expect to remain at this address for the foreseeable future, do not enter a date.

Month	Day	Year

Use this space for the **first line** of your mailing address: **(Do not include your name)**

Second Line

Third Line

City | State | U.S. Zip Code | (If not USA) Country*

For international addresses, include state, province, and local postal codes in the above spaces.

Permanent Address

Please use the spaces below to enter your permanent or home address. Complete this section even if your permanent address is the same as the one above. Please use appropriate abbreviations.

Use this space for the **street** address of your permanent address:

City | State | U.S. Zip Code | (If not USA) Country*

For international addresses, include state, province, and local postal codes in the above spaces.

Evaluators

Please use the spaces below to enter the name and address of those persons who completed the evaluation forms (Form 3, 4, and 5) as part of your application. This information will be used to acknowledge Wharton's receipt of their evaluations. This information is required.

1

Last Name | First Name

Use this space for the **first line** of your evaluator's mailing address:

1 Mr.

Second Line

2 Ms.

3 Dr.

Third Line

City | State | U.S. Zip Code | (If not USA) Country*

For international addresses, include state, province, and local postal codes in the above spaces.

2

Last Name | First Name

Use this space for the **first line** of your evaluator's mailing address:

1 Mr.

Second Line

2 Ms.

3 Dr.

Third Line

City | State | U.S. Zip Code | (If not USA) Country*

For international addresses, include state, province, and local postal codes in the above spaces.

3

Last Name | First Name

Use this space for the **first line** of your evaluator's mailing address:

1 Mr.

Second Line

2 Ms.

3 Dr.

Third Line

City | State | U.S. Zip Code | (If not USA) Country*

For international addresses, include state, province, and local postal codes in the above spaces.
* The codes to be entered for "country" are listed on the back cover.

Personal History and Statement

The Wharton Doctoral Programs

Wharton

Your Name

____
Last   First   Middle

Intended Program of Study

Education and Employment History

Please list chronologically all the educational institutions, you have attended and the jobs you have held since leaving high school.

____
____
____
____
____
____
____
____
____
____
____
____
____

Courses Related to Your Intended Major

Please list all college- and university-level courses taken which are related to the major you would like to pursue at Wharton. If you have not taken any such courses, please check box ☐.

______________________________________   ______________________________________
______________________________________   ______________________________________
______________________________________   ______________________________________
______________________________________   ______________________________________
______________________________________   ______________________________________
______________________________________   ______________________________________

Mathematics and Statistics Courses

Please list all college- and university-level mathematics and statistics courses you have taken. (Include courses in econometrics and mathematical economics.) If you have not taken any such courses, please check box ☐. If you have majored in mathematics, please check box ☐.

College or University	Course Title	Textbook Used	Grade

The Wharton School
University of Pennsylvania

3 Letter of Recommendation for Admission and Fellowship

Wharton

The Wharton Doctoral Programs

Applicant Information

Applicant's Name

____
Last · First · Middle

Intended Program of Study
____

Agreement Respecting Confidentiality (Not required as a condition of admission)

I understand that this recommendation will be treated as confidential to the officers and faculty members of the University of Pennsylvania; I understand further that it will be used solely for decision on my application for admission and fellowships. I therefore agree that the contents of this appraisal shall not be known to anyone else, including myself.

Signature of applicant _______________________   Date _______________________

Instructions for Evaluator

The person named above has applied for admission to the University of Pennsylvania. Please complete the summary evaluation below; an additional statement concerning the applicant, elaborating on the summary, would be appreciated. If possible, please compare this applicant with others known to you who have attended or are now applying for admission to this school, and indicate how long you have known the applicant and in what capacity. This recommendation will not become a part of the applicant's permanent record and is not subject to review by the applicant if he or she has signed the Agreement Respecting Confidentiality. In the absence of the signature, under federal law, the student is entitled to see this recommendation if he or she matriculates.

Summary Evaluation

Comparing the applicant with a representative group (see below) of students in the same field who have had approximately the same amount of experience and training, how do you rate him/her in **General All-Around Academic Ability and Promise for Research.** This evaluation is based on approximately ___________ students you have taught or advised in the past _______ years.

Below Average	Average	Somewhat Above Average	Good	Unusual	Outstanding	Truly Exceptional	Inadequate Opportunity to Observe
Lowest 40%	Middle 20%	Next 15%	Next Highest 15%		Highest 10%		

Comments

In particular, please comment on the applicant's creativity, problem-solving ability, independence, initiative, and ability to do research. If the applicant's native language is not English, please comment on his or her degree of proficiency in both spoken and written English.
(Additional comments may be continued on the reverse side of this form or on a separate sheet of paper)

Signature of Recommender _______________________   Date _______________________

Typed Name and Position _______________________

Address _______________________

The Wharton School
University of Pennsylvania

4 Letter of Recommendation for Admission and Fellowship

Wharton

The Wharton Doctoral Programs

Applicant Information

Applicant's Name

| Last | First | Middle |

Intended Program of Study

Agreement Respecting Confidentiality (Not required as a condition of admission)

I understand that this recommendation will be treated as confidential to the officers and faculty members of the University of Pennsylvania; I understand further that it will be used solely for decision on my application for admission and fellowships. I therefore agree that the contents of this appraisal shall not be known to anyone else, including myself.

Signature of applicant   Date

Instructions for Evaluator

The person named above has applied for admission to the University of Pennsylvania. Please complete the summary evaluation below; an additional statement concerning the applicant, elaborating on the summary, would be appreciated. If possible, please compare this applicant with others known to you who have attended or are now applying for admission to this school, and indicate how long you have known the applicant and in what capacity. This recommendation will not become a part of the applicant's permanent record and is not subject to review by the applicant if he or she has signed the Agreement Respecting Confidentiality. In the absence of the signature, under federal law, the student is entitled to see this recommendation if he or she matriculates.

Summary Evaluation

Comparing the applicant with a representative group (see below) of students in the same field who have had approximately the same amount of experience and training, how do you rate him/her in **General All-Around Academic Ability and Promise for Research.** This evaluation is based on approximately __________ students you have taught or advised in the past _______ years.

Below Average	Average	Somewhat Above Average	Good	Unusual	Outstanding	Truly Exceptional	Inadequate Opportunity to Observe
Lowest 40%	Middle 20%	Next 15%	Next Highest 15%		Highest 10%		

Comments

In particular, please comment on the applicant's creativity, problem-solving ability, independence, initiative, and ability to do research. If the applicant's native language is not English, please comment on his or her degree of proficiency in both spoken and written English. *(Additional comments may be continued on the reverse side of this form or on a separate sheet of paper)*

Signature of Recommender   Date

Typed Name and Position

Address

The Wharton School
University of Pennsylvania

5 Letter of Recommendation for Admission and Fellowship

Wharton

The Wharton Doctoral Programs

Applicant Information

Applicant's Name

Last	First	Middle

Intended Program of Study

Agreement Respecting Confidentiality (Not required as a condition of admission)

I understand that this recommendation will be treated as confidential to the officers and faculty members of the University of Pennsylvania; I understand further that it will be used solely for decision on my application for admission and fellowships. I therefore agree that the contents of this appraisal shall not be known to anyone else, including myself.

Signature of applicant   Date

Instructions for Evaluator

The person named above has applied for admission to the University of Pennsylvania. Please complete the summary evaluation below; an additional statement concerning the applicant, elaborating on the summary, would be appreciated. If possible, please compare this applicant with others known to you who have attended or are now applying for admission to this school, and indicate how long you have known the applicant and in what capacity. This recommendation will not become a part of the applicant's permanent record and is not subject to review by the applicant if he or she has signed the Agreement Respecting Confidentiality. In the absence of the signature, under federal law, the student is entitled to see this recommendation if he or she matriculates.

Summary Evaluation

Comparing the applicant with a representative group (see below) of students in the same field who have had approximately the same amount of experience and training, how do you rate him/her in **General All-Around Academic Ability and Promise for Research.** This evaluation is based on approximately ___________ students you have taught or advised in the past _______ years.

Below Average	Average	Somewhat Above Average	Good	Unusual	Outstanding	Truly Exceptional	Inadequate Opportunity to Observe
Lowest 40%	Middle 20%	Next 15%	Next Highest 15%		Highest 10%		

Comments

In particular, please comment on the applicant's creativity, problem-solving ability, independence, initiative, and ability to do research. If the applicant's native language is not English, please comment on his or her degree of proficiency in both spoken and written English. (Additional comments may be continued on the reverse side of this form or on a separate sheet of paper)

Signature of Recommender   Date

Typed Name and Position

Address

The Wharton School
University of Pennsylvania

6 College/University Information and Transcript Form

Wharton

The Wharton Doctoral Programs

Applicant's Name
____
                Last   *First*   *Middle*

Current Address
____
____

U.S. Social Security No.: ☐☐☐ – ☐☐ – ☐☐☐☐

Name of College/University to which this form is being sent:
____

Applicant

1 Please complete the information above.

2 Two "Transcript" envelopes are enclosed for your use. Please type or print your name clearly on the front of each envelope you will need. Send one transcript envelope and this form to the registrar of each university or college you have attended as a full- or part-time student.

3 Note: If you have attended more than one undergraduate college, or if you have been enrolled in a graduate program, you should photocopy this form and complete each copy appropriately.

Registrar

1 Please complete the information requested below.

2 Please staple the applicant's transcript to the back of this form.

3 The transcript and this form should be enclosed in the envelope addressed to the applicant. Please seal the envelope and write your signature across the seal on the envelope flap.

Please do not return the transcript directly to The Wharton School.

Applicant's Cumulative Grade Point Average: _________

Is this average calculated on a typical 4.0 scale?   ☐ Yes ☐ No

If "No," please explain your college's or university's grading system:

____
____
____

Applicant's Cumulative Class Rank: ______ out of ______
☐ Rank in class is not calculated

Authorized Signature:
____

Name (please print or type):
____

Position or Title:
____

Address
____

Please affix an official seal or stamp to this portion of the form.

Note: Colleges and Universities Located Outside of the United States Must Complete the Reverse Side of This Form.

The Wharton School
University of Pennsylvania

To be completed only by colleges and universities **outside** of the United States.

1   Please explain the grading scale used in your college or university.

    ____

    ____

    ____

2   What is the highest grade usually received?_____________________________

    What is the lowest grade usually received? _____________________________

    What is the average grade usually received?_____________________________

3   Has this applicant ever failed or been required to repeat a course?   ☐ Yes ☐ No

    If "Yes", are courses failed or repeated so indicated on the transcript?   ☐ Yes ☐ No

4   Any additional comments you might wish to make will be appreciated.

    ____

    ____

    ____

    ____

    ____

    ____

    ____

    ____

    ____

205 Afghanistan
210 Albania
215 Algeria
003 Andorra
006 Angola
009 Anguilla
015 Antigua & Barbuda
224 Argentina
225 Armenia
018 Aruba
227 Australia
230 Austria
232 Azerbaijan
233 The Bahamas
234 Bahrain
235 Bangladesh
240 Barbados
245 Belgium
272 Belize
353 Benin
248 Bermuda
251 Bhutan
255 Bolivia
256 Bosnia and Hercegovina
257 Botswana
260 Brazil
272 British Honduras
027 Brunei
276 Bulgaria
915 Burkina
285 Burundi
288 Byelorussia
290 Cambodia
295 Cameroon, Republic of
300 Canada
033 Cayman Islands
305 Central African Republic
313 Chad
316 Chile
320 China, People's Republic of
395 China, Republic of (Taiwan)
325 Colombia
042 Comoros
330 Congo
335 Costa Rica
337 Croatia
340 Cuba
345 Cyprus
351 Czech Republic
356 Denmark
357 Djibouti
359 Dominica
360 Dominican Republic
365 Ecuador
905 Egypt
370 El Salvador
054 Equatorial Guinea
373 Estonia
375 Ethiopia
057 Falkland Islands
387 Fiji
390 Finland
400 France
069 French Polynesia
405 Gabon
410 Gambia
412 Georgia
075 Germany
418 Ghana
078 Gibraltar
427 Greece
081 Greenland
084 Grenada

430 Guadaloupe
434 Guatemala
438 Guinea
087 Guinea-Bissau
440 Guyana
441 Haiti
445 Honduras
450 Hong Kong
455 Hungary
460 Iceland
465 India
470 Indonesia
475 Iran
480 Iraq
485 Ireland
490 Israel
495 Italy
500 Ivory Coast
505 Jamaica
510 Japan
515 Jordan
517 Kazakhstan
520 Kenya
525 Korea
530 Kuwait
522 Kyrgyzstan
535 Laos
540 Latvia
545 Lebanon
102 Lesotho
550 Liberia
555 Libya
105 Liechtenstein
560 Lithuania
562 Luxembourg
108 Macau
107 Macedonia
565 Madagascar
570 Malawi
577 Malaysia
580 Maldives
586 Mali
589 Malta
111 Martinique
595 Mauritania
596 Mauritius
601 Mexico
063 Micronesia, Federal States of
604 Moldavia
117 Monaco
607 Mongolia
118 Montenegro
120 Montserrat
610 Morocco
123 Mozambique
280 Myanmar
126 Namibia
129 Nauru
625 Nepal
630 Netherlands
634 Netherlands Antilles
132 New Caledonia
645 New Zealand
650 Nicaragua
655 Niger
660 Nigeria
138 Norfolk Island
525 North Korea
665 Norway
670 Oman
675 Pakistan
680 Panama
144 Papua New Guinea
685 Paraguay
695 Peru
700 Phillippines
150 Pitcairn Islands

710 Poland
720 Portugal
725 Qatar
153 Reunion
740 Rumania
742 Russia
745 Rwanda
156 San Marino
159 Sao Tome & Principe
760 Saudi Arabia
770 Senegal, Republic of
160 Serbia
162 Seychelles
780 Sierra Leone
785 Singapore
790 Slovakia
165 Solomon Islands
795 Somalia
897 South Africa
099 South Koria
810 Spain
310 Sri Lanka
171 St. Kitts and Nevis
755 St. Lucia
183 St. Vincent & Grenadines
825 Sudan
186 Suriname
830 Swaziland
835 Sweden
840 Switzerland
845 Syria
847 Tadzhikistan
850 Tanzania
860 Thailand
870 Togo
192 Tokelau
195 Tonga
880 Trinidad & Tobago
885 Tunisia
890 Turkey
891 Turkmenia
198 Turks & Caicos Islands
201 Tuvalu
895 Uganda
901 Ukraine
907 United Arab Emirates
910 United Kingdom
912 United States of America
920 Uruguay
922 Uzbekistan
207 Vanuatu
211 Vatican City
930 Venezuela
933 Vietnam
936 Virgin Islands of the U.S.
213 Wallis & Futana
216 Western Sahara
219 Western Samoa
941 Yemen
332 Zaire
955 Zambia
958 Zatar
735 Zimbabwe
999 Other

Doctoral Programs Office
The Wharton School
University of Pennsylvania
1150 Steinberg Hall-Dietrich Hall
3620 Locust Walk
Philadelphia, PA 19104-6302
215.898.4877 phone
215.898.0581 fax

1999 Executive MBA Application

Cornell University · Executive MBA Program · 142 Sage Hall · Ithaca, NY · 14853-6201
phone: 607.255.4251 · fax: 607.255.0018 · email: emba@cornell.edu

The following required application documents should be mailed together in the envelope provided:

- completed application form
- two sealed letters of recommendation
- official sealed transcripts for each college or university that awarded you credit toward a degree
- $150 application fee (check payable to Cornell University)

After all the above materials have been received, the Executive MBA Program will contact you for a personal interview and a letter of company support.

Personal Information

Name: ____
first   middle   last

Informal name: ____

Title: ____

Company: ____

Business address: ____

____
city   state   zip

Business phone: ___________________________   Fax: _______________________

Internet email address: ____

Current industry:

❏ consulting   ❏ electronics/high technology   ❏ financial services   ❏ health care   ❏ manufacturing

❏ non-profit   ❏ publishing   ❏ telecommunications   ❏ other ___________________________

Home address: ____

____
city   state   zip

Home phone: ___________________________   Fax: __________________________

Internet email address: ____

Sex: ❏ male   ❏ female   Date of birth: ________________________

United States Social Security number: __ __ __ - __ __ - __ __ __ __

Ethnic background (*optional*):

❏ African-American   ❏ Asian/Pacific Islander   ❏ Hispanic   ❏ Native American   ❏ White/Caucasian   ❏ Mixed Race

Academic Background

Please use the enclosed transcript request forms to request sealed copies of your academic records from each college or university that awarded you a degree or credit toward a degree. Ask the registrar at each institution to complete the form and enclose it with your sealed transcript in the envelope provided and send it to you. Photocopies of transcripts are not acceptable. International transcripts from a school that teaches in a language other than English must include an English translation along with the official transcript in the original language.

Chronologically list all the colleges and universities you have attended, the dates attended, and the diplomas or degrees received. List the most recently attended institution first.

Name of institution		city	state	country
dates of attendance	degree awarded	date received (month/year)	major field of study	GPA

Name of institution		city	state	country
dates of attendance	degree awarded	date received (month/year)	major field of study	GPA

Name of institution		city	state	country
dates of attendance	degree awarded	date received (month/year)	major field of study	GPA

Name of institution		city	state	country
dates of attendance	degree awarded	date received (month/year)	major field of study	GPA

Scholastic honors received (cum laude, Phi Beta Kappa, prizes, etc.): _______________________________________

Outside certification (CPA, CFA, CLU, etc.): _______________________________________

How did you first hear about the Cornell Executive MBA?

❑ literature mailed to me ❑ corporate human resources department ❑ business colleague ❑ World Wide Web

❑ advertising *(please specify)* _______________________ ❑ other *(please specify)* _______________________

Did you attend one of the Executive MBA informational meetings? ❑ yes ❑ no   If yes, where? _______________

Employment Data

Please list all significant positions you have held, including important changes of position within one organization. Begin with your most recent position. A resume may be attached in lieu of this section.

____

____

____

____

____

Please describe your current position/responsibilities and a profile of your company. Please include your company's organizational chart and where you are within that chart.

____

____

____

____

____

____

Number of personnel in entire organization: ______   Number of personnel in the activity that you manage: ______

Organization's revenue last year: $_________________

Personal Statement

Please attach a statement describing why you want to attend the Cornell Executive MBA Program. Include your personal and professional expectations and objectives. Your statement should be 500-750 words.

Other Activities

Please describe your participation in civic, business, or professional organizations.

____

____

____

Computer Background

Students enrolling in the Executive MBA are required to have working familiarity with word processing and spreadsheet analysis. Do you have such proficiency? ☐ yes ☐ no If no, will you have proficiency by the program's start date? ☐ yes ☐ no

Recommendations

Letters of recommendation have been provided from:

1. ____
         name   title   company

2. ____
         name   title   company

Tuition Payment

A deposit of $2,000, applicable toward the first payment, is due upon acceptance into the program. Tuition and fees are payable in two installments. The first installment is due May 1, 1999, and the second installment is due May 1, 2000.

Please bill to:

Name: _______________________________   Title: _______________________________

Company: Telephone:

Address: ____

____
           city   state   zip

Human Resources contact:

Name: _______________________________   Title: _______________________________

Company: _______________________________   Telephone: ___________________________

Address: ____

____
           city   state   zip

Applicant's Agreement

I certify that the information given in this application is complete and accurate.

Signature: ____
                                            date

CORNELL
UNIVERSITY

Johnson Graduate School
of Management

The Executive MBA

CORNELL
U N I V E R S I T Y

Johnson Graduate School
of Management

letter of recommendation request

Name of Candidate: ____

last   first   middle

To the Recommender:

The Cornell Executive MBA Program is a demanding program leading to an MBA degree. Your candid assessment of this applicant will greatly assist the Admissions Committee. Areas of particular interest are the candidate's:

- intellectual strength and creativity
- ability to work well in groups
- potential for assuming major management responsibilities
- most outstanding talents or characteristics

Your letter is an essential part of the application process. Please call us if you have any questions about the program or our requirements.

The Executive MBA Program admissions procedure requires the applicant to gather individual recommendation letters (and other documents) and to submit the complete set of documents with the application.

Please place your letter and this completed form in the envelope provided, seal the envelope, and sign it across the seal. Finally, return it to the applicant, who will forward it to the school, unopened, with his or her application materials. Thank you for your assistance.

1. How long have you known the applicant?   years _______ months _______

2. Under what circumstances have you known the applicant?

____

____

3. I ❑ strongly recommend
    ❑ recommend
    ❑ recommend with some reservations
    ❑ do not recommend

...that this applicant be admitted to the Johnson Graduate School of Management for the Executive MBA Program.

Johnson Graduate School
of Management

letter of recommendation request

Name of Candidate: ____
lastfirstmiddle

To the Recommender:

The Cornell Executive MBA Program is a demanding program leading to an MBA degree. Your candid assessment of this applicant will greatly assist the Admissions Committee. Areas of particular interest are the candidate's:

- intellectual strength and creativity
- ability to work well in groups
- potential for assuming major management responsibilities
- most outstanding talents or characteristics

Your letter is an essential part of the application process. Please call us if you have any questions about the program or our requirements.

The Executive MBA Program admissions procedure requires the applicant to gather individual recommendation letters (and other documents) and to submit the complete set of documents with the application.

Please place your letter and this completed form in the envelope provided, seal the envelope, and sign it across the seal. Finally, return it to the applicant, who will forward it to the school, unopened, with his or her application materials. Thank you for your assistance.

1. How long have you known the applicant?   years ______ months ______

2. Under what circumstances have you known the applicant?

____

____

3. I ❑ strongly recommend
    ❑ recommend
    ❑ recommend with some reservations
    ❑ do not recommend

...that this applicant be admitted to the Johnson Graduate School of Management for the Executive MBA Program.

_______________________________________   _______________
signaturedate

CORNELL
U N I V E R S I T Y

Johnson Graduate School of Management

The Executive MBA Program

Cornell University • Executive MBA Program • 142 Sage Hall • Ithaca, NY • 14853-6201

Transcript Request

applicant

Complete the four lines below and give this form and one of the enclosed envelopes to the appropriate registrar. **Please type or print clearly in black ink.**

Name: ____
              last name   first   middle

Signature: ____

School: ____

Dates of enrollment: _________________________   Degree(s) and year(s): _________________________

registrar

Please supply the information below and return this form, along with an up-to-date transcript, to the applicant, using the envelope provided. To ensure confidentiality, seal the envelope and sign it across the seal. **Please type or print clearly in black ink.**

Grade point average: __________   Rank in class: __________   out of : ____________

In your grading system is A equivalent to 4, B to 3, and so on?   ☐ yes   ☐ no

If not, please explain your system: ____

Office use only. Date received: ____

CORNELL
U N I V E R S I T Y

Johnson Graduate School of Management

The Executive MBA Program

Cornell University • Executive MBA Program • 142 Sage Hall • Ithaca, NY • 14853-6201

Transcript Request

applicant

Complete the four lines below and give this form and one of the enclosed envelopes to the appropriate registrar. **Please type or print clearly in black ink.**

Name: ____
              last name   first   middle

Signature: ____

School: ____

Dates of enrollment: _________________________   Degree(s) and year(s): _________________________

registrar

Please supply the information below and return this form, along with an up-to-date transcript, to the applicant, using the envelope provided. To ensure confidentiality, seal the envelope and sign it across the seal. **Please type or print clearly in black ink.**

Grade point average: __________   Rank in class: __________   out of : ____________

In your grading system is A equivalent to 4, B to 3, and so on?   ☐ yes   ☐ no

If not, please explain your system: ____

Office use only. Date received: ____

Johnson Graduate School
of Management

letter of sponsorship sample

(to be typed on company stationery)

Michael J. Hostetler
Associate Dean
Executive MBA Program
Johnson Graduate School of Management
Cornell University
142 Sage Hall
Ithaca, NY 14853-6201

Dear Dean Hostetler:

(Name of candidate) is employed with *(name of company)* as *(title)*. *(first name)* has been in our employ for *(number of years)*.

I have read the brochure that describes the Executive MBA Program at Cornell's Johnson Graduate School of Management and wish to verify that *(name of company)* wishes to fully sponsor *(name of candidate)* in your class to be admitted July of *(year)*. *(Name of company)* agrees to provide the time away from work as described in your brochure and to pay the full tuition each year in advance of registration.

(Name of candidate) is a valued employee and we are pleased to provide this support.

Sincerely,

John Doe